법, 정의, 죽음이란 무엇인가

법, 정의, 죽음이란 무엇인가

이 문 호

新論社

머리말

너무나 부족하지만 졸저 『법이란 무엇인가』를 낸 후 가족법, 형법, 형사소송법, 헌법재판소법 등의 개정이 있었고 중요 판례도 나왔으므로 이를 반영치 않을 수 없어서 이 책에서는 내용의 일부를 고치고 삽입하였습니다.

개정 실정법의 중요 내용은 미혼부의 혼외자 출생신고를 용이하게 한 점, 성범죄에 대한 처벌을 강화한 점, 살인죄에 대하여 공소시효를 폐지한 점, 헌법재판소의 위헌결정의 효력에 대한 새로운 규정 등입니다.

이번 개정판을 내면서 책의 체제를 이전과는 좀 다르게 하여 보다 폭 넓고 일반적인 내용이 담길 수 있도록 구성해 보았습니다. "죽음이란 무엇인가"는 미국 예일 대학교에서 '셸리 케이건' 교수에 의하여 강의되는 최고의 교양 강의이고, "정의란 무엇인가" 역시 미국 하버드 대학교의 '마이클 샌델' 교수에 의해 이름난 최고의 교양 강의입니다. 죽음과 정의의 문제는 곧 진리와 자유에 관한 문제로서, 인문사회자연과학적 학문 연구를 융합 관통하여 결국 인간이 지향하는 궁극의 목표점이라고 할 수 있습니다.

"법이란 무엇인가"는 대학교의 학부 교양강좌로서 기존의 "현대사회와 법"으로서 강의되어 온 것이기는 하지만, 2009년부터 한국형 로스쿨이 시행되면서 주축 대학교의 학부에서는 법학 강의가 더 이상 제공되지 않는 실정을 고려하여 학문간 융합적인 강의를 더욱 내실 있게 제공하고자 합니다. 즉 법학을 중심으로 철학, 종교학, 윤리학 그리고 형이상학을 복합하여, 법과 정의 그리고 죽음이라는 3대 주제를 위요한 넓은 스펙트럼의 교양강의를 제공함으로써 대학에 입문한 학생들이 제반 학문의 기초를 실제적으로 경험할 수 있도록 하였습니다. 뿐만 아니라 로스쿨 입학 및 각종 공무원 시험에 대비함은 물론, 깊이 사고하고 연구할 수 있는 단서를 제공하여, 결국 인류의 핵심이라고 할 수 있는 진리, 자유, 정의, 사랑에 이르는 길을 제시하고자 하였습니다. 이러한 의도가 잘 반영될 수 있도록 제목도 바꾸는 것이 좋겠다는 생각이 들었습니다.

이 책의 독자 제위 및 **신론사**의 임직원, 편집부 여러분께 감사와 사랑의 기도를 드립니다.

2016. 2.

영겁의 세월 동안 나는 있지 않았고, 잠시 후 영겁의 세월 동안 나는 있지 않겠지. 태어나기 이전의 영겁의 시간에 대하여 두려움과 공포는 없다. 그런데 왜 소멸 이후의 동질적同質的 영겁의 시간에 대하여는 그리도 비합리적으로 공포를 느껴야만 하는가?
지금 이것은 무엇인가. 영원불멸하는 생명의 순환만이 실재한다.

생명의 특징인 물질대사는 에너지 교환이라기보다는 질서(반엔트로피)의 교환이다. 질서를 유지하고자 함은 유기체의 본성인 동시에 사회성의 본질이다.

인류문화(정신)의 근원적·1차적 표상이 사회정의이고, 이곳으로부터의 2차적 표상이 법규범 체계이다.

개인個人으로 하는 일은 선행善行이든 악행惡行이든 모두 부정不正이고, 개인인 동시同時에 일체로서 자연적으로 하는 일은 악행이든 선행이든 모두 정正이다.

차례

Ⅱ. 존재와 당위當爲/ 61

Ⅲ. 현대사회와 정의/ 83

제1장 현대사회적 현상과 사회정의/ 84

제2장 삶과 죽음의 정의/ 147

제2편 현대사회와 법

제4장 민법: 민법총칙, 물권법(완전물권 = 소유권, 제한물권), 채권법(계약법, 부당이득법, 불법행위법)/ 289

제5장 헌법: 기본권, 통치구조(국가조직), 헌법재판 / 323

제1편

법의 기초

I

법의 실체實體

1. 법이란 무엇인가

법이란 무엇인가? 이 질문에 대한 일반적인 답은, '법이란 국가·사회질서를 유지하기 위한 최소한의 사회적 규율 체계로서, 국민의 기본적 인권을 보장하는 기능도 아울러 가지는 실정實定 법규범法規範이다.'라고 말할 수 있다. 즉 법은 사람들이 어우러지는 사회 공동생활에 있어서, 최대의 공동선共同善을 이룩해 내기 위해서 필요 불가결한 최소한의 도덕률이자 생활 규칙이다. 다만 도덕률과 법규범의 차이는, 법규범의 준수는 국가 공권력으로서 강제되고 그 위반에 대하여는 각종 처벌이 따를 수 있지만 도덕률은 그러하지 않다는 점이다.

법法은 그 한자어를 풀이하여 물이 흘러가는 것과 같은 이치라고도 해석하는데, 노자 도덕경의 상선약수上善若水를 인용하여 물이 가지는 속성이 지극히 선하고 공정하므로 법은 이 물의 지극히 선한 특성을 기준으로 한다고 말한다.

그러나 원래 법이라는 글자의 고자古字는 물 수水자에 해태 치廌자와 갈 거去자가 결합한 글자이다. 해태는 시비와 선악을 판단하여 안다고 하는 상상의 동물로서 중국 한나라 시대 양부라는 사람이 쓴 이물지異物志라는 책에 기록되어 있다.

2. 실체를 탐구하는 이유

위와 같이 법은 당위적當爲的 규범으로서, 실효성을 가진 실정법이며, 인류 사회에서 최대 공동선을 이룩하기 위한 최소한의 도덕률이자 사회적 행동 규칙이라고 말할 수 있겠다.

그러나 더욱 중요한 의미로서, 법은 또한 예로부터 동서양을 막론하고 진리眞理를 뜻하기도 하였다.

제반 규범 현상을 탐구하는 법학은 물론이지만, 이 세상에 존재하는 모든 학문은 진리를 탐구하고 밝혀냄을 궁극의 목적으로 한다고 하겠다. 왜냐하면 궁극의 진리가 밝혀져야만 인류는 그 진리에 따름으로써 모두 다 함께 진정한 자유와 평화, 사랑과 행복으로 살아갈 수 있기 때문이다. 그래서 제 학문 간의 융합적 탐구와 통섭의 당위성이 매우 강조되기도 한다. 이러한 학문 융합적 진리 탐구의 작업에는 법학 분야도 반드시 참여하여, 여타 학문이 밝혀낸 성과와 통섭하여 궁극의 규범적 진리를 밝혀냄이 요청된다 하겠다.

자연과학 등 형이하학形而下學에서의 진리 탐구는, 경쟁적으로 거대 입자가속기를 동원하여 물질을 구성하는 근본 입자를 밝혀내는 작업 및 4차원 시공간에서의 네 가지 힘-중력, 전자기력, 약핵력, 강핵력-을 통일하는 작업으로 대표된다고 할 것이다.

다른 한편, 종교, 철학, 신학, 신비주의mysticism 등 형이상학形而上學에서의 진리 탐구는, 실체(본성-실재-존재-본질-의식-절대주체-독존자-신-창조주 등)를 탐구하고 드러내어 현실 현상과 일체화하기 위한 작업이라 할 것이다.

간단히 말하면, 모든 학문이 추구하는 진리는 바로, 물질 및 정신의 바탕이 되는 각 근본 실체를 밝히는 것이다. 정신세계와 물질세계의 근본 실체가 밝혀지면, 몸이라는 물질과 마음이라는 정신으로 구성된 인간의 실체 내지 본성도 자연히 밝혀지게 되는 것이므로, 인류는 잃어버린 낙원으로 돌아갈 수 있는 기회를 얻는 것이라 하겠다.

법학 및 법률 전문가 그룹이 형이상학과 형이하학의 진리 탐구 과정에 동반하여 같이 근본 규범적 진리인 법의 실체를 발견한다면 우리 사회는 영원한 평화의 반석 위에 놓여질 것이라고 희망해 본다.

실체truth, true nature는 실제의 물체 또는 외형에 대한 실상實相이라고 사전적辭典的으로 정의할 수 있고, 예부터 실체란 현상現象의 변화 근저에 놓여 있는 무언가 항존적 · 지속적 · 자존적인 것이고, 다양한 현상은 그 변용이라고 생각되어 왔다. 즉 실체는 부동하고 불변하며 자존하고 영원히 존재하는 그 무엇이다. 반면에 현상phenomenon은 사람이 5감과 정신으로 지각할 수 있는 이름과 모양, 형태로 나타났다가 사라지는 물질 및 정신의 상태이다.

그러므로 여기에서 큰 문제가 발생한다. 즉 그것이 무엇이든 실체는 불생불멸하여야 하므로 지각되는 현상으로는 나타나지 않는다는 문제이다. 지각되는 현상은 반드시 공간과 시간 속에서 나타났다가 사라진다. 별과 행성과 이 우주 역시 마찬가지다. 빅뱅이론과 다윈주의가 사실이라면 이 우주는 현재 140억 년의 나이를 먹었고, 생명은 40억 년의 나이를 먹었으며 반드시 언젠가는 사라질 것이다. 이런 현상과는 달리 실체는 나타났다 사라지지 않고 지각되지 않으므로, 실체를 탐구하고 밝혀내어 이를 드러내기가 몹시 어렵다. 심지어는 실체라는 것이 현상과 별도로 실제로 존재하는지 여부조차도 아직 사람들에게 보편적으로 확정되지 않았다고 하겠다.

그러나 사람들이 모여 사는 사회 안에는 여전히 갈등과 고통이 많고, 자유와 평화와 사랑은 아직 널리 퍼지지 않은 것처럼 보이므로, 사람들은 어려움에도 불구하고 그 현실적 필요성과 내면에서 솟아오르는 알 수 없는 열정에 이끌려 늘 실체를 탐구하여야만 하는 운명이라고 생각된다.

3. 자연법론과 법실증주의

실정법[1] 이전의 진정한 법의 본질은 무엇인가. 이에 답하기에 앞서, 먼저 법규범의 내용과 효력의 궁극적 근거를 어디에서 찾을 것인가에 대한 오랜 법철학적, 법사상사적 논의로서, 자연법론自然法論theory of natural law과 또 다른 한편에 서있는 법실증주의法實證主義legal positivism에 대하여 간략하게 살펴볼 필요가 있다.

1 자연법론

자연법론은 실정법 내지 법규범의 내용 및 효력의 근거로서 초경험적 자연법의 존재를 주장한다. 이 자연법은 법규범 체계가 궁극적으로 구현해야 하는 목표와 이념을 제시한다. 자연법의 보다 구체적 내용은 인도주의, 도덕, 정의, 자유, 평화, 공동선, 공평 등으로 표현되고, 이러한 자연법을 낳는 원천으로서는 사물의 본성, 양심 등을 제시하고 있다.

자연법론의 주장을 요약하면 다음과 같다.[2] ① 보편적으로 타당한 불변하는 행위규칙으로서 자연법이 존재한다. ② 자연법은 인간의 보편적 이성을 통해 인식될 수 있다. ③ 자연법과 실정법이 모순될 때 자연법은 실정법을 당위적 차원에서 대체한다. ④ 사실명제로부터 논리적 추론을 거쳐 당위명제, 즉 규범적 결론이 도출될 수 있다.

위와 같은 자연법론에 따르면 자연법에 위배되는 법규범은 그 효력이 부정되고 법으로서의 존재가치를 상실한다. 자연법주의에서야 비로소 현재 효력을 발휘하고 있는 부당한 비법非法에 대한 저항권이 인정되며, 더 나아가 자연법에 부합된다면 죄형법정주의나 소급입법금지의 원칙 등도

1) 영어에서 실정법實定法을 뜻하는 'the positive law'라는 표현은 실증법實證法이라는 뜻도 같이 가지고 있다.

2) 양선숙, 법철학의 기본원리, 청목출판사, 2011, 33면.

잠정적으로 무시될 수 있게 된다.

2 법실증주의

다른 한 편, 근대 과학적 · 실증적 정신 경향에 힘입어 나타난 법실증주의는, 주관적이고 상대적일 수 있는 도덕 판단 및 초경험적 자연법은 법적 고려의 대상에서 철저하게 제거되어야 한다고 주장한다. 이로써 법실증주의는 근대 법치주의의 발전에 기여를 한 측면이 있고, 정해진 입법절차를 거쳐 시행되는 규범은 오로지 그 사실로써만 법으로서의 자격을 취득하고 또 오직 그러한 규정만이 법이라고 하여 권력분립의 원리에 공헌하였다. 법실증주의 순수법학자인 한스 켈젠은 법체계를 이루는 각각의 규범은 자신보다 상위의 규정으로부터 효력이 도출되는 것이며 법체계에서 최상위의 근본규범은 "국민은 자신들의 법체계에 복종해야만 한다."라는 것이라고 했다. 법실증주의는 위와 같은 긍정적 측면이 있는 반면에 규범의 제정 및 운용의 지나친 형식화로 인하여 법치를 가장한 독재주의 내지 국가 · 사회주의나 전체주의의 성립에 이론적 근거를 제공할 위험성도 안고 있다. 즉 법실증주의 이론은 다양한 사상의 전개에도 불구하고 법규범이 갖는 정당성에 대한 근거를 명백히 하지 못한다는 비판을 받는다.

4. 법의 실체에 대한 자연학적自然學的 접근

위와 같이 실정법 규범 이외에 자연법 등 진정한 법이라는 것이 있다고 하면, 도대체 그 진정한 법의 실체는 무엇인가. 역시 이 물음에 대답하기 전에, 위 자연법론과 법실증주의의 대립 외, 몇 가지 현대 자연학의 성과를 살펴보고 이러한 사실들이 인간 사회에서 형성된 법규범 체계에서 의미하는 바를 성찰해 보는 것도 법의 실체를 밝히는 데 도움이 되리라 여겨진다.

1 유전자생물학, 뇌신경과학의 성과

현대 유전자생물학 내지 뇌신경과학은 우리 인류가 백지 상태로 이 세상에 오는 것이 아니라고 말한다. 우리가 흔히 말하는 양심은 물론이고 개성, 인격, 습성, 형질, 체질 등 이미 어느 정도 완성된 자기 자신에 대한 그림image을 가지고 이 세상에 온다. 이러한 사실과 연관하여 아래에서 몇 가지 참고할 만한 자료를 살펴본다.

가) 뇌신경과학

"우리가 갓난아기를 살펴보면 보통 생각하는 것처럼 아기들은 백지 상태로 태어나지 않는다. 그들은 이미 해결책을 가진 상태에서 많은 문제들을 접한다. 이는 다윈에 의해 처음 제기되었으며 훗날 미국의 심리학자 윌리엄 제임스에 의해 널리 알려졌다. 이러한 개념은 20세기에는 거의 무시되었지만, 결국 옳은 것으로 드러났다. 아기들은 연약하지만 물체, 물리적 인과관계, 숫자, 생물학적 세상, 개인의 믿음이나 동기, 사회적 상호작용에 특화된 신경프로그램을 가진 채 이 세상에 뛰어든다. 가령 신생아의 뇌는 얼굴을 예상한다. 태어난 지 10분도 채 안 된 아기라 해도 얼굴과 유사한 패턴으로는 고개를 돌렸지만 마구잡이 패턴에는 관심을 보이지 않았다. 두 살이 넘은 아기는 마술쇼에서 고체가 다른 물건을 관통하거나 스크린 뒤에서 물건이 사라지는 것을 보면 매우 놀라워한다. 또한 아기들은 생명체와 비생명체를 대하는 방식이 다르다. 생명체 모양의 장난감에는 자신이 보지 못하는 내면의 무언가가 있다고 가정한다. 우리는 아기들이 주위의 것(부모나 애완동물, TV 속 행동)을 흉내 내며 배운다고 생각하는데 사실은 그렇지 않다. 초기의 옹알거림은 인간의 뇌에 미리 프로그래딩 된 자질을 물려받은 것이기 때문이다. 선행프로그램의 또 다른 사례는 이른바 마음읽기 시스템이다. 시선을 읽는 행동은 유아기 초부터 시작된다. 이처럼 미리 장착된 소프트웨어는 뇌가 백지 상태였다면 일어났을 문제나 사건을 피할 수 있게 돕는다."[3)]

나) 유전자생물학

"사람을 비롯한 모든 동물은 유전자가 만들어낸 기계이다. 우리는 생존기계다. 즉 우리는 유전자로 알려진 이기적인 분자들을 보존하기 위하여 맹목적으로 프로그램 된 로봇 운반자들이다. 유성생식은 유전자를 섞는다. 이것은 개체의 몸이란 일시적인 유전자의 조합을 위한 임시 운반체 physical vehicle에 불과하다는 것을 의미한다. 하나의 개체에 들어 있는 유전자의 조합은 일시적이지만 유전자 자체는 잠재적으로 수명이 매우 길다. 유전자의 길은 끊임없이 교차하면서 세대에서 세대로 이어진다. 한 개의 유전자는 수많은 개체의 몸을 연속적으로 거쳐 생존하는 단위라고 생각해도 좋다. 어떤 한 개체에서 만들어진 모든 정자 세포는 서로 다르다. 모든 난자 세포 역시 서로 다르다. 유전자는 개체의 특성을 정한다."[4)]

다) 일란성 쌍둥이의 사례들

기독일보는 2012. 1. 26. 다음과 같은 인터넷 뉴스를 보도하였다. "태어난 지 수주 만에 스웨덴으로 입양된 인도네시아의 쌍둥이 자매가 28년간이나 서로 존재를 모른 채 살다 우연히 재회하는 영화 같은 일이 일어났다. 26일 일간 자카르타글로브 인터넷 판 등에 따르면 인도네시아에서 태어난 린 백룬드(28)는 페이스북을 통해 에밀리 포크(28)라는 여성으로부터 메시지를 받은 뒤 서로 쌍둥이임을 확인한 사연을 스웨덴 영어신문 '더 로컬'에 털어놓았다. 린은 에밀리가 자신이 쌍둥이 언니라는 메시지를 보내왔을 때 '이런 미친 사람이 다 있어' 라고 생각했다. 처음엔 그냥 무시했다고 말

3) 데이비드 이글먼, 인코그니토(INCOGNITO), 김소희 옮김, 쌤앤파커스, 2011, 109~110면.
4) 리처드 도킨스, 이기적 유전자(The Selfish Gene), 홍영남 · 이상임 옮김, 을유문화사, 2012, 73~77면.

했다. 그러나 혹시나 하는 마음에 양부모에게 입양 전 자신에게 언니나 동생이 있었는지 물은 린은 뜻밖의 대답을 들었다. 양부모는 린이 2살 때 그녀와 생일이 같은 인도네시아 여자 아기를 입양해 키우던 다른 가족과 만난 적이 있지만 여러 문제로 둘이 쌍둥이인지는 확인하지 못했고 지금까지 그 일을 잊고 살아왔다는 것이다. 린이 호기심이 발동해 에밀리를 만나보고 나서는 믿기 어려운 일들이 계속됐다. 둘이 사는 곳이 60㎞밖에 떨어져 있지 않았고 직업도 교사로 서로 같았다. 결혼도 1년 차이가 났지만 같은 달 같은 날에 했고, 결혼식 음악도 같은 곡을 사용한 것으로 나타났다. 결국 둘은 DNA 검사를 하기로 합의했고 그 결과 쌍둥이 자매로 확인됐다. 결혼식 음악은 라이프하우스의 '당신과 나'(You and Me)라는 곡인데 들어보지 못한 사람들이 많을 것이다. 우리 둘 다 놀랐다고 말했다. 1983년 3월 중부 자바 세마랑에서 태어난 뒤 수주일 만에 보육원에 보내졌다가 입양된 린과 에밀리는 인도네시아에 가족이 남아 있는지 궁금하다면서도 우리가 서로 만나게 됐으니 고향에 가족이 남아 있지 않다고 하더라도 괜찮다고 말했다."

이와 유사한 또 다른 사례는, 1979년 4월 11일 '시카고 트리뷴'에 게재되었다. "태어나자마자 따로 입양되어 살았던 쌍둥이의 재회. 이들은 39년 동안 떨어져 살면서 한 번도 만났던 적이 없었음에도 불구하고 두 사람 모두 린다라는 이름의 여성과 결혼했다가 이혼했다. 그리고 각기 제임스 앨런이라는 이름의 아들이 있었다. 둘 다 베티라는 이름의 여성과 재혼했다. 두 사람의 취미는 모두 글자 새기기와 목공일이었다. 그들이 즐겨 찾는 휴양지는 플로리다 세인트피터스버그의 똑같은 해변이었다. 그들의 직업은 비슷했다."[5)]

---

5) 데이비드 달링, 죽음 너머의 세계는 존재하는가(SOUL SEARCH-A Scientist Explorers the Afterlife), 백영미 옮김, 황금가지, 1998, 123면.

속단은 금물이지만, 이상의 사실들이 뜻하는 바는, 사람은 본래 선천적으로 특정 유전인자, 성격, 개성, 취향, 질병가능성, 범죄가능성 등을 가지고 이 세상에 나타나는데, 유전자와 두뇌에 장착되어진 것으로 보이는 이런 하드웨어적 틀은, 사람이 생후 특정 환경과 조건을 만나서 특정 결과로 발현되는 원천 재료가 된다는 것으로 보인다는 것이다.

2 이중슬릿실험, 벤저민 리벳의 실험

스위스 제네바에 위치한 유럽입자물리학연구소(CERN : European Organization for Nuclear Research)의 거대강입자가속기 실험 작업보다 더욱 위대한 인류의 두 가지 실험 및 발견이 있다고 생각된다. 그 하나는 이중슬릿실험 Double-slit experiment이고 다른 하나는 벤저민 리벳Benjamin Libet의 실험이다. 이중슬릿실험은 주관-객관, 관찰자-관찰 대상과의 연관 관계를 밝히는 데 아주 중요한 의미를 가진 실험이고, 벤저민 리벳의 실험은 과연 사람 각자에게 자유의지free-will가 있는가라는 심각한 의문을 제시하고 있다.

가) 이중슬릿실험

이 실험의 요지는, 전자총으로 전자를 '하나씩' 연속적으로 쏘아 이중의 슬릿을 통과시키면 맞은편에 위치한 스크린에 마치 파동처럼 간섭무늬가 나타난다는 것인데, 이는 전자 입자 한 개가 동시에 두 개의 슬릿을 통과하였다는 의미가 되고 따라서 어떻게 한 개의 전자 입자가 동시에 두 곳에 존재할 수 있는가 하는 의문을 일으키게 된다. 즉 동일한 개별자는 동시에 공간상의 두 곳에 존재할 수 없다는 우리의 상식이 붕괴된다. 물리학자 리처드 파인만이 개척한 양자역학의 체계에 따르면, 입자는 출발점에서 도착점 사이에 놓여 있는 무한히 많은 모든 가능한 경로들을 따라 이동한다. 개개의 전자들은 두 개의 슬릿을 '모두' 통과한다.[6] 따라서 전자는 원래 알갱이 내지 입자가 아니라, 실체實體가 없는 파동波動, 진동振動이라는 의미를 내포한다. 또한 이 실험에서 관찰자가 어느 한 전자가 어떤 슬릿을 통과하는지를 관측 장치를 통하여 확인을 하면 전자는 마치 입자와 같이 행동하여 간섭무늬를 나타내지 않고 두 개의 슬릿 모양 그대로의 무늬를 나타낸다. 마치 전자가 의식意識을 가지고 생각을 하며 주변 상황의 변화에 다르게 반응하는 살아있는 존재처럼 보인다. 이것을 관찰자 효과observer effect라고 한다. 이러한 실험 결과는 전자만이 아니라, 물질을 구성하는 다른 소립자들 역시 전자와 마찬가지라고 한다. 그렇다면 우리가 지각하는 모든 물질은 독자적인 실체가 없는 공허한 존재라는 의미도 될 것이다. 이 실험에 있어서 더욱 특이한 것은, 인식주관 즉 관찰자가 통과 정보를 확인하느냐 안하느냐라는 오로지 주관적인 결정에 따라 관찰되는 객관 대상인 전자의 행동 방식이 달라진다는 것이며, 더 나아가 전자의 상이한 행동의 결정 시기는 관찰자가 통과 정보를 볼지 여부를 결정하는 바로 그 순간과 동시에 결정된다는 것이다. 즉 이런 실험 결과를 지연된 선택delayed choice이라고 하는데, 전자가 파동형태에서 물질 입자로 전환하는 시점은, 측정 장치로 관측하는 때 혹은 (진짜 이상하고 무서운 일이지만) 기계적 측정행위를 한 시점과는 상관없이, 관측 후 몇 년 뒤일지라도 그 관측 데이터를 사람이 보는 때에 본질적인 파동형태로부터 붕괴collapse하여 입자 상태가 된다는 것이다.[7]

이러한 양자적 행동에 대한 해석으로서, 닐스 보어를 중심으로 한 코펜하겐 그룹이 제안했던 '코펜하겐 해석'의 내용은 다음과 같이 요약해 볼 수 있다.

---

6) 브라이언 그린, 엘러건트 유니버스(The Elegant Universe), 박병철 옮김, 승산, 2010, 183면.

7) 브라이언 그린, 우주의 구조(THE FABRIC OF THE COSMOS), 박병철 옮김, 승산, 2008, 143~152면, 285~290면.

① 입자의 상태는 파동함수에 의해 결정된다. 이는 입자의 확률밀도를 나타낸다. ② 모든 물리량은 관측이 가능할 때만 의미를 가진다. 물리적 대상이 가지는 물리량은 관측과 관계없는 객관적인 값이 아니라 관측 작용의 영향을 받는 값이다. ③ 서로 관계를 가지는 물리량들은 하이젠베르크가 제안한 불확정성 원리에 따라 동시에 정확하게 측정하는 것이 불가능하다. ④ 전자와 같은 입자들은 입자의 성질과 파동의 성질을 상보적으로 가진다. ⑤ 양자 도약이 가능하다. 양자 물리학적으로 허용된 상태들은 불연속적인, 특정한 물리량만 가질 수 있다. 따라서 한 상태에서 다른 상태로 변하기 위해서는 한 상태에서 사라지고 동시에 다른 상태에서 나타나야 한다.[8)]

또한 물리학자 베르너 하이젠베르크가 제안한 '불확정성의 원리'는 위 코펜하겐 해석의 핵심 내용 중의 하나이다. 이는 소립자의 위치와 운동량을 동시에 정확하게 측정하는 것이 불가능하다는 것이다. 불확정성의 원리는 위치의 측정이 운동량을 변화시키고, 반대로 운동량의 측정이 위치를 변화시켜 오차를 증가시키기 때문이라고 설명하기도 한다. 그러나 불확정성 원리는 측정 때문에 생기는 것이 아니라, 측정하고자 하는 입자 자체가 가지고 있는 물리적 성질에 기인한다.[9)]

하이젠베르크는 코펜하겐 해석을 양자역학의 표준 해석으로 받아들이고, 보어에 비해 양자역학의 더욱 주관적인 관점을 옹호한다. 그는 주관과 객관의 엄격한 분리는 과거의 과학 방법론이며, 현대의 과학 방법론은 주관과 객관의 엄격한 분리를 전제할 필요가 없으며 완전한 객관성이란 환상이라고 주장하였다. "우리가 관찰하고 있는 것은 자연이 아니라 인간이

8) 곽영직, 코펜하겐 해석-양자물리학의 의미는?, 물리산책, http://navercast.naver.com, 2009.

9) 곽영직, 불확정성의 원리, 물리산책, http://navercast.naver.com, 2010.

자연에 대해 제기하는 질문 방식 속에 나타난 자연이다.'[10])

이러한 언급들을 살펴보면, 하이젠베르크 역시도 아인슈타인 및 다른 진지한 자연 과학자-탐구의 시작을 유물론에서 출발한-들과 마찬가지로 물질 탐구의 마지막에는 신비주의자로 변모한 것으로 볼 수 있다.

이상과 같이 입자-파동 이중성, 위치-운동량 불확정성, 그리고 블랙홀의 사상事象의 지평선 양쪽 등과 같이 물리적 양상이 AND가 아니라 OR로 구현된다는 것(즉 이것 아니면 저것)을 보어는 '상보성의 원리'라고 하였고, 이는 다음과 같이 요약할 수 있다. "어떤 물리적 계의 한 측면에 대한 지식은 그 계의 다른 측면에 대한 지식을 배제한다."[11])

코펜하겐 해석과 관련하여 또 하나의 논쟁적 의문은 '양자적 얽힘' quantum entanglement이라는 현상이다. 이 현상의 골자는, 어떤 상호작용을 한 2개의 입자가 그 후 아무리 멀리 떨어져 있어도 한쪽의 상태가 결정되면 다른 한쪽의 상태도 순식간(동시)에 확정되는 경우가 있는데, 이와 같은 2개의 입자 상태를 '양자적 얽힘'이라고 한다. 이로써 양자 역학에서는 아무리 떨어져 있어도 양자적으로 얽힌 두 전자의 상태는 세트로 생각해야 하며 전자의 성질은 개별적으로는 말할 수 없다. 그러나 이에 대하여 1935년 알베르트 아인슈타인, 보리스 포돌스키, 네이선 로젠은 양자론의 모순점을 지적하는 논문을 발표하는데, 이 논문에서 지적된 주제를 'EPR 패러독스'라고 부른다. 이 EPR 역설과 코펜하겐 해석의 한판 승부는 1981년 존 벨의 신뢰할 만한 실험에 의하여 양자 역학이 올바르다는 사실이 확인되었다.[12])

10) 김유신, 양자역학의 역사와 철학, 이학사, 2012, 226면.

11) 이종필, 상보성의 원리, 물리산책, http://navercast.naver.com, 2010. 보어는 상보성의 원리를 물리세계 뿐만 아니라 생물학적 현상이나 물리화학적 현상에도 적용하려고 했었다. 한번은 누군가가 보어에게 '진실'의 상보적 속성은 무엇인가 하고 물었다. 보어의 답변은 '명료함'이었다고 한다.

12) 양자론, 위 같은 책, 168~169면.

즉 이 양자적 얽힘은, 두 개의 광자가 하나의 실체를 이루고 있어서 하나의 광자를 관측했다는 것은 곧 실체를 관측한 것이고 그 결과가 자기 자신에게 즉각적으로 영향을 미친다고 생각하는 편이 더 그럴듯하다. 우주에 산재하는 모든 만물은 태초에 한 지점에서 탄생하였다. 따라서 우주의 근원까지 추적해 들어간다면 모든 만물은 양자적으로 얽혀 있다고 말할 수도 있다. 모든 것은 다른 모든 것과 연결되어 있다. 그렇다면 우주의 실상은 우리가 여태까지 이해해 왔듯이 국소성局所性locality을 가진 것이 아니라, 분리가 불가능한 비국소성非局所性non-locality을 가진 단일한 하나의 실체라고도 말할 수 있게 된다.[13)]

쉽게 말해서 위 코펜하겐 해석은, 달을 바라보거나 달과 상호작용을 하고 있는 주체가 전혀 없으면 달은 그곳에 존재하지 않는 거나 마찬가지라는 것이다.[14)] 즉 오늘 우리가 행한 관측은 여러 가지 가능한 과거들 중 하나를 현실세계로 현현시키고 있다. 그러므로 지금 실행되고 있는 관측행위는 어제, 또는 며칠 전에, 또는 수십억 년 전에 시작된 물리적 과정의 풀스토리를 고전적인 시각에서 완결시켜 준다고 할 수 있다.[15)]

위와 같은 해석은 에른스트 헤켈이 주장한 '개체발생은 계통발생(진화과정)을 반복한다'라는 말을 상기시킨다. 지금 여기서 육체를 가진 나는, 바로 지금 매 순간, 40억 년에 걸친 시간과 그 이전 110억 년에 걸친 시간 및 공간 속에서 일어난 모든 일을 겪고 있다는 것이다. 매 순간 말이다. 왜냐하면 나의 이 몸을 구성하는 원소들은 별과 행성들이 죽은 잔해에서 발생한 것들이고, 나의 생명과 생각할 수 있는 뇌는, 단순한 자기 복제 분자에서 출발해서, 40 억 년에 걸쳐, 경쟁자들 중 환경에 최적화된 효율적인 경쟁

13) 브라이언 그린, 위 같은 책, 184면, 192면.
14) 브라이언 그린, 위 같은 책, 191면.
15) 브라이언 그린, 위 같은 책, 280면.

자를 자연이 아무런 의도나 계획 없이 선택한 결과인 것이기 때문이다.

이상과 같은 코펜하겐 해석에 대하여 아인슈타인은 말년에 이르기까지 "신은 주사위 놀음을 하지 않는다.", "당신은 보고 있을 때만 달이 존재한다면 정말 믿을 수 있겠소?" 라며 비판하였다.[16]

결국 이중슬릿실험의 결과는, 인식되는 객관 대상은 본래 독자적 실체로는 존재하지 않다가 '나'라고 하는 주관이 인식하는 때에 비로소 '개별적 존재'(존재자)로 이 세상에 나타난다는 사실을 드러낸다고 할 수 있다.

나) 벤저민 리벳의 실험

1980년대에 발표된 논문들에서 캘리포니아 대학의 생리학자 벤저민 리벳 교수는 행위를 하고자 하는 행위결심이 의식되기 이미 0.35초 전에 뇌에서 신경학적 변화(준비전위)가 일어난다는 사실을 전하고 있다. 이의 해석을 두고, 리벳 및 의지결정론자들은 인간의 행위를 결정하는 것은 자유의지가 아니라 뇌에서 일어나는 무의식적 과정들이라 해석하면서, 자유의지 개념 혹은 그러한 류의 느낌은 근거가 없거나 혹은 허상에 불과하다는 주장을 펼친다.

이후 철학자만이 아니라 심리학자, 뇌 과학자 등이 결정론자, 자유의지론자 그리고 양립론자 등으로 갈려 혼란스러울 정도로 다양한 방향에서 논쟁을 벌이고 있는 것이 현재의 자유의지 논쟁의 실정이다.[17] 또 다른 실험 결과에 의하면, 우리가 선택하여 행하는 각각의 일상적 행위에 있어서, 특정의 행위 결심이 의식되기 무려 1초 전에 이미 뇌에서 준비전압이 일어났다. 즉 뇌는 사람들이 의식적으로 충동을 느끼기 훨씬 전에 이미 결정을

16) 양자론, 위 같은 책, 65면.

17) 이기홍, 리벳실험의 대안적 해석 : 리벳 이후의 뇌 과학적 발견들과 자유의지An alternative Interpretation of Libet's Experiment – Recent Neuro-scientific Findings and Free Will, 대동철학회지, 제49집, 대동철학회, 2009. 347면.

내리고 있었던 것이다. 내가 손가락을 움직이겠다는 위대한 아이디어를 나의 자유를 가지고, 의지적으로, 의식적으로 떠올리기 훨씬 전에 이미 나의 뇌는 무대 뒤에서 모든 일을 마친 것이다.[18)]

즉 다시 말하면, 우리의 개별 행동은 우리의 의식이 결정(인식)하기 전에 우리들도 모르게 이미 결정되어 있다는 것이다. 이 사실이 의미하는 바는-물론 논리의 비약으로 인한 성급한 일반화의 오류는 피하여야 할 것이지만-사람의 모든 행위를 결정하는 것은 자유의지가 아니라 무의식이며 우리가 평소 자유의지가 있는 듯이 느끼는 것은 착각이나 환상이라는 것이다.

3 시간과 공간

가) 공간

공간은 그 안에서 나타난다고 보이는 물체 그 자체이다. 순수한 공간 그 자체는 아무것도 아니다. 공간은 물리적 객체가 아니다. 만약 공간에, 여타의 물체와 구분되는 독자적으로 보이는 물체가 없다면, 즉 공간 안에 물체가 전혀 없거나 단 하나의 물체가 공간 전체를 완전히 채우고 있다고 하면 공간은 전혀 의미가 없고, 지각되지도 않는다.

그러므로 공간은, 특정 물체가 그 물체를 제외한 다른 모든 물체를 배경으로 위치시키면서, 독자적 대상으로 '나'에게 나타나기 위하여 필요한 조건으로서만 나타난다.

모양을 가진 물체가 다른 물체와 구분되어 독자적으로 나타날 필요성이 있으면, 공간은 그 구별과 동시에 '나'에게 나타난다. 뭐든 두 개 이상이 있을 필요성이 생기면, 그 두 개와 동시에 공간은 나타나고, 두 개 미만이면 공간은 사라진다. 그러므로 공간은 바로 두 개 이상인 물체 자체이며, 하나

18) 데이비드 이글먼, 위 같은 책, 205면. ; 데이비드 달링, 위 같은 책, 117~118면.

이하는 인식 불가능하고 공간도 사라진다.

여기에서 이런 의문이 있을 수 있다. 공간이 물리적 객체가 아니고 오로지 '나'라는 주관에 나타나는 관념에 불과하다면, 내가 태어나기 전이나, 내가 깊이 잠들거나, 죽은 후에는, 이 세상의 공간과 그 안의 모든 사물과 동식물과 사람은 없었거나, 없고, 없을 것이 아닌가? 만약 그렇다면 직관에 반한다.

이 의문에 대하여는 비유적으로 이렇게 말할 수 있을 것이다. 현상으로 나타났다가 사라지는 이 '몸과 여러 정신작용'들은 '진정한 나'가 아니고, '내 실체'는 불생불멸하고 부동불변하는 '의식'이다. 의식은 순수하고 투명한 '앎'이라고도 비유할 수 있다. 몸은 의식이 입는 옷과 같고, 뇌는 의식이라는 전파를 수신하는 TV SET와 같아서, 이 우주 공간과 시간, 세상 만물을 심상心象으로 나타내도록 프로그램 되어 있다. TV가 전원이 꺼지거나 오래되어 망가져 폐기되더라도 전파는 여전히 편재해 있다.

마찬가지로 몸이 기능을 일시적으로 정지하거나 혹은 영구적으로 정지하여 원래의 원소로 흩어져도 실체인 의식은 불변으로 있다. 생명이자 주관인 동식물과 사람이 이 우주에서 모두 사라지고, 공간과 시간마저 사라져도 의식은 여전하다 라고 비유할 수 있다.

이 우주 공간과 시간, 세상 만물은 '나'에게 나타나는 현상에 불과하지만 이 모든 현상의 실체는 의식이다. 나타나는 현상에는 물론 "'나'라는 현상"도 포함된다.

그러므로 이 우주 공간과 시간 속에 몸을 가지고 내가 존재하는 것이 아니라, 나의 실체인 의식 안에 이 몸과 '나'와 우주 시공간과 모든 동식물과 사람들이 존재한다 라고 은유할 수 있다.

공간은 물체를 수용하기 위하여 전혀 물체가 없더라도 거기에서 미리 대기하고 있는 그런 종류의 물건이나 객관 대상이 아니다. 무엇인가가 둘 이상으로 나뉘어 상이한 것으로 구분되어질 때에만 공간은 나타난다.

이것과 저것이라는 구분이 사라지면 공간도 사라져 갈 것이다. 공간은 우리와 상관없이, 본래부터 우리의 외계外界에 존재하는 그 무엇이 아니며, 생각이 이원적으로 그림을 그려내는 자타구분自他區分 여부와 운명을 같이 할 것이다.

나) 시간

시간은 기억을 주어진 재료로 하여, 생각이 그려내는 과거 경험의 선택적 조합 및 미래에 대한 상상이다. 기억이라는 시간의 원재료가 사라지면 과거를 토대로 하는 나의 '정체성'이 사라지고 미래도 추측할 수 없으므로 시간도 사라진다. 개인적 정체성은 오로지 시간 속에서만 살아남는다.

기억은 공간 속에서의 변화에 대한 인상을 켜켜이 쌓아두는 기능이다. 일체가 고정불변하면 기억도 없고 시간도 없다. 개체의 끊임없는 변화는 개체 서로간의 관계도 끊임없이 변화시킨다. 변화는 움직임이고 운동이므로, 운동이 가능할 수 있는 공간이라는 심상心象-관념觀念을 필요로 한다. 즉 시간은 공간에 나타나는 물체의 운동 그 자체다. 시간도 공간과 마찬가지로 본래부터 우리의 외계에 존재하는 물리적 객체가 아니다.

다) 시 · 공간

시 · 공간은 물체의 존재와 그것의 운동, 변화다. 물체가 나타난다고 하여도 곧바로 공간이 나타나지는 않는다. 물체가 있어도 그것이 고정불변하면 공간도 시간도 나타나지 않는다. 물체가 나타나 운동하고 변화하면 그와 동시에 공간과 시간도 동시에 나타난다. 그러므로 시간과 공간이 동시에 나타나기 위한 필요충분조건은 ⓐ 주관(나)을 포함한 두 개 이상의 개별적 물체가 있을 것. ⓑ 이 물체들이 상대적으로 운동, 변화할 것. 이라고 할 것이다.

특정 물체가 있다는 것은 벌써, 그 물체를 포함하여 적어도 2개 이상의 물체가 있다는 말이다. 단 하나의 독자적 물체가 뉴턴 식의 소위 절대공간 안에서 절대운동을 한다는 일은 상상할 수는 있으나 실제로는 존재하지 않는다.

공간에 있는 단 하나의 물체라는 이미지image는 오로지 생각으로 그림을 그려볼 수는 있겠으나, 실제로는 단 하나의 물체만이라면 공간이 나타나지 않는다. 그 단 하나의 물체가 절대적 주관(나)이라고 하여도 마찬가지이다. 절대적 주관은 대상화가 되기 전에는 어떤 경우에도 인식되지 않기 때문이다.

라) 시간의 방향성

시간이 과거를 지나 현재를 거쳐 미래로 나아가는, 마치 쏘아진 화살처럼 확실한 방향성을 가지고 흐르는 듯이 느껴지는 것은 수수께끼이다. 왜 그럴까.

시간의 방향성은 개인의 '정체성 유지 필요성'이라는 심리적 동기와 밀접하게 연관된다. 정체성을 유지한다는 것은 즉 생존하여 살아남는다는 것이다. 살아남아 자손을 번식하는 일은 40억 년이라는 생명의 역사에서 깊이 사람의 유전자와 뇌에 프로그램 되어 있다. 살아남기 위해서는 정체성을 유지할 필요성이 있다. 정체성은 자아自我가 동일성, 단일성, 독립성, 개별성 등을 유지한다는 의미를 내포한다. 나는 시간 속에서, 독자적인 무엇인가가 내 정체성(자의식)을 가지고 천변만화千變萬化하는 삶을 통과하면서도 동일성을 유지하며 살아가고 있고, 궁극적 목적도 알 수 없는 상태에서 오로지 살아남아야 한다는 맹목적, 기계적 생존 의지를 발휘하고 있다. 정체성을 상실하면 내 자아는 살아남지 못하고 죽음에 이른다.

한 개체가 운동, 변화하면, 시간과 공간 자체도 운동, 변화를 일으킨 것이며, 변화를 했다면 이미 개체 동일성을 상실하고 이전과는 다르게 변용된 것이고, 시간과 공간도 그 직전과는 전혀 다른 차원으로 변모한 것으로 볼 수 있다. 왜냐하면 위 코펜하겐 해석에서 보았듯이 양자 도약이 가능하고, 양자 물리학적으로 허용된 상태들은 불연속적인, 특정한 물리량만 가질 수 있으며, 따라서 한 상태에서 다른 상태로 변하기 위해서는 한 상태에서 사라지고 동시에 다른 상태에서 나타나야 한다. 이 플랑크의 양자도약 Planck's Quantum Leap은 소립자의 운동 방식이 연속적이지 않고 끊어진다는 것이다. 우리의 몸을 구성하는 것도 모두 소립자들로서 양자이다.

그러나 위와 같이 한 개체가 운동, 변화하면 개체 동일성을 상실하게 된다고 하면, 개체는 정체성을 유지하지 못하고 생존할 수 없다. 그러므로 개인은 변화 안에서도 같은 것이라고 판단할 수 있는 자아와 동일한 무엇이라는 것을 필사적으로 찾아야만 한다. 그래서 자아 정체성의 근거로서, 자연스럽게 바로 직전의 지나간 경험의 기억 즉 변화 직전의 그것이라는 이미지를 찾아내고, 마침내 나의 뿌리를 발견했다고 여기며 안심하게 된다. 물론 이 과정은 무의식 속에서 전개된다.

시간의 방향성이 정체성의 유지와 관련이 있듯이 인과법칙도 바로 개인의 생존과 관련이 있다고 할 것이다. 만약 인과법칙이 혼란되어 원인과 결과가 순서 없이 무작위로 펼쳐지고, 온통 무질서만 있다면 개인은 자신의 정체성의 뿌리를 찾을 방법이 없게 되고 결국 개인은 죽음에 이른다.

자기 자신 및 관계되는 대상과의 상대적 변화의 순서를 기억하여 바로 그 변화 직전에서 자아의 정체성과 동일성의 뿌리를 찾는 맹목적 · 기계적 의식 작용이 바로 시간의 방향성과 인과법칙의 정체라고 말할 수 있다.

그러므로 시 · 공간, 시간의 방향성, 인과법칙이라는 현상들이 나타나는 이유를 통합하여 표현해 보면,

'시공간, 시간의 방향성, 인과법칙은, 자아가 살아남기 위하여 맹목적 의지로 창조하는 것들로서, 나와 대상 간의 운동, 변화 그 자체'라고 말할 수 있다.

따라서 시간과 공간이 나타나게 하는 각 요소들 중 어느 하나라도 사라지면, 즉 개인이 사라지거나, 정체성을 찾고 유지하려는 생존의지가 사라지거나, 모든 대상이 사라지거나, 운동 · 변화가 사라지면 개인은 종말을 고한다. 그리고 더불어 이 세상 전체 우주도 종말을 고한다.

마) 칸트의 시 · 공간과 개체 윤회의 실체

칸트가 정의하는 시간과 공간 그리고 인과법칙을 간략하게 살펴보면, "공간 · 시간은 주관이 현상을 인식하고 경험하기 위하여 필요한 선험적 · 선천적 순수직관 형식이다. 공간 · 시간은 경험에 선행하므로 그것들의 출처는 주관 안에서 찾아야만 한다. 그럼에도 불구하고 객체 관련적인, 현상의 조건으로 기능하는 한에서 객관적 실재성을 갖는다. 원인 · 결과 관계(인과율)는 선험적으로 주어진 순수지성 개념이다."[19]라고 한다. 또한 주관과 물자체의 관계 등 칸트가 전제하는 이원성에 대하여, "칸트는 감성에 주어지는 직관의 내용(질료)을 끝내 인간 마음에 포섭되지 않는 객관적 물자체의 소여所與로 간주함으로써 존재와 인식, 현상과 물자체, 객관과 주관의 이분법을 극복하지 못한 것이다."[20]라는 비판도 있다.

즉 칸트에 의하면 시 · 공간, 인과법칙은 개인이 경험으로 얻은 후천적 산물이 아니고 태어날 때부터 가지고 나오는 선천적인 감성형식, 지성개념이라는 것이다.

---

19) 백종현, 존재와 진리, 철학과 현실사, 2003, 149면, 275면.

20) 한자경, 경험세계의 가상성-세친과 칸트의 비교, 2008. 12. 3. 한국칸트학회 동계정기학술대회 자료집, 11면.

칸트의 공적은 시간과 공간을 객관적 실재로 보지 않고 이를 주관으로 끌어들였고, 12개의 범주로 오성의 순수형식을 정의하여 사람은 선천적으로 프로그램 된 생각의 틀을 가지고 있음을 밝힌 것이다. 불교 철학의 일체유심조一切唯心造를 상기시키는 작업이라고 할 수 있다.

생각의 틀은, 양적 판단으로서 하나−부분−전체, 질적 판단으로서 긍정−부정−미정, 관계 판단으로서 실체−속성, 원인−결과, 상호−작용, 양태 판단으로서 존재−비존재, 가능−불가능, 우연−필연의 12가지다. 이것은 사람이 생각이라는 도구를 사용하여 하는 작업은 무엇이 되었건 이 12가지의 범위를 벗어날 수 없다는 것이다. 예를 들면, 신이 있느냐 없느냐는 오래된 논쟁도, 생각이라는 도구를 사용하는 한 수 천 년을 추리하고 탐구하고 토론하여도 답이 없다. 생각은 결국 '있다 아니면 없다'로 귀착되어야 하므로, 있기도 하고 동시에 없기도 하다거나, 있지도 않고 동시에 없지도 않다는 등의 진술을 이해할 수 없고 오히려 비논리적이라고 치부하거나 짜증을 내는 도리 밖에는 없다. 왜냐하면 생각이 곧 자아이므로 생각이 이해할 수 없고 받아들이기 불편한 것은 자아의 생존에 불리하기 때문이다.

생각이라는 도구는 칸트의 범주에서도 보듯이, 반드시 상대되는 것끼리 대칭성을 가지고 있어야만 나타나고 이해되어지는 모든 현상을 구현하는 도구이므로, 실체를 탐구하는 곳에서는 적절한 도구가 될 수 없음이 명백하다. 그러므로 실체의 탐구는 생각이 아닌 이성, 직관, 의식, 운동, 예술, 사랑 등등의 별도의 수단을 동원하여야 하겠다.

위에서 살펴본 바와 같이 시 · 공간과 인과율은 개인의 생존 의지 그 자체였다. 그리고 칸트가 말한 선천적 감성형식과 오성형식을 받아들이면, 시 · 공간 우주에서 특정 개인으로 생존하려는 의지(판단)는 이미 그 특정 개인이 태어나기도 전에, 즉 태어나서 인간의 생이라고 불리는 첫 번째

경험을 하기도 전에 형성되어 있다는 것이다. 왜냐면 시간과 공간, 의지와 판단을 나타나게 하는 근본 힘은 선천적으로 이미 존재하고 이것들은 개인의 주관에 있기 때문이다. 이것은 바로 개인의 윤회전생을 달하는 셈이 된다.

물론 시공간과 오성의 순수형식은 그야말로 순수한 형식에 불과하므로 개성을 가진 특정 개인과는 무관하며 모든 사람이 같은 시공간과 오성형식을 가지므로 개인의 윤회와는 상관이 없다고도 반론할 수 있겠다. 그러나 위에서 보았지만, 시공간과 대상물체 오성의 판단형식들은 자아가 살아남기 위하여 맹목적 의지로 창조하는 것들이므로, 비록 순수한 형식들이라고 하여도 개인의 생존 의지가 없으면 나타날 수 없는 것들이다.

개인이 윤회 전생한다는 것은 어떤 의미인가? 윤회의 주체가 문제된다. 기독교 성경 복음서에도 당시 유대인 대중들이 세례 요한에게 '당신은 선지자 엘리야의 환생인가?'라고 묻는 장면이 나온다. 힌두교와 불교철학 안에서도 이 문제는 난해하고 논란이 많다. 불교적 진리의 도장(法印) 중 가장 중요한 것이 무아無我라는 것인데, 그렇다면 윤회할 주체가 없으므로 도대체 무엇이 윤회를 한다는 것인가라는 의문이 있을 수 있다.

비유적으로 말한다면, 위에서 본 바와 같이 윤회하는 것은 '개인으로 생존하려는 맹목적 의지(판단)'다. 이 의지가 자신을 개인으로 현상시키기 위하여 시간과 공간을 먼저 만들고, 기타 만물을 만든다. 이 생존의지를 업식, 행업, 카르마 등으로 이름한다.

이상을 요약하면, '개인으로 생존하려는 맹목적 의식에 의하여 물체, 시공간, 인과법칙, 시간의 방향성, 윤회전생이라는 현상이 나타난다.'라고 할 수 있다.

4 자연학적 성과들에 대한 해석

닐스 보어는, 주객의 분리는 모든 과학적 지식의 객관성을 위해서 변경될 수 없는 필수적인 조건으로 보지 않는다.[21)]

이와 같은 보어의 태도와는 달리, 갈릴레오나 르네 데카르트 이후로 일차적 성질(객관적이고 측정 가능한)과 이차적 성질(주관적이거나 감각적인), 물질과 정신, 객관과 주관을 일도양단으로 구분하는 이원적 이론의 영향으로 인간의 의식은 세계에 대한 과학적 조망에서 제외되고 말았다.[22)] 이와 같은 이원론적 이론을 따르고 있는 현대 자연과학의 주류적 경향은 바로 다음과 같이 막스 플랑크Max Planck가 말한 그대로, 과학이 좀처럼 뚫기 어려운 마지막 장벽에 부딪힐 수밖에 없다할 것이다. "과학은 자연의 궁극적인 수수께끼를 풀 수 없다. 최후의 분석에서, 바로 우리 자신이 우리가 풀어보려고 하는 그 수수께끼의 일부이기 때문이다."[23)]

실체의 탐구에 있어서, 심한 논리적 비약과 섣부른 확대 해석은 조심해야지만, 리벳의 실험이 우리에게 주는 비범한 의미와 위에서 언급한 뇌신

---

21) 김유신, 양자역학의 역사와 철학, 이학사, 2012, 226면. 439-444면. 이 책의 필자는 이어서, "보어의 주장이 세계에 대한 보다 넓은 조망으로서 고전역학의 한계를 벗어나고 구성주의의 공격을 벗어나려면 실재론적 옹호가 있어야 한다. 즉 주-객의 비분리를 받아들이면서도 관찰이 대상을 창조하는 것이 아니라, 관찰은 대상에 실재하는 값을 측정한다는 실재론적 주장을 옹호할 수 있어야 한다."라고 한다. 그러나 "주-객의 비분리를 받아들이면서도...관찰은 대상에 실재하는 값을…"은 모순적인 주장으로 보인다. 왜냐하면 주-객의 비분리라고 하면, 이는 이미 관찰 주체도 대상도 더 이상 존재하지 않는다는 것인데, 어떻게 다시 관찰이 대상을 측정한다는 것인지 의문이다. 아마도 주-객의 비분리를 실재하는 사실로 체험하거나 여기지 않고 다만 이론적인 가정으로만 봄으로써 이런 혼란이 계속된다고 보여진다. 이런 경향은 주-객의 비분리를 "받아들이면서도"라는 표현에서 잘 드러난다. '주-객 비분리'는 우리가 생각으로 받아들이고 안 받아들이고의 문제라기보다는, '주-객 비분리'가 실재하는 사실이냐 아니냐의 문제라고 할 것이다.

22) 데이비드 달링, 위 같은 책, 56면.

23) 데이비드 달링, 위 같은 책, 96면.

경과학과 유전자생물학, 쌍둥이의 사례들이 제시하는 사실들을 숙고해 보아야만 하겠다. 만약 개인에게 자유의지가 없다면, 일체의 경험과 행위들은 자연히 저절로 일어나는 것이고, 내가 이 세계에 지금 존재하고 자유롭게 행위하고 경험한다는 느낌은 착각 내지 환상에 불과하게 된다.

그러나 시공간과 이 세상 만물과 이 몸과 생각, 감정, 기억, 욕망, 의지, 판단 등은 매 순간 모양을 나타내고 일어난 후 변하고 사라지지만, 이 모든 생멸하는 현상들이 나타나는 불변의 근본 바탕은 있어야만 할 것이다.

물체가 없는 그림자는 홀로 존재할 수 없듯이, 물이 없는 물결이 홀로 존재할 수 없듯이, 천개의 강에 비치는 천개의 달이 하늘에 떠있는 진짜 달이 없이는 결코 존재할 수 없듯이, 네가 없이는 내가 홀로 존재할 수 없듯이, 심장이 혈액을 발로 보내지 않으면 발이 존재할 수 없듯이 불변하고 영원한 실체가 있어야만 변하고 무상한 현상이 나타날 수 있을 것이다.

실체는 시공간과 모든 사물과 정신이 나타나는 하나의 바탕이 될 것이다. 그러므로 실체는 곧 '나'이며 생명의식 그 자체이다.

5. 책임의 근거로서의 자유의지

1 책임의 근거

일반적으로 모든 법적 · 사회적 책임의 근거로서 개인의 자유의지가 필연적으로 요청된다고 한다. 즉 만약 개인에게 자신의 행위를 자유롭게 선택할 수 있는 의지가 없다면 어떻게 그 개인의 행위에 대하여 사회적으로 비난을 가할 수 있겠는가 라는 것이다.

이러한 '책임의 근거로서의 개인의 자유의지' 유무에 관한 논쟁은 아직 끝나지 않았고 극복되지도 않았다고 할 것이며, 오히려 자연과학 및 사변적이 아닌 직관적 철학의 성과들로부터 끊임없는 도전을 받아오고 있다고

할 것이다.[24)]

국가 · 사회에서 사람들이 서로 어울려 공동생활을 하면서 최대 다수의 최대의 공동선을 이루려면 어쩔 수 없이 사회 공동 이념에 반하는 행위에 대하여 통제할 필요성이 있고 결국 자연법에서 연원하는 실정 법규범 및 사회 도덕규범의 확립이 필요하다. 그리하여 규범에 반하는 개인의 행위에 대하여는 법적 비난, 사회적 비난, 도덕적 비난이 가해지게 된다. 이 비난들은 구체적으로 채무불이행, 불법행위 등에 따르는 민사책임, 범죄행위에 따르는 형벌책임, 비도덕적 행위에 대한 도의적 책임 등이며 결국 손해배상, 재산형, 인신자유의 구속형, 사형, 사회명예의 상실 등의 형태로 나타난다. 이와 같이 개인의 반 사회질서 행위에 대하여 각종의 책임을 지우는 근거는 바로 그 개인이 그러한 행위를 하지 않을 수 있음에도 불구하고 그런 행위로 나아갔다는 개인의 자유 선택 의지에 근거를 둔다. 따라서 개인에게 자유의지가 없다면 한 개인의 행위는 그 개인이 자유로이 선택하여 행한 행위가 아니므로 개인에게 그 행위를 귀속시킬 수 없게 되고 결국 그 행위에 대한 책임을 지울 근거가 없게 된다.

위에서 살펴본 바와 같이, 우리는 이 세상에 올 때 선천적으로 이미 '나'의 특유한 몸의 모습, 개성, 특이형질(범죄행위를 할 '가능성' 포함) 등 거의 모든 개인적 특성을 가지고 온다. 이렇게 이미 잠재된 특성들은 나중에 주변의 인적 · 물적 환경 · 조건과 만나 마침내 발현된다. 오히려 위에서 언급한 리벳의 실험이나 일란성 쌍둥이의 사례들에 비추어 보아 좀 더 극단적으로 말하면, 개인은 심지어 태어난 후 주변 환경적 조건과도 상관없이 미리 정해진 행위를 하며 삶을 살아간다.

---

24) 이재상, 형법총론, 박영사, 2013, 291면에서는 "인간에게 자유의사가 있느냐 또 인간의 자유의사가 책임의 근거로 될 수 있는가에 대한 비결정론과 결정론 사이의 장기간에 걸친 철학적 논쟁은 적어도 형사책임에 관하여는 극복되었다고 할 수 있다"라고 적고 있다.

그러나 '정해진 행위'라는 단어는 일체의 사태가 사전에 미리 정해진 각본에 따라 일어난다는 운명론, 결정론을 연상시키기 쉽고 필자가 궁극적으로 말하고자 하는 바를 오해할 수 있으므로 이렇게 바꾸어 말하는 것이 좋을 듯하다. 개인은 선천적으로 모양, 특성을 모두 갖추어 태어나 주변 환경과 교류하면서 상대적 자유 선택 행위를 하지만 실제로는 모든 행의를 결정하는 주체는 '개인'이 아닌 '그 무엇'이다. 여기서 '그 무엇'은 이름을 붙일 수 없는 '절대 존재'(이조차 이름이기는 하지만)일 것이다. 그리고 이 절대 존재가 스스로 움직이기로 마음먹고 현상으로 나타난다면, 이 현상은 진정한 절대적 자유를 가지고 선택하여 결정하고 작용한 결과일 것이다.

개인에게는 자신의 행위를 진정으로 선택할 수 있는 자유가 없다. 개인이기를 고집하는 한, 그래서 시간과 공간 속에서 영구히 자신의 개인적 정체성을 유지하려고 발버둥치는 한 그렇다. 우리 개인들은 각자 자신이 자유로이 자신의 행위를 선택하여 행하고 있다고 느끼지만, 이것은 기억, 상상, 추측, 욕구, 생각의 덩어리가 마치 영사기와 필름처럼 작동하여 우리에게 주는 입체영상과 같은 그림이다. 그래서 굳이 이름을 붙이자면 개인은 진정한 자유가 아닌 상대적인 자유의지를 가진 것일 뿐이라고 말할 수 있다. 진정으로 자유롭게 선택하여 결정하고 행하는 절대 주체는 '그 무엇'이며, 그 무엇은 바로 위에서 말한 본성이고 양심이다.

요약하면, 개인적(=이기적) 생각, 동기에서 행하는 모든 행위는 자신이 진정으로 선택하여 결정하는 자유의지에 기인하는 행위가 아니다. 따라서 그 행위결과에 대한 책임을 '그 개인'에게 돌릴 수 없다. 이와 달리 비개인적(=비이기적. 여기서 이기적의 진정한 반대말은 이타적이 아님에 주의하자.) 행위, 다시 말해 개인적 동기가 없고 아무런 의도가 없는, 본성에서 나오는 행위는 저절로 품위가 있고 사람의 향취가 나며 말 그대로 본성상 해악을 끼치지 않는다. 왜냐하면, 절대적 자유 선택 의지로서 본성으로 회귀하기로, 즉 개인적 동기와 정체성을 버리기로 결단하였으므로 그 결단이 발현되어진 개인은 겉모양은 그대로 개성이 있는 개인으로 보이지만 실상 내면 깊은 곳은 개인으로서의 정체성을 전혀 찾을 수 없는 본성 그 자체이기 때문이다.

여기서 다음과 같은 의문이 들게 마련이다. 도대체 여태까지 개인적 동기에 의하여 행위하여 온 개인이 어떻게, 어떤 방법으로 '본성으로 회귀'하고자 결단을 한단 말인가. 또는 본성으로 회귀하고자 결단한 주체는 누구인가. 만약 개인이라면 뼛속까지 또 유전자와 세포분자 하나하나까지 이기적인 개인이 어떻게 비이기적이고 비개인적인 것으로의 질적인 변환이라는 혁명적인 결단을 내릴 수 있단 말인가.

사실상 이런 결단은 개인의 죽음, 즉 육체적 죽음이 아니라 오히려 육체적 죽음보다 더한 슬픔과 고통이 따르는 자기 자신의 엣센스인 정체성의 죽음을 뜻하는 것이므로 개인 자체 스스로 이런 결단을 하는 것은 불가능하다. 왜냐하면 나의 육체는 고작 100년 내외의 사용기간을 가지는 물건이지만 나(개인)라는 정체성은 영원하고 장구하게 이어져야만 하는 무엇이기 때문이다.

그러므로 '본성으로의 회귀'라는 결단은 본성 스스로 결정한다. 나의 진정한 엣센스는 몸과 마음이라는 개인적 정체성이 아니고, 본성 · 양심이다. 자연법이다. 그래서 본성 스스로의 결단이 일어나면 나 개인에게는 매우 이상한 일이 벌어지게 된다. 개인이 보기에는 아무런 이유도 없이 저절로 부지불식간에 어느덧 본성과 하나 되어 있게 된다.

따라서 '본성으로 돌아가는 문'은 개인의 입장에서 볼 때는 아무런 노력 없이 저절로 열려진다. 이 문은 또한, 수많은 임사체험臨死體驗 연구[25)]에

---

25) P.M.H. 애트워터, 죽음 또 다른 세계로의 여행(BEYOND THE LIGHT), 안의정 옮김, 한뜻, 1997, 159면 이하의 기술(記述)을 볼 것. 임사체험은 과학적 근거가 박약하고 이를 인정할 객관적 증거들이 없으므로 생명이 위급한 때에 이르러 단순히 뇌가 일으키는 환각이라는 것이 어느 정도 요즘은 설득력을 가지고 있다. 그러나 그렇다고 하더라도 임사체험자들이 가지는 실천적 삶의 태도에 있어서는 그 체험 전 · 후의 변화가 엄청나게 다르다. 체험자

서 보여주는 성과들에 비추어보면, 우리들이 매일 밤 수면에 빠져들기 바로 직전과 생명을 다투는 절체절명絶體絶命의 위급한 상황 및 실제 죽음에 임박하여 모든 것을 놓아야만 하는 바로 그 때 저절로 열린다. 이 때야말로 우리는 우리들이 먹은 선악과(=개인의식=자의식='나'라는 생각=이분법적 선택·판단)를 저 깊은 곳으로부터 토해 내어 반납하고 다시금 잃어버린 낙원으로 돌아갈 수 있는 길에 대한 암시 혹은 계시를 받을 수 있다.

개인은 개인으로서 정체성을 가지고 있는 한 진정한 뜻의 자유의지를 가지고 행위를 할 수 없다. 그러므로 개인이 행하는 모든 생각과 행위는 무가치하거나 가치판단을 할 수 없는 대상이다. 심지어 '개인'의 모든 생각과 행위는 겉모양의 선악에 불구하고 결국 상대적으로 해악적이다. 왜냐하면 개인적 행위는 결국에는 이기적이므로 종국에 가서는 자신과 상대방 모두에게 해악을 끼치게 된다.

그러나 위에서 언급한 바와 같이 우리는 개인 정체성 뿐만 아니라, 더불어 본성과 양심을 가지고 이 땅에 온다. 즉 우리는 개인으로서는 전혀 자유롭지 못한 감옥에 갇힌 존재에 불과하지만, 본성의 우리는 진정으로 자유로우며 바로 지금 이 땅 위에서 잃어버린 천국을 회복할 수 있는 능력을 가진 절대 존재이다. 그럼에도 불구하고, 본성이 개인으로서 있기를 고집하는 한, 또한 본성이 개인으로 있을 것을 자유의지로 선택한 이후에는 그 '개인'에게는 자유의지란 전혀 있을 수 없다. 개인에게는 자연스럽겠으나 자유로이 선택하여 행위를 한다는 느낌은 환상이다.

'우리'는, '나'는 본성이자 개인이다. 그리고 본성이 곧바로 개인이다. 개인으로서의 나는 자유가 없다. 그러나 본성인 진정한 '나'에게는 진정한 자유가 있다. 우리에게는 진정한 자유가 있다. 우리는 자유 그 자체이다.

들은 체험 이후에는 개인성에 대한 의식이 희박하고 삶이 주는 선·악의 모든 측면을 즐겨 수용하며 죽음에 대한 두려움이 없다는 공통된 경향을 보인다.

2 책임의 근거는 가해자 '개인'의 자유의지가 유일한 것인가?

위에서 말한 바와 같이 개인적 생각, 동기에서 행하는 모든 행위는 자신이 진정으로 선택하여 결정하는 자유의지에 기인하는 행위가 아니다. 따라서 그 행위 내지 결과에 대한 책임을 '그 개인'에게 돌릴 수 없다. 그렇다면 현실 사회적 개인은 영영 책임 내지 처벌에서 자유로운가. 그렇지는 않다. 오로지 '개인'에게는 행위의 자유선택권이 없으므로 그 개인이라는 인격 혹은 개성에게는 책임을 물을 근거는 없게 되지만, '개인성을 포괄하는 본성'에게는 책임을 물을 수 있다. 또한 '본성을 가진 개인'에게는 책임을 물을 수 있다.

다시 말하면 오로지 개인인 한에서는 또한 오직 유일하게 그런 경우에만 책임을 물을 수 없다. 비유하면, 호랑이가 사슴을 잔인(우리의 관점이다)하게 잡아먹는 행위를 한다고 호랑이에게 법적·도덕적 책임을 물을 수 없다. 호랑이가 잔인하게 사람을 해쳤을 때 그 호랑이를 붙잡아 죽이거나 가두는 조치는 취할 수 있을지언정 그러한 조치가 호랑이에게 정당하게 물을 수 있는 책임에 근거한 처벌이라고는 말할 수 없다. 왜 그러한가. 호랑이에게는 다른 행위를 선택할 자유가 없다고 보여지기 때문이다. 물론 호랑이를 어릴 때부터 길들이면 호랑이의 잔인한 본능적 행위를 조절할 수는 있을 것이나 당연히 이 때조차도 호랑이의 행위는 자유로운 선택 행위가 아니다. 다른 한편, 호랑이 마음속으로 들어가 보지는 않았지만, 아마도 호랑이 자신의 미약한 자기 정체성은 위 어느 경우에도 불구하고 스스로는 자신이 선택하여 행위를 한다고 느낄 것이라고 여겨진다.

결국 우리 사회가 역사적으로 개인의 반 규범 행위에 대하여 책임을 지우고 처벌을 해 온 궁극적 근거는 개인의 자유의지에서 찾아질 것은 아니며, 그 근거를 '개인에 내재된 본성'에서 찾아야 한다. 즉 '개인으로서 자기중심적으로 장구하게 살아가기로 결단한 바로 그 본성'에게 모든 책임을 귀속시켜야 한다. 그리고 그 결단이 비록 빅뱅의 역사와 같이 140억년이 이미 지났다고 하더라도 그래서 너무나도 완고하다고 하더라도 본성은 스스로 언제든지 바로 지금 그 결단을 취소, 철회하고 스스로에게 돌아갈 수 있다. 그럼에도 불구하고 아직도 오로지 개인적 동기를 가지고 상대적으로만 자유롭게 행위를 하고 있는 절대적 자유를 가진 본성에게 모든 책임이 귀속되어야 한다.

이렇게 보는 구조는 우리 형법 제10조 3항에 규정된 '원인에 있어서 자유로운 행위'(actio libera in causa)[26]와 많이 닮아 있다. 이 규정의 요지는 심신상실 내지 심신미약으로 인하여 범죄행위가 발생했을 경우에는 그 책임을 묻기 불가능하거나 책임이 경감되므로(왜냐하면 이 경우 범죄 행위자에게는 행위 당시 일시적으로 혹은 영구적으로 자유의지가 없거나 미약한 상태이므로) 처벌을 면제하거나 처벌의 수준을 낮추어 처벌하지만, 만약 행위자가 자유로운 상태에서 이런 심신상실 내지 심신미약의 상태를 스스로 유발하고 그 기회에 범죄행위가 발생하였다면 행위자를 일반적인 예르 처벌한다는 것이다. 즉 범죄행위 당시 행위자에게 자유의지가 없는 상태였다면 그 행위에 대하여는 온전한 책임을 물을 수 없고, 처벌할 수 없으나, 만약 행위자가 그 범죄행위 이전에 자유로운 상태에서, 스스로 자유의지를 상실하는 상태로 빠지겠다고 결정하고 그 후 자신이 초래한 상태에서 범죄행위가 발생하면 그 행위를 처벌한다는 것이다. 이 규정 제도가 의미하는 바는, 자유의지가 없는 행위에는 책임을 지울 수 없으나 그 행위 이전에 자유롭게, 비자유행위를 의도했다면 바로 그 이전의 자유로운 행위에서 비 자유행위에 대한 책임과 처벌의 근거를 찾는 것이라고 하겠다. 결국 실제로 '책임을 부

26) 형법 제10조는 다음과 같이 규정하고 있다. 제10조(심신장애자) ① 심신장애로 인하여 사물을 변별할 능력이 없거나 의사를 결정할 능력이 없는 자의 행위는 벌하지 아니한다. ② 심신장애로 인하여 전항의 능력이 미약한 자의 행위는 형을 감경한다. ③ 위험의 발생을 예견하고 자의로 심신장애를 야기한 자의 행위에는 전2항의 규정을 적용하지 아니한다.

담하는 자'는 '범죄 행위자'가 아니고 '자유롭게 원인을 만든 자'이고 현실적으로 처벌되는 자는 '비 자유롭게 범죄행위를 한 자'이다. 그러므로 책임을 부담하는 시점과 범죄행위 시점이 다르게 됨으로써, 소위 행위자는 행위 당시에 책임능력이 있어야 한다는 '행위와 책임의 동시존재의 원칙'의 예외에 해당하게 된다. 즉 책임을 지는 자 및 처벌을 받는 자는 범죄행위 자체를 저지른 자와 다르게 된다. 물론 현실에 있어서는 책임자와 범죄행위자와 처벌을 받는 자가 결국 동일인일 것이나, 논리적으로는 이 3자를 엄격히 구분하여야 하고 또 그렇게 하여야만 원인에 있어서 자유로운 행위가 처벌되는 근거를 명백히 할 수 있는 것이다.

그러므로 자유의지가 없는 개인에게 책임을 귀속시킬 수 없고 절대적 자유를 가진 본성에게 모든 책임이 귀속되어야 한다. 그런데 여기에 난점이 있다. 행위 선택에서 자유를 보유한 본성이라는 책임자와 자유롭지 못한 행위자인 개인은 발견되는데 실제로 처벌을 받아야 하는 자를 발견할 수 없다는 문제이다. 논리적으로는 본성이 처벌을 받아야 할 것이지만, 위에서 살펴본 바와 같이 본성 자체는 아무런 내용이 없고 우리에게 현상적으로 인식되어지지도 않고 이름도 모습도 없다. 그러므로 진정한 책임 부담자인 본성을 지명수배하거나, 몽타주를 작성하거나, 체포하여 구속하거나, 그가 소유한 재산에 대하여 강제집행을 할 수도 없다.

그런데 이에 대하여, 마치 그 실체가 없다고도 볼 수 있는 법인法人(사단법인, 재단법인, 학교법인, 주식회사 등)의 불법행위나 범죄행위에 대한 책임 및 처벌에 준하여 살펴보면 이 난점을 해결할 수도 있을 것이다. 우리의 법체계상 법인은 그 대표자(이사 등)를 통하여 행위를 한다. 즉 법인은 그 대표자를 통하여 스스로 규범에 합치하는 행위는 물론 규범에 반하는 행위를 저지를 수 있는 능력이 있다. 또 그 행위에 대한 책임 및 처벌로서 실제의 행위를 한 법인의 대표자를 처벌함과 아울러 법인 자체에 대하여도 처벌하고 있다. 물론 법인에 대하여는 인신구속형, 사형 등의 물질적 육체를 필요로 하는 처벌은 제외될 것이다. 그러나 법인강제해산, 법인격 브인, 정당 해산심판[27] 등의 조처는 자연인의 사형에 준하는 처벌로도 간주할 수 있을 것이다.

법인에 대한 책임 및 처벌의 사례를 유추하여 본다면, 우선 본성은 무엇을 통하여 나타나고 행위를 하는가를 알아야 할 것이다. 본성은 개인으로, 우리들로, 나로, 물체로, 시 · 공간으로 나타난다. 즉 본성은 시 · 공간 · 물질과 정신, 몸과 마음(생각, 욕망, 의지, 의식)으로 나타난다. 단적으로 본성은 개인인 우리들로 나타난다.

따라서 규범적, 도덕적 등 각종 책임의 근거는 개인으로 나타난 본성에 있지만, 실제로 처벌을 받는 객체는 본성이 발현된 개인의 몸과 마음이 될 것이다. 이렇게 하여야만 비록 책임을 근거지울 자유의지가 개인에게는 없지만 결국 개인이 처벌을 받는 이유가 해명이 된다. 또한 이러한 까닭으로, 개인의 인격이라거나 개성이라거나 정체성에게 규범에 반하는 행위에 대한 책임을 물을 수는 없으며 오로지 범위가 엄격히 한계 지워진 그 행위 자체 내지 결과 자체에 대하여만 책임을 물어야 하는 이유도 해명이 되어진다.

즉 '책임은 개인임을 고집하는 본성에게, 처벌은 본성이 그를 통하여 행위를 하는 개인에게' 라는 자연법에 근거한 법칙이 세워질 수 있겠다. 이렇게 되면 '원인에 있어서 자유로운 행위'와 마찬가지로 책임자와 행위자 및 처벌받는 자는 논리적으로 엄격히 준별되지만, 실상은 하나이다.

이렇게 보아도 우리 법체계상 외형적으로 달라지는 것은 아무것도 없다. 여전히 개인에게 형이상학적인 개념인 책임이 지워질 것이고 또한 그 개인도 개인적 책임을 느끼며 달든 쓰든 물리적 처벌을 받을 것이다. 형벌

27) 대한민국 헌법 8조 4항은 "정당의 목적이나 활동이 민주적 기본질서에 위배될 때에는 정부는 헌법재판소에 그 해산을 제소할 수 있고, 정당은 헌법재판소의 심판에 의하여 해산된다."라고 규정한다.

의 목적도 응보형주의든 목적형주의든 복합형주의든 불구하고 결국 개인의 인격 내지 인성을 향하여 범죄행위에 나아가지 말 것을 경고하여 범죄를 예방하고 만약 이미 범죄로 나아간 범죄자에 대하여는 응징을 하여 모범을 보임과 동시에 그 범죄자의 인성을 교화하여 사회로 잘 복귀시키기 위함이 형벌의 목적으로 나타난다. 결국 현상적으로 나타나는 결과는 동일하다.

그러나 이렇게 해서는 우리 사회에 엄존하는 고통의 악순환의 고리는 영원히 끊어지지 않을 것이다. 우리 사회가 개인성만을 인정하는 한 투쟁·갈등행위, 비열한 경쟁행위, 신뢰 위반행위와 위법·불법행위, 범죄행위, 탈법행위 및 그로 인한 고통과 두려움과 불안정은 영속적으로 이어질 것이며 진정한 자유와 평화는 요원한 일이 될 것이다. 좋지 않은 개인성을 어찌어찌하여 고쳐서 좋은 개인성으로 바꾸려는 인류의 시도는 역사상 늘 실패로 돌아갔다. 개인성은 바꾸어서 좋게 만들 수 있는 그런 물건이 아니다. 부부, 가족, 사회 안에서 또 국가 간에 벌어지는 갈등과 다툼을 보면 이를 잘 알 수 있다. 심지어 홀로인 개인 안에서도 온갖 심리적 다툼과 갈등이 항존하고, 육체에도 온갖 역기능과 기능장애들로 인하여 고통이 발생한다. 좋은 개인성이든 나쁜 개인성이든 결국에는 이기적인 동기로 말미암아 반 자연법적인 규범 위반 행위와 다툼과 고통을 일으킨다. 개인에게는 궁극적으로 자신의 정체성 및 그 대표적 발현인 육체의 생존 및 유지가 타인과 비교할 수도 없을 만치 중요하므로 늘 자신의 입장을 고수하여야 하고, 타인 및 동·식물, 물체를 개인을 위하여 이용할 수단으로만 여기기 때문이다. 누구의 개인성이든 '개인성 자체'는 변화, 교화되지도 않고 그렇게 될 수도 없다. 이것은 역사상 실재한 성현의 개인성에 대하여도 마찬가지로 말하여질 수 있다. 그러므로 역사적으로 존재한 예수 혹은 고타마 싯다르타의 육체와 그 인간적 개성만을 바라보면 우리는 거기서는 전혀 그리스도나 붓다를 발견할 수 없는 것이다. 외형적이면서 개인적인 이런 저런 모습이 아닌 자연 본성에서 저절로 나오는 비개인적인 언행 및 발현으로서의 그리스도와 붓다는 이 땅위에 지금도 무수히 존재하고 있다.

그렇다고 하여 개인성을 완전히 무시하고 말살하여 전체주의나 독재주의로 나아가자는 것이 아니다. 우리 사회는 지금부터라도 너무 과도하게 개인성에만 초점을 맞추지 말자는 말이다. 즉 현상적으로는 개인성을 인정하여 최대한 공동선을 이루는 행위를 하도록 교육하는 한편, 임시방편적으로는 그때그때 나타나는 반 규범적 행위들에 대하여는 자연법에 부합하는 법규범으로써 통제를 하면서도, 최대의 주안점은 각 개인들로 하여금 비개인적 본성으로 회귀할 수 있는 방안을 찾아 이를 사회적 체계로 확립하는 데 두어야 한다.

그러므로 책임의 근거를 '개인의 자유의지'에서 구하는 것과, '개인으로 발현하는 본성'에서 구하는 것의 차이는 우리들이 궁극적으로 자유와 평안을 획득하느냐, 아니면 영속적인 고통 속에서 사느냐는 문제와 직결되고 또 그만큼 엄청난 차이를 드러내게 된다.

어느 정도는 농담으로 인구에 회자하는 '인생에 해결해야 할 문제가 일체 없으면 인생이 너무 심심하여 재미가 없고 또 병도 없고 범죄도 없으면 의사나 변호사, 종교인은 무엇을 하나'라는 말은 사실 은연중에 우리들의 본성이 얼마나 개인성을 그토록 고집하고 지키려 하는지를 잘 시사하고 있다고도 볼 수 있다.

3 개인적 행위는 이기적이지만, 비개인적 행위는 이기적이지도 이타적이지도 않다

개인적 생각, 동기에서 행하는 모든 행위는 자신이 진정으로 선택하여 결정하는 자유의지에 기인하는 행위가 아니며 결국 이기적이며 자아중심적인 결말로 귀착한다. 그러나 본성에서 저절로 우러나오는 비개인적 행위는 말 그대로 본성상 해악을 끼치는 결과를 초래할 수 없다. 그러므로

'이기'의 진정한 반대말은 '이타'가 아니라 '비 개인' 혹은 '본성'이다. 왜냐하면 이타적이라면 이미 개인적 '나'가 있고 동시에 나에 상대하는 타인 내지 타물이 있다는 것을 전제하는 것이므로 모든 개인적 동기를 가진 이타적 행위는 궁극 실제로는 이기적 행위인 것으로 귀착한다. 그러므로 비개인적 행위는 이기적이지도 이타적이지도 않다. 본성에는 원래 이원성이 없기 때문이다. 이것은 이타적 행위가 가진 엄청난 개인적 · 사회적 긍정적 가치를 무시하는 말이 절대 아니다. 그리고 이타적 행위를 할 필요가 없다는 말은 더더욱 아니다. 무조건 이타적 행위는 행해져야 한다. 다만 이타적 행위가 나오는 깊은 동기를 스스로 자세히 살펴볼 필요가 있다는 말이다.

예컨대, 부모가 자식의 잘 됨을 바라고 적극 스스로를 희생하여 자식에게 이로운 모든 일을 행하는 이타적 행위는 감동적이고 무조건 좋은 일이다. 그러나 깊은 무의식 속을 살펴서, 만약 그 이타적 행위가 본성 안에서 자발적이고 저절로, 무조건적으로 나오는 것이 아니라 부모가 나중에 스스로 안심하고 기뻐하며 자존심을 세우려는 즉 부모 자신의 자유와 평안과 행복을 바라는 개인적 동기에서 나오며 자식을 상대로 여기는 시각을 가지고 있다면 이는 겉모양은 이타적 행위의 형식을 갖추었으나 실제로는 이기적인 행위로 판단되는 것이다. 물론 동기야 어떻든 간에 부모도 좋고 자식도 잘되면 좋을 것이다.

그러나 결국에는 이러한 개인적 동기는 스스로의 한계를 드러내게 된다. 부모가 적극 희생하여 자식을 위해 모든 일을 했으나 나중에 자식이 부모가 바라는 결과를 이루지 못하거나 오히려 부모의 고마움을 알기는커녕 부모를 원망하고 심지어 부모에게 해악을 행할 때, 개인적 동기를 가진 형식적인 이타적 행위였다면 부모는 그 상대방인 자식에 대한 자신의 이타적 희생을 후회하고 자식에 대한 이타적 행위를 취소하거나 철회할 것이다. 이와 달리 본성에서 저절로 나오는 비개인적 행위였다면 어떤 결과, 어떤 해악에도 상관없이 이타적 행위를 한다는 인식이 없이 본성의 있는 그대로 나타날 것이다. 비유하자면 우리가 음식을 먹을 때 위장과 혀를 위하여 이타적으로 먹는 것이 아니며 위장에 병이 나 아프고 고통스러우면 위장을 미워하고 더 이상 돌보지 않는 것이 아니라 더욱 잘 돌보고 보살피는 것과 같다. '네 이웃을 네 몸과 같이 사랑하라'는 말은 바로 '개인적 이타적 사랑'이 아니라 '비개인적인 자발적 무엇'을 행하라는 말일 것이다. 개인으로서는 절대로 이웃을 진정으로 사랑하는 것은 불가능하며 더 나아가 원수를 사랑한다는 일은 있을 수 없다.

위 사례는 부모 · 자식 간의 관계 외에도 부부, 가족, 친구, 연인, 동료, 단체, 민족, 국가 서로 간에도 그대로 적용될 수 있으며, 우리가 대표적인 이타행위로 알고 있는 사랑과 자비의 행위, 종교적 헌신과 봉사의 행위에 대하여도 온전히 그대로 적용하여 행위의 동기를 깊이 성찰해 볼 필요성이 있다고 할 것이다. 단적으로 말하면 개인적 동기를 가진 개인은, 개인인 한, 진정한 사랑과 희생, 자비와 봉사, 종교적 헌신 등을 행할 수 없고, 이들 행위를 자유의지로 선택할 수도 없다.

6. 법의 실체

모든 현상이 나타나는 바탕이 되는 진리 혹은 실체가 여러 개 있을 수 없다. 그러므로 법 내지 법현상의 실체는 바로 '나'다.

그러므로 실체인 '나' 안에서는 어떤 규범도 도덕도 필요 없다. 심장이 발에 혈액을 공급하는 일이, 심장이 발을 위하여 발이 썩어 들어가지 않도록 혈액을 공급하라고 정해진 규범을 실행하는 것이 아니듯이, 태양이 지구상의 생명체를 살리기 위한 의도로 빛을 비추는 것이 아니듯이 저절로 진선미와 사랑과 자유, 정의와 평화가 이루어진다. 그러나 실체 안에는 진선미와 사랑과 자유, 정의와 평화라는 이름 내지 모양은 전혀 없다.

노자 도덕경 제1장은 현상 및 실체의 탐구에 대하여 큰 시사를 준다. 이를 해석해 보면,

道可道 非常道 도가도 비상도	실체를 어떤 것이라고 규정하면 진정한 실체가 아니다.
名可名 非常名 명가명 비상명	모든 이름은 임시로 붙여진 방편일 뿐, 그 이름이 실제로 가리키고자 하는 것이 아니다. (그러므로 실체도 이름일 뿐이다.)
無名 天地之始 무명 천지지시	실체는 이름과 모양이 없고 경계선이 없는 잠재한 모든 현상이고,
有名 萬物之母 유명 만물지모	현상은 이름과 모양이라는 경계선이 그려진 실체이다.
故 常無欲以觀其妙 고 상무욕이관기묘	그러므로 개인으로 있기를 포기하면 항상 실체로 돌아가 쉬고,
常有欲以觀其邀 상유욕이관기요	개인으로 있기를 고집하면 항상 변하는 현상 속에서 쉬지 못한다.
此兩者同 出而異名 차양자동 출이이명 同謂之玄 동위지현	현상과 실체, 나와 하나님은 이름만 다를 뿐 실재로 같다. 모든 이름과 모양이 실재로 같음을 생각으로는 체감할 수 없으므로 현묘하다고 이른다.
玄之又玄 衆妙之門 현지우현 중묘지문	생각과 판단과 의지를 점점 더 덜어냄이 실체로 들어가는 문이다.

(王弼本)

근본 규범적 실체가 이름과 모양을 가지고 현상으로 나타나면, 공자가 말한, '자신이 원치 않는 바를 타인에게 행하지 말라', '70세에 내 마음이 원하는 바를 따라 행하여도 규범에 어긋나지 않다', 혹은 칸트의 정언명령인, '모든 사람을 수단이 아닌 목적으로 대하라', '항상 자신의 언행이 다른 사

람들에게도 통용될 수 있게 보편적으로 행하라', 예수의, '자신의 이웃을 자기 몸과 같이 사랑하라', 최초의 실정법인, '살인, 도적, 음행을 말라' 등이 되며, 또한 지금 우리 사회의 모든 현실적 규범으로 나타날 것이다.

7. 사람과 사물의 본성, 현실적 대안, 궁극의 방안

자연법이 그러하고 만물의 본성이 그러하다면, 우리가 일상적으로 보는 사람과 사물(동 · 식물, 무생물)의 사회관계적 질서는 왜 자연법의 질서에 따르지 아니하고 개인주의, 이기주의, 무질서가 판을 치며, 그러므로 부단히 규범으로서 통제를 가하지 않으면 안 되는가.

아마도 이는 우리들 각 개인이 '나 자신은, 타인 및 외계 사물과 따로 떨어져 있으며, 일정 시간과 공간에 태어나 주어진 기간이 다하면 죽어 사라지는 나 자신 만의 몸과 마음에 한정되어 있고, 자유의지를 가지고 독립된 실체적 삶을 사는 단독자다.'라고 생각하고 또 이런 생각을 단 한 점의 의심도 없이 철석 같이 믿고 있기 때문일 것이다. 이렇게 된 데에는 부모, 가족이 그리고 사회, 국가적 교육 시스템이 우리가 아주 어린아이 때부터 그렇게 가르친 것이 그 이유로서 가장 클 것이고, 그 이후에도 각종 상업적 동기, 정치 · 경제적 동기, 세속화된 종교적 동기 등이 공동하여 개인성을 조장하고 서로 간의 갈등과 경쟁을 부추긴 결과일 것이다. 사실 우리 일반적인 보통사람들의 삶을 자세히 살펴보면, 소위 정치, 재벌, 세속 종교, 부패 언론, 투기꾼, 시녀 법조인 등의 연합 세력에 의하여 교묘하게 조종당하며 마치 노예와도 같은 삶을 평생 살아가면서도 진정한 마음의 평안과 자유라고는 단 한 점도 찾아 볼 수 없는 슬픈 삶을 영위하고 있는 것은 아닐까. 다수 대중이라는 숙주에 기생하며 생명을 이어가는 존재들도 결국 과도한 기생행위로 인하여 숙주가 죽으면 기생하는 자신도 죽는다는 것을 깊이 깨달아야 할 것이다. 물론 기생하는 종족들도 전략이 없지는 않아서, 적당히 숙주가 거의 죽지 않을 만큼은 체제를 유지시켜 가면서, 다른 한편으로는 끊임없는 노예 적응적 사회화 교육과 상업적 대중매체를 통하여 생각을 조종하는 전략을 구사할 것이기는 하지만 말이다. 실제로는 모든 사람들과 사물들은 하나로 연결되어 있다. 아니 그보다는 원래가 둘이 아니다. 그러므로 대부분을 이기고 올라가 위쪽에 위치한다고 하여 그가 행복해 질 수는 없는 도리이다. 결국 이 세상에서는 이기는 자도 지는 자도 없는 것이며 결국은 일체 모두가 가엾고 가녀린 바람 앞의 등불과 같은 허망한 존재라고 하겠다.

이와 같은 상태에 대한 개선책 내지 현실적 대안을 제시하여 본다. 국민은 국가에 대하여 국방, 납세, 근로의 의무를 지고, 그 반대급부로, 국가 사회는 국민에게 주거, 교육, 의료의 평안함을 제공할 의무를 진다. 그런데 그 중에서도 우리 사회에서 시급한 문제는 바로 교육의 문제이다. 우리 사회의 고통스러운 악순환의 고리를 끊는 지점은 바로 교육에서 출발하여야만 한다. 사람과 사물의 본성에 대하여 즉 자연법적인 소양을 갖추고, 더 나아가서는 이를 어느 정도 체화한 인재들을 교육자의 위치에 앉혀야 한다. 유치원과 초등학교, 중 · 고등학교, 대학교의 교육자를 여건이 허락하는 한 가장 빠른 시간 안에 본성 내지 자연법의 체득자體得者들로 하여금 담당하게 하여야 한다. 특히 초 · 중 · 고등학교의 교육자가 더 중요하다고 할 것이다. 그렇게 하는 현실적 방안은 그들에게 우리 사회에서 가장 높은 물질적 · 정신적 대우를 제공하는 것이다. 음지와 올바르지 않은 곳으로 새나가는 비효율적인 민간 부문의 지하자금과 투기자금을 다잡고 국가 재정을 가장 효율적으로 운영하여 이와 같은 교육자의 양성과 대우에 전폭적으로 투자한다면 지금이라도 바로 큰 재정 · 경제적 부담이 없이도 곧바로 시행할 수 있으며 그 효과는 가히 혁명적으로 지대할 것이라고 생각된다. 범죄, 다툼, 빈곤, 질병, 노인문제, 실업 등 사실상 모든 고통의 원인이라고도 할 수 있는 교육의 비효율성과 부적합성으로 인하여, 결국 나중에 우리가 총체적 사회악에 대하여 그때그때 임기응변식으로 대처하는 데 필연적으로 지불해야만 하는 막대한 사회적 비용을 고려해 보면, 우리 사회는 위와 같이 개인성이 아닌 본성과 자연에 모든 초점을 맞추는 교육에 투자함으로써 가장 적은 비용으로 상상할 수도 없는 큰 효과를 거둘 수 있을 것이라고 여겨진다.

이러한 교육 시스템이 모든 국가, 사회에 안착한다면 이 교육체계가 사람과 사물, 국가와 사회에 미치는 효과는 시간이 흐를수록 기하급수적으로 상승하여 비교적 단시간 내에 인류의 전체의식은 역사상 그 유례가 없을 정도로 고양되어 그야말로 지금의 인류와는 판이하게 다른 새로운 종種이라고도 명명할 수 있을 정도의 초 인류가 탄생할 수 있을 것이다. 이때가 되면 각 사회 단위에서는 자연법 내지 본성이 저절로, 스스로 사회를 관통하여 흐르게 되고, 이와 별도로 사회를 인위적으로 규율할 필요성이 없어지므로 사회적 고통의 악순환과 함께 실정 법규범의 역할도 사라져갈 것이다.

결국 본성과 자연법에 순응하지 않음으로 인하여 인류 역사상 끊임이 없었던 갈등과 고통을 영원히 종식시키기 위해서는, 그리하여 우리들이 자유와 평안에 영원히 안착하기 위해서는 우리들 각자가 개인적인 생각·감정·욕망·기억·동기에서 놓여나와 고향집과 같은 비개인적인 본성으로 회귀하여 바로 지금 이 땅에 낙원을 회복하여야 한다. 오직 이것만이 고통의 악순환 고리를 끊는 궁극적이며 유일한 방안이 되겠다. 이러한 때가 도래하기까지 우리는 최대한 자연법에 부합하는 법규범을 임시방편적으로 사용하여야만 할 것이다.

8. 정리

존재 실체로부터 발원하는 법규범의 궁극의 이념은 사회 공동선의 실현인데, 공동선을 실현하기 위해서는 먼저 선결 문제로 개인의 실상을 파악하여야 한다. 자연과학의 성과와 직관적 지식의 도움으로 개인성에는 전혀 진정한 행위 선택의 자유의지가 없음을 알 수 있다.

그러므로 반 규범 행위에 대한 책임을 개인에게 돌릴 수 없다. 진정으로 책임을 부담하여야 하는 실체는 나의 본성이다. 책임자와 현실로 처벌받는 자의 분리로 인한 문제는 '원인에 있어서 자유로운 행위', '법인의 행위 및 책임'에 대한 원리들에서 유추하여 해결할 수 있다.

즉 '실체인 나'는 '개인인 나'로서 살아갈 것을, 원인에 있어서 자유롭게 선택했으므로 현상의 세계에서 물리법칙과 인과법칙에 속박되어 살아가는 처벌을 받아야 하는 것이다. 그러나 매 순간 나는 언제든 본래의 나로 돌아갈 수 있다. 이것이 가능한 이유는 진정한 자유가 나의 본성이고 나의 실체이기 때문이다.

법의 실체를 파악하는 문제는 '나'와 모든 현상의 바탕인 하나의 실체를 발견하는 문제이고, 이것은 이론의 문제가 아니라 바로 우리들이 어떻게 하면 본성으로 회귀할 수 있는가의 실천적 문제이다. 나는 자의식과 정체성을 영원히 유지하는 것을 제일의 목적으로 하며, 이 맹목적 생존의지는 마침내 물질은 물론이고 시공간, 인과법칙, 시간의 방향성을 만들어 내고, 더불어 이 생존의지는 개인으로 윤회 전생하게 되는 에너지를 영구적으로 공급한다.

이 에너지는 마치 끝없이 상영되는 영화와 같이, 강렬한 느낌을 동반하는 '나와 우주'라는 제목의 환상적 드라마를 연출한다. 그러나 실재로는 영화에서 개인은 연기자이자 관객이고 또한 총 감독이다.

우리 사회는 거의 개인들로만 구성되어 있으므로 갈등과 경쟁, 두려움과 불안 등 고통의 악순환이 있음이 사실이다. 이 악순환의 고리를 끊는 길은, '나'의 본성인 실체로 돌아가 그 바탕 위에서 현실의 삶을 살아가는 것이다.

비트겐슈타인은 실체를 탐구하고 발견하는 방법으로서, 자신의 의식을 일깨우기 위하여 죽음이 도처에 늘려 있는 전쟁터에 자원하여 총알이 날아다니는 참호 속에서 탐구하며 그의 노트에 다음과 같이 기재하였다. '모든 철학의 문제는 언어와 생각의 한계를 철저하게 앎으로써 해결된다. 실체는 언어나 생각으로 설명되거나 찾아지지 않는다. 실체는 오로지 보여질 수 있다. 말할 수 없는 것을 말해서는 안 된다.'

비트겐슈타인의 위 말은 노자의 '지자불언知者不言 언자부지言者不知'와 금강경의 '약견제상비상若見諸相非相 즉견여래卽見如來'를 상기시켜 준다.

Ⅱ

존재와 당위當爲

1. 존재-당위의 동양사상적 조명

동양사상이라고 하면 전통적으로 유교와 불교 그리고 노자와 장자의 현교玄敎 내지 도교를 주축으로 하는 사상적 흐름을 말한다. 여기서 비록 유교 불교 도교 식의 종교라는 단어로써 동양사상을 표현하나, 사상이라고 하면 종교의 관점 즉 신앙의 체계를 말하는 것은 아니고, 인간이 이성과 그 이성 너머의 것(本性)을 가지고 행하는 모든 체계적인 정신활동의 결과물이라고 하겠다.

그 중 불교적 사상 하나만 보더라도 소승小乘, 대승大乘, 금강승金剛乘, 밀교密敎, 남방불교, 원시불교 등등 사실상 너무나 방대尨大하여 그 비추어 보는 수단으로서의 불교사상만 소개하더라도 지면이 모자라므로 이 연구에서는 주로 이미 우리들에게 어느 정도는 집단 무의식적으로 스며들어 있는 대승 선불교의 사상을 주된 수단으로 하고, 부차적 수단으로서 도교적 사상 등 동양사상으로 비추어 존재와 당위의 제 문제를 바라보고 또한 여러 가지 논점을 생각해 보고자 한다.

먼저 존재와 당위의 의미를 규정하는 것이 순서일 것이다. "존재란 어떤 것이 사실 내지 현실이다 (그리고 또 그런 것이 아니다)라고 말할 수 있는 모든 것을 포괄하는 사유영역이고, 당위란 어떤 것이어야 한다(그리고 또 어떤 것이어서는 안 된다)라고 말할 수 있는 모든 것을 포괄하는 사유영역이다" [1] 즉 다시 말하면 존재는 "있음"이다. 당위는 "있어야 함"이다. 존재와 당위는 사실과 규범, 현상태懸象態와 이상태理想態, 현실로 있는 것과 있어야 바람직한 것 등의 관계로도 분별할 수 있을 것이다.

---

1) I. Tammelo, "The is" and "The Ought" in Logic and in Law, in: *Archiv für Rechtsund Sozialphilosophie*, Beiheft Neue Folge, Nr.6, Sein und Sollen im Erfahrungsbereich des Rechts. Wiesbaden, 1970, 83면. 심헌섭, 「분석과 비판의 법철학」, 법문사, 2001, 391면 재인용.

위와 같은 존재와 당위에 대하여 이러한 물음들이 있을 수 있다. 존재는 무엇으로부터 원천하고 당위는 무엇으로부터 원천하는가?, 존재와 당위는 서로 어떻게 연관되는가?, 존재는 항상 당위로 향하여 나아가야 하는 것인가? 그렇다면 어떻게?, 당위는 진선미眞善美를 대표하고 존재는 진선미의 반대 즉 위악추僞惡醜인가?, 당위가 진선미라고 가정할 때, 존재 안에는 당위라는 진선미를 향해 나아갈 선택의 자유가 있는가?, 규범학 내지 법학에서 이런 논의는 어떤 의미가 있는가?

이하에서 항을 달리하며 위 각각의 물음에 대하여 논하기로 한다.

2. 규범학, 법학에서의 존재와 당위

사회적 당위적 요청으로서의 윤리학, 규범학, 법학에서도 "존재와 당위의 관계에 관한 문제는 도덕철학이나 법철학에 대해 중요한 의미를 갖고 있다. 이 문제는 무엇보다도 규범학의 방법론적 기초를 정립하는 데도 결정적인 역할을 할 것이다."[2)]

일응 우리는 일상의 실정법 안에서 존재와 당위의 가교架橋와 같은, 혹은 존재와 당위는 이곳에서 어떻게 연관되어졌는가와 같은 물음을 일으키는 규범요소들을 발견할 수 있다.

그 구체적 사례를 본다면, 행형학에서 국가 형벌의 목적, 이념으로서 보복형 내지 응보형보다는 교화형을 지향하고 있는 것,[3)] 형사 행위책임에 있어서의 기대가능성이론, 각 민·형사적 위법성 조각사유 등은 인간, 사물의 본성 내지 존재가 당위와 만나지는 것으로 보여진다. 왜냐하면 본성이

---

2) 심헌섭, 「분석과 비판의 법철학」, 법문사, 2001, 387면.

3) 교화라는 것은 범죄자로 하여금 미래에 당위적으로 요청되는 행위를 하도록 교육 유도하는 것인데 구체적 방법은 그 범죄자로 하여금 인간으로서의 존재 본성을 회복하게 하는 것을 주로 한다.

라는 것은 의지, 의도와는 무관하게 본래적으로 타고나서 가지고 있거나 존재하고 있는 특성이나 천성天性을 말하는데 이것은 당위와는 상관없는 자연적 존재를 의미하고, "모든 존재자의 존재규정 또는 임무에 따라서 필연적인 질서 또는 구조를 말하는 것이 사물의 본성이며…"[4]라고 하는 견해와 "신칸트학파에 속하면서 방법이원주의에 입각한 라드브루흐는 사물의 본성이 법철학에서 가지는 의의를 '법이념에 관계된 생활관계의 의의'로서 인정하면서 그것은 '존재에 실현된 당위'라는 관점에서…"[5]라고 하는 견해에서도 나타나듯이 인간 본성의 회복을 지향하는 교화형벌의 목적이라든가 불가항력적인 강요된 행위에 대한 형벌 책임의 면제, 정당방위적 행위에 대하여 실정법을 모르는 사회 일반인이 갖는 위법하지 않다는 인식 등은 따로 증명할 필요가 없는 인간의 본성, 사물의 본성상 그 자체로 직관되는 '당위로 나타나는 존재' 자체로 보여지기 때문이다.

대한민국 헌법 제10조는 '모든 국민은 인간으로서의 존엄과 가치를 가진다'라고 한다. 여기서 '국민인 인간'은 국적법 상의 국민이냐 외국인이냐 여부를 떠나고, 여성이냐 남성이냐, 미성년이냐, 성인이냐를 떠난 천부적인 인간의 본성을 가진 개별적 존재자로서의 인간을 말하는 것이라고 추정되고 최상위 규범인 헌법규범 최고의 이념으로서 인간 본성 존재의 존엄을 지칭하는 것으로 보여진다.

민법 제1조는 법원法源을 규정하며 '민사에 관하여 법률에 규정이 없으면 관습법에 의하고 관습법이 없으면 조리條理에 의한다'라고 하여 구체적 실정實定 당위인 민법에 흠결이 있으면 결국 최종적으로는 조리라고 하는 사물 본성의 세계, 존재의 세계에서 그 해답을 찾으라고 요청한다. 민법인 실정법은 당위규범인데 그 당위의 원천으로서 즉 법원法源으로서 존재의

4) H. Schambeck, Der Begriff der Natur der Sache, in Die Ontologische Begründung des Rechts, S. 164ff. 최종고, 「법철학」, 제3판, 박영사, 2007, 379면 재인용.

5) 최종고, 「법철학」, 제3판, 박영사, 2007, 379면.

세계를 지칭하고 있음을 발견할 수 있다.

이상의 몇 가지 사례에서 보듯이 소박하게 표현하여, 존재와 당위는 어떤 관계 속에서인지는 모르지만 어쨌든 '만나고' 있는 것으로 보인다. 아래에서 존재와 당위가 구체적으로 어떻게 만나고 있는지를 살펴보겠다.

3. 존재와 당위는 무엇이며 각각 무엇 내지 어디로부터 원천하는가?

1 존재에 대하여

먼저 존재에 대하여 살펴보기로 한다. 존재는 실제로 있는 것이다. 즉 실재實在이다. 그런데 이 실재에 대하여 사람들은 아주 예전부터 두 가지로 나누어서 사고해 온 것 같다. 첫째는, 감각지각感覺知覺하는 인식주관認識主觀과 관계없이 진실로 있는 것, 즉 소위 물자체物自體로 관념觀念하여 파악하는 것이고, 둘째는, 늘 인식주관과 관련하여서만 현상적으로 있는 것 즉 소박하게 눈에 보이고 귀에 들리는 것으로서 있는 것으로서의 실재로 관념하여 파악하는 것이다. 물자체 내지 본체는 위 정의 자체로서 이미 인식할 수 없는 불가사의不可思議한 것이고 현상적 존재는 인식주관이 언제나 어디서든 인식할 수 있는 현실이다. 이렇게 하여 존재가 사고에 의하여 이분되어진, 물자체와 현상재現象在, 혹은 본질과 현상은 서로 어떤 연관이 있는가?

위 본질과 현상의 연관 문제에 답하기 위해서는 인식의 문제를 살펴보아야만 한다. 내가(이하에서 '나'는 항상 인식주관을 代表함) 인식하는 것은 무엇이든지 객관 대상이 되고 나와는 구별되는 존재이다. 그러면 인식하는 주관인 '나 자체'는 어떻게 인식할 수 있는가? 어떤 기적과 같은 기발한 방식으로라도 만약 인식되어질 수 있는 주관이 있다면 그것은 역시 객관이

지 인식주관은 아닐 것이다. 주관인 '나 자체'를 파악하려는 시도는 결국 '생각한다, 고로 내가 존재한다'라는 관념이, 주관이 사고할 수 있는 최고의 한계적 사고 관념일 것이다. 그러나 생각한다는 사실이 있다고 하여 곧바로 내가 존재하고 그 존재가 생각을 하는 것이라고 어떻게 단정할 수 있겠는가. 또 생각은 우리의 경험칙에 의하면 보통 생각되어지는 것이지 우리가 의지적으로 하는 행위일 경우는 드문 것이다. 만약 순수한 인식주관이 있다면 그것은 전혀 알려질 수 없는 것이고 주관 자신의 존재 자체를 스스로는 절대로 언표言表 내지 표상表象할 수 없을 것이다. 왜냐하면 언표하는 순간 그것은 다시 객관 대상으로 되어져 '나 존재'에게서 분리 소외되기 때문이다.

인도 불이일원론 베단타(Advaita Vedanta) 철학 전통에 속하는 슈리 니사르가닷타 마하라지는, "그대는 자기 자신에 대해 너무나 많은 것을 알고 있으나, 그 아는 자를 그대는 모릅니다. 그대가 누구인지, 알려지는 것을 아는 자가 누구인지를 발견하십시오. 꾸준히 내면을 바라보고, 지각되는 것은 지각하는 자일 수 없다는 것을 기억하십시오"[6]라고 말하여 지각되어지는 모든 것은 주관이 아닌 객관일 뿐임을 강조하였다.

심리철학자 켄 윌버(Ken Wilber)는, "당신 내부 안에는 인식하는 것, 목격자, 절대 주체성이 존재한다. 그리고 그것은 다름 아닌 정신이요, 신성 그 자체다. 그러나 이 절대 주체성은 우리가 습관적으로 우리 자신이라고 알고 느끼는 분리된 주체가 아니다. 이런 분리된 주체의 감각은 환영이기 때문이다. 이는 당신이 이 주체를 찾으려 할 때마다 오직 인식의 객체들만을 찾게 된다는 사실로 입증된 바 있다. 따라서 진정한 인식주체(knower)는 지식의 우주와 하나이다. 당신이 관찰하는 모든 것은 그것을 관찰하는 당신이다. 의식의 기저로 내려갔을 때 당신은 우주를 발견한다. 저기 바깥에 존

---

6) Sri Nisargadatta Maharaj, 「I AM THAT」, Fourth Edition, Chetana (P) Ltd. India, 2003, p.497

재하는 그릇된 객체들의 우주가 아닌, 더 이상 주체 대 객체로 분리됐다고 상상할 필요 없는 진정한 우주 말이다. 당신 자신의 가장 밑바닥에서 당신은 스스로부터 떨어져 실재로 들어간다."[7]라고 말하여 주관이라는 느낌은 환상이며 관찰되는 것은 곧 관찰하는 그것 자체라고 하였다.

위 견해들에서 보여지듯이 '나'에게 인식, 감각, 지각되는 모든 것, 즉 견문각지見聞覺知 되는 모든 것은 나의 외부에서 나에게 대상으로 다가오는 객관이 아니라 '그 자체가 나'이고, 따라서 인식주관이나 대상 객체 등은 동시에 사라지고 오로지 '견문각지' 그 자체만 남아 존재한다. 이것은 내가 먼저 존재하고 바깥세상은 내 의식에 비추인 것일 뿐이라는 유심론도 아니고, 외부 객체가 있고 그로 인하여 내가 그것을 지각한다는 유물적 이원론은 더더욱 아니다. 주체, 객체가 따로 실재하는 것이 아니며 그런 이원적인 것은 전혀 존재하지 않는다는 불이不二를 말하는 것이다.

인식 현상을 좀 더 알아보기 위하여 인식의 틀이랄 수 있는 시간, 공간과 인과율에 대하여 살펴보면, "공간, 시간이 순수한 표상表象이라는 것은 그것이 동시에 주관적이라는 것을 뜻하는 것이고 그 역도 마찬가지다. 다시 말해 공간, 시간이라는 표상의 근원, 원천, 출생처는 주관 자신, 좀 더 좁혀 말하자면 우리 인간의 표상능력 자체에 있다는 뜻이다."[8]라고 하는 견해와 "…이런 경험의 기회에 우리는 인과법칙은 결코 경험적이 아니고 주어진 표상들을 파악할 수 있도록 경험에 선행先行하는 것임을 인지한다. 우리는 원인-결과라는 관계 표상은 감각들 속에 있지 않고 지각들을 이해하는 능력, 곧 우리 지성 자체 안에 있어야만 한다는 것을 확인한다."[9]라고 하는 견해 등을 참조하여 비추어 보면, 우리의 현상세계는 인과법칙이 지배한다는 것을 알 수 있다. 따라서 사고는 항상 인과적으로만 생각할 수밖

7) 켄 윌버, 「의식의 스펙트럼」, 범양사, 2006, 170면.

8) 백종현, 「존재와 진리」, 철학과현실사, 2003, 153면.

9) 백종현, 위 같은 책, 282면.

에 없다.[10] 즉 지성이 사고하는 방식은 '주관이 있음으로 인하여 객관이 있다'가 그것이고 '객관이 있음으로 인하여 인식하는 주관이 있다'가 그것이다. 어떤 것이 다른 것의 원인이 되어야만 하는 것이다.

대승 선불교의 철학은 이러한 인과론을 환상이라고 본다. 선은 현상 우주의 존재를 연기법으로써 설명한다. 전통 대승 선불교를 철저히 증험, 증득한 거사居士 김태완은 "주체와 객체는 서로를 연緣하여 동시에 발생하고 서로에 연하여 동시에 소멸한다는 것이다. 한 치의 오차도 없는 동시적 생멸인 것이다. 선은 존재를 주체도 아니고 객체도 아니고, 유도 아니고 무도 아니고, 존재도 아니고 비존재도 아닌 것으로서 이름 하여 '존재, 실상, 여여'로 본다. 이러한 관찰이 대승 불교철학의 중도, 공, 연기로서 실법을 보는 것이며 이것들은 모두 하나이다"[11]라고 연기법에 대하여 말하고 있다.

위와 같은 관찰을 참고하여 살펴보면, 우주에 존재하는 모든 것은 그 자체가 원인이자 결과이고 아무리 작은 것일지라도 그것의 원인은 그 외의 모든 것이고 그 작은 것이 나머지 거대한 것의 원인이라고 하겠다. 즉 모든 것이 모든 것의 원인이고 또 동시에 그 자체로 결과인 것이다. 따라서 실상은 원인과 결과라는 것이 없고 인과법적인 표상은 오로지 우리의 사고가 만들어 내는 관념 이미지인 것이다. 그래서 이 세상 우주의 실상은 그 어느 것 하나라도 전혀 잘못된 것이 없는 '완전한 존재' 그 자체이다.

---

10) 임마누엘 칸트는 시 · 공간과 인과율 등의 선험적(선천적, 초월적) 인식의 틀에 대하여 설파하여 서양사상사에 있어서 코페르니쿠스적 인식의 전환을 가져온 바 있다. 이원성二元性과 관련하여서 칸트에 대하여, "칸트는 경험적 의식 차원의 논의에만 머무르지 않고 감각자료들을 실체의 개념 하에 하나의 대상으로 종합하는 초월적 의식을 논하였음에도, 감성에 주어지는 직관의 내용(질료)을 끝내 인간 마음에 포섭되지 않는 객관적 물자체의 소여로 간주함으로써 존재와 인식, 물자체와 현상, 객관과 주관의 이분법을 극복하지 못한 것이다." 라는 비판이 있다.(한자경, '경험세계의 가상성-세친과 칸트의 비교', 11면, 2008. 12. 3. 한국칸트학회 동계정기학술대회 자료집)

11) 김태완, 「선으로 읽는 금강경」, 고요아침, 2004, http://www.mindfree.net/, on-line 講義 中 引用. 같은 저자 관련 논문으로 「중국 祖師禪의 연구」(철학박사 학위 논문), 장경각, 2004.가 있음.

"그것이 외로움이든, 즐거움이든, 말더듬이든, 당당함이든, 긴장이든, 떨림이든, 비참함이든, 초라함이든, 비열함이든, 성냄이든…… 있는 모든 것은 있는 그대로 완전하다. 참에서는 오로지 참만이 나오고 진리 안에서는 오로지 진리만이 나오지 다른 것이 나오지 않는다. 그러나 내가 그 무언가 있는 것으로 인하여 고통 받는다면 그것은 있는 그 무언가가 잘못되어서가 아니고 내가 있는 그것의 참됨을 보지 못하고 그냥 있을 뿐인 것에 대하여 거부하고 저항하는 그 마음 때문에 그러한 것이다. 만약 있는 그대로를 단 한번 진실로 인정하고 받아들인다면 그대는 기적과도 같이 자신이 언제나 진정한 진리의 세계에 이미 존재하고 있음을 발견하리라"[12]라고 말하는 견해에서도 보이듯이 모든 이원적인 것은 본래 '하나'라고 하는 존재 진리에서 나온 두 가지의 분별상일 뿐이므로 원래의 존재 자체의 실상을 안다면 우리는 어떤 상황에 처하더라도 안심할 수 있는 부동심을 가질 수 있다.

그러므로 우리의 소박한 존재 세계를 자세히 살펴보면, 보고 듣고 감각하고 지각하는(견문각지를 하는) 주관도 없고, 보이고 들리고 지각되고 감각되어지는(견문각지가 되는) 객관 대상도 없다. 오직 견문각지見聞覺知가 있다. 봄, 들음, 감각, 지각들만이 홀로 끊임이 없이 순간순간 발생하고 사라져 간다는 것을 알 수 있는 것이다.

본질과 현상과의 관계를 물과 물결로 비유하여, "사고 내지 생각의 세계와 실상의 세계는 물결과 물로 비유할 수 있다. 물결만을 바라본다면 물을 보지 못할 것이다. 사실 잔잔하고 고요한 물은 보이지 않는다. 물결이 일어야 물이 있음을 알 수 있다. 우리는 오로지 물결만을 보고 인식한다. 그러나 물결과 물은 하나이다. 다른 것이 아니다. 물결과 물은 같다. 사고가 다르다고 생각할 뿐이다. 늘 물결을 보지만 그 실상은 물이라는 것을 알면

12) 김기태, 「지금 이대로 완전하다」, 침묵의 향기, 2007, http://www.be1.co.kr/, on-line 老子 道德經 講義 中 引用.

더 이상의 분리는 없다."[13]라고 말하는 견해는, 우리나라 대승 선불교 조계종의 소의경전所依經典인 금강경의 "모든 모양 있는 것은 허망하다. 만약 모든 모양 있는 것에서 모양 아님을 본다면 즉시 여래를 볼 것이다"[14]와 같은 맥락 속에서 이해할 수 있을 것이다.

위의 견해와 정확히 같은 거시擧示로서 반야심경般若心經에서는 "색즉시공 공즉시색色卽是空 空卽是色"[15]이라고 설하여, 이원성의 분별을 지양止揚 해소시키며 색도 아니고 공도 아닌 그렇다고 색과 공을 떠난 제3의 것도 아닌, 있는 그대로의 일원적인 존재의 실상을 거양擧揚하였다. 여기서의 색色은 개아를 형성하는 몸과 느낌, 감정, 생각, 의지, 의도, 의식과 외부 현상 사물 전체의 총체를 뜻하는 것으로서 소위 오온이라고 하는 색수상행식色受想行識을 일컫는 말이고, 공空은 절대 존재, 본질, 진리의 법을 뜻하는 말인데 색과 공은 동전의 앞과 뒤처럼 현상적으로는 다르지만 실상은 동일하다는 것을 설하고 있다. 결국, 아래의 항에서 자세히 살펴볼 것이지만, 실상의 존재는 분별하는 사고가 멈출 때 자연히 있는 그대로를 드러낼 것이다.

그러면, 인식 가능한 현상존재와 인식 불가능한 실재는 어떻게 관계하는가? 어느 하나가 다른 하나의 원인인가? 이러한 물음에 대한 답으로서 방편적으로 표현하여, '인식의 세계는 인과법칙이 지배하고, 실존재의 세계로는 연기법칙으로 들어간다.'라고 답할 수 있다. 왜냐하면 현상존재와 실재는 하나이다. 이것은 '현상존재가 있고 실존재도 따로 있는데 결국 그 두 개는 같다'라는 의미가 아니다. 그 두 개는 처음부터 사고가 만들어낸 분리이므로 다시 사고가 해소해야만 하는 관념일 뿐이다. 현상도 없고 실

---

13) 김태완, http://www.mindfree.net/, 「선으로 읽는 금강경」, 고요아침, 2004. on-line 강의 중 인용.

14) 「금강경」, 최대림 역해, 홍신문화사, 1991, 49면. 제5 여리실견분如理實見分, 범소유상 개시허망 약견 제상비상 즉견여래 凡所有相 皆是虛妄 若見 諸相非相 卽見如來.

15) 법륜스님, 「반야심경이야기」, 정토출판, 개정판, 2007, 29면.

재도 없고 그런 것과는 상관없이 처음부터 원래 존재는 시간 없는 영원 속에서 '하나'로서 '있는' 것이다. 존재는 존재가 아니며 그 이름이 존재일 뿐이지 존재도 없다. 그러면 도대체 무엇이 하나로서 태초 이전부터 실제로 존재하는가.[16)]

'언제나 지금 이렇게 있음'

존재는 사고하는 과정도 아니고 사고도 아니다. 사고로서 인식하는 모든 사물 현상 존재는 그냥 '있다는 관념 내지 생각'에 불과하다. 존재 자체는 아무런 설명과 생각이 필요 없는, 내용 없는 본래의 있음이다. 이러한 있음은 '내 존재'가 있고 '외부 객관의 존재'가 있고 '너의 존재'가 있고 '불가지不可知의 물자체物自體의 존재'가 있고 하는 류類의 존재가 아니다. 있음은 오로지 하나의 있음이다. 주어가 없다.

그러므로 존재는 어디서 내지 무엇으로부터 나오는가에 대한 답은 이로써 명확하다. 존재는 어디서 나오는 것이 아니고 그 자체로서 원인이자 결과이고 시간과 공간을 넘어서는, 유와 무를 넘어서는, 모든 것의 원인으로서 영원 이전부터 영원에서 영원으로 '있는' 것이다.

2 당위에 대하여

당위에 대하여 살펴본다. 당위는 마땅히 있어야 할 것(행위 되어야 할 것)으로써 요청되는 것이다. 즉 당위는 그것이 사물이든 사태事態이든 행의이든 바람직하게 존재하여야만 할 어떤 존재가 부재하는 상태를 전제로 하여 그 부재가 적극적이든 소극적이든 해소될 것을 요청하는 개념으로 인식된다. 도덕적 윤리적 당위에서는 악의 존재가 아닌 선의 존재를 당의하고, 규범적 법적 당위에서는 거짓되고 그릇된 존재가 아닌 바르고 참된 존

16) 「성경전서」, 대한성서공회, 1997, 출애굽기 3장 14절에서, 모세가 하나님의 이름을 묻자 신은 "나는 스스로 있는 자니라"(I AM THAT I AM)라고 답했다. 즉 하나님은 '하나'(ONE)인 '님'이다.

재로써 정의를 당위하며, 예술적 미학적 당위에서는 추함이 아닌 아름다움을 당위한다.[17] 따라서 당위는 어떤 관계로든 현존재와 관여하고 있으나 현존재의 상태와는 무관하게 당위가 요청되고 있음을 알 수 있다. 그러나 다른 한편으로는 당위는 위에서 보았듯이 선과 참됨, 정의, 아름다움을 이념적 목표로 하므로[18] 항상 상호 반대적 개념을 전제로 하여서만 존립할 수 있는 관념이다. 즉 다시 말해서 만약 상대적이고 이원적인 선악 · 진위 · 미추의 개념 존재가 일원적 인식의 존재 지평 안으로 사라진다면 당위는 그 존립 근거를 상실할 것임을 추측할 수 있다.

당위가 요청되는 곳과 요청하는 주체를 알아야 좀 더 당위라는 개념의 의미를 명확히 할 수 있으므로, 당위를 누가 어디서 요청하는가를 살펴보면, 사고 작용과 개념 구성 작용을 하는 인간의 정신(육체를 포함한)이 진선미의 당위를 요청하고 있음을 알 수 있다. 불가지적인 신(GOD)이라든가 다른 무엇이 요구하는 것이 아닌 것이다. 특히 개개 정신의 집합인 사회적 정신이라든가 국가 정신 등으로 지칭할 수 있는 집단적인 정신의 다수가 이를 요청하고 있음을 직관할 수 있다. 즉 단일 개체를 넘어서는 관계성이라는 장소 안에서만 당위가 요청됨을 알 수 있다. 왜냐하면 단일한 하나의 의식 주체 안에서는 상대적인 개념이나 사고가 작용할 리가 없고 상대성이 사라진 일원성 안에서는 당위라는 것이 요청되어질 수도 없는 것이기 때

---

17) "순수한 실천이성에 자명한 최상의 도덕 법칙이 다름 아닌 순수 실천 이성의 원칙으로서… 선(善)이란 순수한 실천이성의 이념이다"(백종현, 위 같은 책, 393면.) "똑같은 존엄성을 갖는 사람들이 함께 더불어 사는 곳에서의 어떤 종류의 도리가 도덕이며, 그때 그 도리를 도리이게끔 해 주는 것을 선이라 할 수 있으니 도덕은 선의 표현이다."(백종현, 「칸트〈실천이성비판〉논고」, 재단법인 성천문화재단, 1998, 49면.) "법 의무는 인간에게 무엇이 옳은가, 정당한가를 말해 주므로…"(백종현, 「칸트〈실천이성비판〉논고」, 재단법인 성천문화재단, 1998, 102면.) "법의 이념은 법의 최고 가치라는데 대해서는 폭넓은 합의가 존재한다. 그리고 이 최고가치가 바로 정의이다."(아르투어 카우프만, 김영환 번역, 「법철학」, 나남, 2007, 333면.) 등의 견해를 참고하기 바람.

18) 그리하여 이하에서는 당위의 이념을 총합하여 일응 진선미라고 하겠다.

문이다. 여기서 이런 질문이 가능할 수 있다. '나라고 하는 단일 개체 안에서만 보더라도 나는 나의 현재 존재에 대하여 만족하지 못하며 내가 바람직한 존재로 보여지지 않으므로 바람직한 존재에 도달하여야 할 의무 내지 당위가 있고 더 많은 노력을 통하여 보다 발전되고 개선된 바람직한 존재로 나아가려는 욕구 성향이 있으므로 관계성 속에서가 아니라도 당위는 요청되는 것이 아닌가'라고 질문할 수 있다. 그러나 이런 상황도 자세히 살펴보면 관계성 안에서의 일임을 알 수 있다. 즉 '나'는 하나로서 존재하는 것이 아니고, '현재의 나 존재'가 있고 '바람직한 나 존재'가 있음으로써 '두 개의 나'로 분리가 되고 '현재의 나'와 '바람직한 나'가 서로 관계를 맺으면서 '바람직한 나'가 '현재의 나'에게 당위(바람직한 나)를 요청하고 있는 복수 관계적 내지 사회적 상황임을 알 수 있다. 즉 나의 정신 안에도 수없이 많은 사회적 관계성이 있을 수 있다.

결국 앞의 항에서 살펴보았듯이 전체로서 하나인 존재는 이미 완전하므로 당위를 알지 못하고 당위를 필요로 하지 않는다. 단지 존재가 최초의 분리를 일으키고[19] 사고 작용을 행함으로써 더 많은 분리가 일어나고 어느 순간 사고로서의 분열된 정신은 갑자기 당위에 대하여 깊이 사고를 행하게 되는 것이다.

4. 존재와 당위는 서로 어떻게 연관되는가?

존재, 당위의 연관성에 대하여는 양자를 통합시키는 방법일원론의 논의와, 양자를 엄밀하게 논리적으로 분리하여 보는 방법이원론의 논의가 있다. 이러한 논의의 일각을 살펴보면, "존재와 당위에 관한 방법 이원론… 현실에서 가치가 이끌어 내어지지 않는다는 것은… 베버나 라드브루흐의

19) 선禪에서의 연기법緣起法은 이 최초의 분리를 근본 무명根本 無明이라고 설명한다.

경우 존재판단에서는 가치판단이 논리적으로 도출할 수 없다는 신 칸트학파적 방법이원론이 결정적인 논거가 되어 있다", "존재와 당위에 관한 방법일원론… 로멘은 존재와 당위는 궁극적으로는 합치하지 않으면 안 된다. 환언하면 존재와 선, 존재론적 질서와 의무론적 도덕적 질서는 근저에 있어 종국적으로 하나가 되지 않으면 안 된다고 말한다"[20]라는 견해와, "상대주의의 법철학적 출발은 방법이원론(Methodendualismus)에 있다. 즉, 존재의 세계와 당위의 세계를 엄격히 구별하는 신칸트학파의 인식론적 방법에 그 기초를 두고 있다. 당위에 관한 명제는 당위에 관한 다른 명제와 연관시킴으로써 논의될 수 있고 일정한 가치판단의 정당성을 고차적인 가치판단과 관련시켜서 확인할 수 있을 뿐이며 따라서 존재하는 것에서 존재해야 할 것을 추론하는 실증주의도, 존재했던 것에서부터 존재해야 할 것을 추론하는 역사주의도 부정되며, 생성되는 것에서부터 있어야 할 것을 추론하는 진화주의도 부정된다."[21]라고 하는 견해, "당위(또는 존재)는 존재(또는 당위)에서 추론되거나 근거지워 지는가가 이 연구의 주된 질문이었다… 제기된 질문에 대하여 그렇다고 한 긍정적 입장을 일원론적 논의로 묶어 보았다. 이러한 논의는 크게 나누어 보면… 자연법론, 사물의 본성론, 사물논리적구조론 등의 존재론적 논의… 실현성의 논의… 목적론적 논의… 사회학적 논의… 역사적 논의… 지배적 평가의 논의… 제기된 질문에 그렇지 않다고 한 부정적 입장을 이원론적 논의로 다루었다." [22] 라고 하는 견해 등에서 보듯이 존재와 당위의 통합적 관계성을 인정하는 방법일원론과, 서로 간에 사실상의 영향을 주는 것은 부인할 수 없지만 논리적으로 엄밀하게 관계를 단절시키는 방법이원론이 있어 왔다.

필자의 결론은 '존재는 당위와 같다.'이다. 본래 존재와 당위는 시초부

20) 김병규, "존재와 당위의 법적 관련성", 부산지방변호사회지, 1987. 12., 17면 이하.

21) 최종고,「법철학」, 박영사, 2007, 255면.

22) 심헌섭,「분석과 비판의 법철학」, 법문사, 2001, 485~486면.

터 하나이다. 결국 진실된 실상의 방법론은 방법일원론도 아니고 방법이원론도 아닌 것이다. 이러한 결론은 언뜻 보면 방법일원론이 아닌가라고 할 수 있겠지만 여기서의 논지는 방법일원론과 방법이원론 모두를 지양止揚하고 포함包含한 후 양자를 넘어가고자 함이다. 그 차이점을 살펴보면, 방법일원론은 일단 먼저 존재와 당위를 구분한다. 그 후에 사고를 전개시키면서 결과적으로 그 둘은 통일되어야 하고 합치되어야 한다는 것이다. 그러나 그렇게 되면 존재와 당위는 영원히 합치될 수 없고 통합될 수 없다. 왜냐하면 이미 존재와 당위라는 두 개의 개념으로 구분하여 놓고, 즉 그렇게 존재도 있고 당위도 있다고 확정을 한 후에 사고의 과정을 거쳐 그 '두 개가 하나가 되어야만 한다'라고 하면서 '또 다른 당위'를 내세우는 결론에 도달하기 때문이다. 그렇지 않은 경우에도 방법일원론은 존재를 오로지 본질 존재로만 전제하고 현상존재는 도외시하면서 존재와 당위를 통합하려고 시도하기 때문이다.

또한 방법 일원론적 결론은 우선은 명쾌한 듯이 보이지만, 어떻게 보면 성급한 결론이라고 보여진다. 왜냐하면 이러한 결론을 앞에 둔 존재나 당위는 그 결론을 성취하기 위하여, 즉 서로를 합치시키기 위하여 무진장한 노력을 하여야만 한다는 사실에 망연자실茫然自失할 것이다. 왜냐하면 서로 간에 관념적으로 서로의 통일과 합치를 바라고, 긍정하고 그렇게 되기 위하여 노력하나 현재의 상태[23]는 언제나 서로 각자가 따로 있다는 사실에 놀라며 더욱 노력을 배가할 것이지만 늘 각 개별자로서 분리만이 있고 통일과 합치는 언제나 미래의 어느 때에 성취되어야 할 일로 남아있는 것을 목격하기 때문이다.

위와 같은 분리적 현상은 인식주관인 '나라고 하는 개체'에 적용하여 살펴 보면 더욱 뚜렷하게 드러난다. 현존재로서의 나가 있는데 그 나가 자신

23) 시간은 항상 지금 현재 순간으로서만 영원히 존재한다. 과거나 미래는 지금 현재라는 순간적 시간 속에서의 관념작용이다.

을 스스로 살펴보면 사실은 스스로의 안에서 거짓되고 가식적이며, 비열하고 악하며, 초라하고 추함을 발견한다. 그리하여 그 현재의 나는 불만에 가득 차서 자신의 존재를 탓하며 당위적 요청으로서의 참되고 이타적이고 선하고 아름다운 존재가 되기 위하여 열심히 노력하지만 항상 당위는 성취되지 아니하고 되고자 꿈꾸는 당위적 자기 존재는 늘 미래에 도달하여야 할 이상향인 채로 남아있게 된다. 이것은 개별자로서의 인간 자신의 삶을 돌아보고 사람들의 역사를 고찰하여 보면 충분히 증명되는 일이다. 그러므로 그것이 사회적 당위이든 개별자적 당위이든, 당위는 늘 존재와 분리되고 현재 존재는 당위적 존재가 되지 못하는 자신과 사회를 항상 자책 내지 질책하는 악순환에 빠진다.

당위는 존재와 언제나 같다. 왜냐하면 위에서 본질과 현상의 관계와 관련하여 살펴보았듯이, 겉으로 드러나는 이원적인 모양(좋은 모양, 나쁜 모양 등의 가치판단이 들어간 모양)을 떠나 존재는 원래 그 본성 자체로 진선미이고 당위적 요청을 충족한 것이기 때문이다.[24] 그리고 만약 존재와 당위가 이미 같다면 둘 사이의 통일 내지 합치를 위한 방법은 더 이상 필요하지 않다는 결론에 이른다.

그런데 인식은 존재는 당위와 다르다고 느끼고 그 둘 사이에는 언제나 분리가 있는 것처럼 보는데 그것은 아마도 존재를 현실존재와 실존재로, 둘로 구분하여 보는, 볼 수밖에 없는 '사고의 한계' 때문일 것이다. 그렇다면 당위라는 요청은 본시 있었던 문제가 아니라 존재가 둘로 분리되면서 갑자기 사고의 세계 속에서 논리 필연적으로 발생한 문제일 것이다. 즉 존재와 당위의 문제 내지 관계는 존재와 당위의 문제 내지 관계가 아니라 존재라는 하나의 실재 본성이 사고에 의하여 두 가지로 분리됨으로써 발생한 것이다. 그러므로 더 나아가 존재와 당위가 원래 같다는 것을 사고로써

---

24) 여기서 말하는 진선미는 그 반대 개념인 위악추의 반대로서의 그것이 아니다. 이에 대하여는 아래의 항에서 살펴볼 것이다.

'이해하여 알았다'고 하여도 존재 당위의 관계 문제가 해결된 것은 아닌 것이다.

위 문제를 보다 더 해결하기 위하여 개별자적 사고체思考體와 사회적 집단 사고체思考體는 이렇게 질문을 던져야 할 것으로 보인다. 그러면 진선미가 아닌 것으로 보여지는 현실존재가 진선미인 본질존재로 회귀하여야만 한다는 당위적 요청을 성취하기 위하여 어떤 방법을 취하여야 하는가? 이에 대하여 아래에서 항을 달리하여 살펴보기로 한다.

5. 존재는 당위를 향하여 어떻게 나아가는가?

먼저 위 질문에 즉답하고 그 논거를 전개하기로 한다. 답은 '존재는 당위를 향하여 나아갈 필요가 없다'는 것이다. 왜냐하면 존재는 이미 그 자체로 당위이기 때문이다. 같은 취지로 중국 당나라의 고승 임제 의현은 "어디를 가나 실상을 바로 본다면 서있는 그대로가 모두 바로 참된 진리의 자리이다"[25] 라고 설하였다.

하지만 눈앞에 목도되는 매일의 현실은 현실 그대로가 진리라고 하기에는 도무지 그렇지 않게 보인다. 그래서 항상 당위가 나온다. 그러나 위에서 살펴보았듯이 물결과 물은 원래 하나로서 같은 것이다. 물결을 보는 것은 물을 보는 것과 같다. 그런데 물결을 보는 사람이 물결이 아닌 물 자체(묘하게도 물자체物自體와 발음이 같은데 사실 같은 의미로 보아도 무방할 것이다)를 보여 달라고 한다면, 물은 원래는 그 자체는 보이지 않고 물결로서만이 물 자체를 표출 · 표상하는 것이므로, 다만 '지금 여기서 보고 있는 물결이 바로 다름 아닌 물이다'라고 말할 수밖에 없다.

---

25) 「임제록」, 우학스님 감수, 도서출판 좋은인연, 48면. "수처작주 입처개진 隨處作主 立處皆眞"

원효 스님은 「대승기신론大乘起信論소,별기」에서 "…불생멸심不生滅心이 생멸심生滅心과 더불어 심체心體가 둘이 아니며 다만 두 가지 뜻을 가지고 마음을 취하여 둘(불생멸심과 생멸심)이 되는 것이므로, 이를 '여래장에 의하여'라고 말할 뿐이다. 이는 마치 움직이지 아니하는 바닷물이 바람에 불리어 움직이는 물결을 일으키는 것이니, 동動 정靜은 다르지만 바닷물의 체는 하나이므로 정수靜水에 의하여 동수動水가 있다고 말하게 되는 것과 같다."[26]라고 설하여 생멸하는 무상한 존재 그 자체가 그대로 이미 불생불멸하는 진리의 존재라는 점을 명확히 하였다.

이를 일상 현실 존재계에 적용하면, '진선미의 반대라고 인식하는 위악추가 바로 그 자체 그대로 상대적 개념을 초월한 진리적 의미의 진선미이다.'라고 할 수 있다. 진선미와 위악추라는 서로 상반되는 두 가지는 원래 하나인 존재의 바다에서 일어나는 단지 다르게 보여지는 두 가지의 파도일 뿐인 것이다. 다시 말하면 여러 가지 모습의 파도의 실상은 바다인 것이다. 하나인 존재를 사고思考-인식체認識體가 두 가지, 여러 가지로 그 모습을 다르게 보는 것이다. 존재는 그 자체로 이미 완전하고 실상實相적 의미로서의 진선미 그 자체이다. 그러므로 진眞 존재存在로서의 진선미는 그 안에 위악추를 포함하고, 그를 초월하여 지금 여기에 항상 '있는' 것이다. 이러한 관점을 궁극으로 철저히 한다면 개별자적 인간의 최대의 문제이자 고통인 생사의 문제도 해소될 수 있는 가능성도 열린다. 즉 우리는 태어나고 죽는 모습 그대로 진실로는 불생불멸하는 존재로 여전히 의연히 여여如如하게 '있는' 것이다.

그러나 시공간과 인과법칙 등으로만 자신과 세계를 인식하는 '사고의 세계'에 살고 있는 개별자는 이를 도저히 받아들일 수도 이해할 수도 없다. 왜냐하면 사고는 동일률同一律, 모순률矛盾律, 배중률排中律이라는 일견 자

---

26) 「원효의 대승기신론 소 별기」, 은정희 역주, 일지사, 1999, 121면.

명한 논리 법칙을 가지고 사고하고,[27] 따라서 진선미인 것이 동시에 그 반대인 위악추일 수는 없는 것이다. 자유가 동시에 속박일 수는 없는 것이다. 이것이 현존재가 인식하고 사고할 수 있는 한계적 상황이다.

그러므로 사고로서 행하는 인식세계에서는 존재가 당위에 도달하려면 어떤 방법이나 수단도 적합하지 않다. 또한 도달하기 위한 방법이 아니라고 하더라도, 즉 위에서 본 바와 같이 존재와 당위가 하나이므로, 하나라는 사실을 단지 명증하게 자각하면 되는 것인데, 자각하기 위한 수단 방법도 사고의 세계에는 없다. 왜냐하면 사고의 세계에 있는 수단, 방법은 오로지 사고의 세계에서 통용되는 것이고 실상 존재의 세계에서는 통용되지 않기 때문이다. 즉 표현하자면 현존재는 사고존재이고 실實 존재는 사고를 넘어선다.

「대승기신론大乘起信論」에서도 "…중생도 그러하여 무명無明으로 혼미하기 때문에 마음을 망념妄念이라 하지만 마음은 실로 움직이지 아니하는 것이며, 만약 관찰하여 마음에 망념이 없는 줄 알면 곧 수순隨順하게 되어 진여문眞如門에 들어가기 때문이다"[28]라고 설하여, 인도의 마명 스님이라고 알려진 대승기신론의 저자도 현상존재의 세계인 생멸문에서 진리존재의 세계인 진여문으로 들어가는 방법 아닌 방법으로써, 단지 마음을 잘 관찰하여 망념인 마음의 실상이 본래 망념이 아님을 보는 것이라고 하였다. 즉 파도가 그 자체로 바다임을 보는 것인데 이것이 본래의 성품을 본다는 것으로서 견성見性이라고도 한다.[29]

그러므로 존재와 당위가 하나로서 나타나는 방법 아닌 방법은, 오로지 사고의 세계에 있는 모든 수단과 방법을 동원하려는 의지를 중지中止하여

---

27) ①동일률 : 한 번 사용한 "개념 및 판단"은 이후에도 똑같이 적용한다. ②모순율 : A와 ~A가 동시에 참일 수는 없다. ③배중률 : 어떤 명제는 "참"이거나 "거짓"이다. 중간은 없다.

28) 「원효의 대승기신론 소 별기」, 은정희 역주, 일지사, 1999, 314면.

29) 선불교의 6대 조사인 육조혜능은 조사선의 개조로서 「육조단경」에서 "직지인심 견성성불(直指人心 見性成佛)"을 주창하여 견성이 곧 성불이라고 하였다.

야만 한다. 일단, 일체의 판단중지判斷中止(epoche)가 필요하다. 판단중지에 대하여 선불교 3대 조사인 승찬 스님(?-606)은 「신심명信心銘」의 제 1구절에서, "지극한 진리(실상 존재)는 어렵지 않다. 다만 선택하고 판단하는 것을 꺼린다. 좋아하고 싫어하고 하는 분별만 하지 않으면, 진리는 명백하게 나타난다"라고 설하여 모든 상대적 이원적 판단을 즉시에 중지할 것을 당시의 학인들에게 권면하였다.[30] 판단중지에 대하여 노자를 살펴보면, 「도덕경」 제1장에서, "무명 천지지시 유명 만물지모 無名 天地之始 有名 萬物之母"[31]라고 하고 있다. 이는 '이름이 없으면 천지의 근원이요, 이름이 있으면 만물의 어머니다'로 해석된다.[32] 즉 우리는 이름과 단어, 낱말과 뜻을 가지고서만 사고하고 인식하므로 이름이 없다는 것은 사고가 없다는 것이고 사고가 없다는 것은 분별, 판단, 선택이 없다는 것이고 따라서 그것은 이원성을 벗어나게 된다.

사고는 반드시 이원적이다. 왜냐하면 그렇게 이원적이어야만 인식이 가능하기 때문이다. 즉 주관과 객관, 선과 악, 진과 위, 자유와 속박, 좋음과 싫음, 행복과 불행, 유와 무, 존재와 비존재, 입구와 출구, 앞과 뒤, 높고 낮음, 길고 짧음, 생사 등등의 대구對句적 · 이원적 개념을 가지고서만 사고는 이 세상과 자신을 표상表象-인식認識할 수 있다. 예를 들어, '없음'이라는 개념을 뒤 배경背景으로 하지 않고서는 '있음'이라는 개념을 생각할 수도 없고 인식할 수도 없다. 불행을 알지 못하는 행복은 존재하지 않는다. 불행을 모르는 행복은, 그리하여 오로지한 행복은 없다. 왜냐하면 만약 그런

30) 「선림보전」, 장경각, 불기 2541, 347면. 신심명, "지도무난 유혐간택 단막증애 통연명백(至道無難 唯嫌揀擇 但莫憎愛 洞然明白)."

31) 「도덕경」, 오강남 풀이, 현암사, 1996, 19면.

32) 「성경전서」, 대한성서공회, 1997, 요한복음 1장 1절, "태초에 말씀이 있었다… 이 말씀은 곧 하나님이시니라"라고 하고 있고, 창세기 편에서는 신의 천지창조의 과정이 단지 "무엇이 있으라"라고 하는 언명에 의하였음을 나타내고 있다. 또 신 여호와는 태초의 인간에게 만물에 이름을 부여할 것을 첫 번째로 명하였다.

것이 있다면 그것은 행복도 아니고 뭣도 아니고 도대체 이름 붙일 수 없는 그 무엇일 것이기 때문이다.[33)]

이 세계는 이렇게 이원적으로 존재한다. 이원성은 연기법緣起法으로 파악하는 현실 우주의 구성 원리이기도 하다. 상대적인 것은 서로에 의지하여 동시에 발생하고 동시에 소멸한다. 전혀 인과적이 아니다. 그러므로 판단과 선택을 중지하고, 사고를 중지하고, 모든 의도적 유위有爲의 행行을 중단할 때 즉 무위無爲일 때 도덕경에서 말하는 '이름이 없는' 세상이 출현하고 그것을 억지로 이름 하자면 '전체로서의 존재'이다. 또한 고래로부터 이름 붙일 수 없는 이것의 이름을 방편으로 이름 하여 '중도中道' '공空' '이것' '그것' '진리' '존재' '있는 그대로' '본성' 등이라고 하였다. 따라서 중도 내지 존재라는 것은 그 이름이 중도요 존재이지 사실은 중도나 존재가 아니고, 중도나 존재에 해당하는 그 무엇도 없다.[34)] 즉 인식될 수 없는 것이다. 따라서 중도는 중간이 아니라 '있고 없고에 머무르지 않는' 바로 지금의 '이것'이고, 공空은 비어 있는 무가 아니라 중도인 존재이다. 따라서 존재는 중도로 '있는' 것이고 동시에 이 세상 만물의 원천이며 모든 존재하는 것의 본성으로서, 이원성을 떠난 '하나'로서 진선미를 이미 구족具足하며 그것 자체이다.

6. 존재와 당위는 본래 하나이다

엄밀한 형식적 사고 논리 안에서는 존재와 당위를 명백하게 구분하는

---

33) 최종고, 위 같은 책, 539면.에서는 "…그렇게 되면 최후의 당위의 명제는 논증될 수 없는 것, 공리(公理)적인 것이 된다. 그것은 인식(Erkenntnis)할 수 없고 고백(Bekenntnis)할 수 있을 뿐이다."라고 하고 있다.

34) 「금강경」, 최대림 역해, 홍신문화사, 1991, 154면. 제30 일합이상분(一合理相分)에서는 진리를 포함하여 세상의 모든 만물을 지칭하여 "A는 A가 아니고, 그 이름이 A일 뿐이다."라고 설한다.

방법이원론이 타당하게 보인다. 인과적 · 이원적으로 사고하고 느끼고 따라서 이원성의 세계 안에서 개별자로 소외되어 살아가면서, 열심히 노력하지만 실존적으로는 늘 당위적 요청 앞에서 초라해지고 마는 외로운 머리나 가슴에는 항상 방법이원론이 친밀하고 당장은 속이 후련할 것으로 보인다. 그러나 기차가 달리는 두 개의 선로는 매우 가까이 있고 서로 협력하여 영향을 주고받으며 같이 중요한 역할을 하지만 영원히 만나지는 않는다.

이상의 논의를 통하여 방법일원론을 넘어서 직접 존재의 세계에 들어가 당위와 존재가 하나로 해소되는 곳을 나타내려고 시도해 보았다. 정신과 물질의 관계는 논외로 하고, 정신우주와 물질우주 전체를 통틀어 실질존재와 현상존재 그리고 당위는 그 보여지는 겉모습만 다를 뿐 '하나'이다. 이러한 비이원적인 존재, 당위 논의를 앞서 문제제기를 한 규범학, 법학에 구체적으로 어떻게 적용하고 해석하며 법 사회 현상에서 구현할지는 더 깊이 연구되어야 할 것이다.

사회 전반적으로 '존재와 당위가 하나'인 것을 발견할 시기에는 아마도 공자가 나이 일흔에 다음과 같이 술회할 때의 마음과 같은 마음을 사회 구성원들이 공유할 것이라고 보여진다. "마음이 원하는 바대로 하여도 도리道理에 어긋나는 일이 없다"[35)]

35) 「논어」, 김형찬 옮김, 홍익출판사, 1999, 36면. 위정편(爲政篇), "종심소욕 불유구(從心所欲不踰矩)" 이 구절을 이 글의 논지로써 표현하면 '자연스러운 존재로 살아가니 당위와 일치하고 아무런 갈등이 없다'가 되리라고 본다.

III

현대사회와 정의

제1장 현대사회적 현상과 사회정의

생명의 특징인 물질대사는 에너지 교환이라기보다는 질서(반엔트로피)의 교환이다. 질서를 유지하고자 함은 유기체의 본성인 동시에 사회성의 본질이다.

인류문화(정신)의 근원적 · 1차적 표상이 사회정의이고, 이곳으로부터의 2차적 표상이 법규범 체계이다.

1. 사회정의의 표상表象으로서의 법

법이란 무엇인가 혹은 법이 실체라면 법은 어떻게 존재하고 있는가 라는 물음에 대한 논의는 법의 존재론 및 인식론으로서 〈법의 개념〉에 대한 문제라고 하겠다. 또한 법이 지향해야만 하는 목적 혹은 이상理想에 대한 논의는 〈법의 이념〉에 대한 문제이고, 법의 제 · 개정과 그 준수, 적용 및 집행에 대한 논의는 〈법의 실천〉에 대한 문제라고 할 수 있다.

물론 역사상 너무나 오래된 전통적 생각으로부터 연원하여, 데카르트에서 더욱 공고해진, 주관과 객관의 엄격한 구분을 통한 제 학문 방법론으로 인하여, 존재론과 인식론은 엄연히 다르다고 할 수도 있겠다. 그러나 첨단 현대과학이 이룬 성과들에 의하여도 우리는 아직 정신과 물질의 명징한 관계에 대하여 잘 모르고 있으며, 물질적 사건이 어떻게 감각, 사유, 의식으로 바뀌는지 전혀 통찰할 수 없다. 또한 자아와 세계는 병렬적으로 나란히 존재한다고는 분명 인정할 수 없다. 왜냐하면 세계를 이루는 경험적 요소들은 자아를 이루는 경험적 요소들과 같기 때문이다.[1] 즉 감각 내지 세계는 인식주관(그런 것이 있다면)에 단 한 번 주어질 뿐이지, 객관적으로 존재하고 있다가 차후에 인식되어지는 것과 같은 식으로 두 번 주어지는 것은 아닌 것이다. 그러므로 자아와 감각과 세계와 존재는 분리될 수 없는 하나이고, 인식론은 곧 존재론이고 존재론은 곧 인식론이다.

한편, 정의正義의 사전적辭典的 정의定義는 다음과 같다. 명사, ① 진리에 맞는 올바른 도리. ② 바른 의의意義. ③ 〈철학〉 개인 간의 올바른 도리. 또는 사회를 구성하고 유지하는 공정한 도리. ④ 〈철학〉 플라톤의 철학에서, 지혜 · 용기 · 절제의 완전한 조화를 이르는 말.

즉 정의는 바르고 옳다고 평가되고 판단되는 그 무엇을 의미한다. 정의는 진리, 선함, 아름다움, 형평衡平(균형이 맞음. 또는 그런 상태) 등과 같이 추상명사로서 형이상학적 개념 표상에 속한다.

정의란 무엇인가 라는 물음은 법철학의 가장 근본적 문제로서 오랫동안 논의되어 왔다. 서양 법철학에서는 법은 정의에서 나오는 것으로 보았다. 그리스에서 법Dike과 정의Dikaion, 로마에서 법Ius과 정의Iustitia는 같은 연원을 가진 단어로서 동일한 것을 의미하였다.[2] 독일어에 있어서도 통상 법은 recht로 표현되고, 법률은 gesetz로 표현되는데, recht는 또한 중성명사로 정의 혹은 정당함을 의미하기도 한다. 결국 정의는 곧 법이고 법은 곧 정의다.

그렇다면 정의 내지 법은, 제정법을 총칭하는 이름으로서의 유명론唯名論 외에, 법이란 것의 실체가 '존재'하는가라는, 실재론으로서 '법의 개념'

---

1) 에르빈 슈뢰딩거, 물리학자의 철학적 세계관, 김태희 옮김, 필로소픽, 2013, 28면.

2) 최종고, 법철학, 제3판, 박영사, 2007, 43면.

에 대한 물음이 있을 수 있다. 법의 개념에 대하여는 여러 가지 견해가 있다.

칸트는 "아직도 법률가들은 자신들의 법에 대한 개념정의를 찾고 있다"고 조소한 바 있지만, "법이란 한 사람의 자의恣意가 다른 사람의 자의와 자유의 일반법칙들에 따라 합치될 수 있도록 하는 조건들의 총체이다"라고 하였다. 즉 법이란 모든 사람들의 자유를 위해, 각 개인의 자유를 동일하게 제한하는 것이다.

헤겔은 법을 본질적으로 자유로 이해하였고, "현존 그 자체가 도대체 자유의지의 현존인 것, 이것이 법이다. 따라서 법이란 자유 그 자체이며, 그것도 이념으로서의 자유이다."라고 하였다.

미국의 위대한 법관 올리버 웬들 홈스는 법을 매우 실용주의적으로 정의하고 있다. "법원이 실제로 무엇을 할 것인가에 대한 예견들 그리고 더 이상의 것이 아닌 것이 내가 법으로서 이해하고 있는 것이다."

아르투어 카우프만은 법을 "당위와 존재 간의 상응"이라고 하고 법의 유추적 성격을 강조한다. 즉 법이란 실체적인 것이 아니라 관계적인 것이다. 같은 취지로서 에드거 보덴하이머는 "법이란 존재와 당위를 잇는 가교이다"라고 하였다.[3)]

법과 정의는 사회를 떠나서는 생각할 수 없고 또한 그런 것은 무의미하다. 그러므로 정의는 곧 사회정의를 말하는데, 사회정의를 표상하는 대표적인 사회·문화적 현상이 곧 법규범 체계라고 말할 수 있다. 다시 말하면, 인류문화(정신)의 근원적·1차적 표상이 정의이고, 이곳으로부터 2차적 표상으로서 법 현상이 전개된다.

그러면 사회정의의 표상으로서의 법은 법률과 같은가 다른가. 일반적으로 법률은 제정된 실정법 규범을 총칭하는 의미이고, 법은 이러한 실정

3) 아르투어 카우프만, 법철학, 김영환 옮김, 나남, 2007, 302, 303면.

법이 도출되는 근원으로서 존재하는 실체인 법을 의미한다. 이와 같이 법과 법률은 서로 다른 의미로 사용되어 왔으므로, 법률적 불법gesetzliches unrecht, 혹은 초법률적 법übergesetzliches recht이라는 말이 성립될 수 있다. 즉 recht로서의 법은 정확하게 정의와 같은 개념이지만, gesetz로서의 제정법은 정의롭지 못한 법률일 수 있다. 그래서 대부분의 현대국가는 헌법재판소라는 제도적 장치를 통하여 각 제정법들의 헌법 위반 여부에 대하여 심판하는 기능을 매우 중시하고 있다. 물론 헌법도 실체로서의 법recht 혹은 정의에 위반될 수 있다. 헌법도 그 형식에 있어서 제정법에 속하기 때문이다. 그러므로 또한 천부인권적 기본권으로서 시민 저항권이 인정될 여지가 생겨나는 것이다.

정의와 법의 동출이명同出異名 관계는, 법의 지향 목적 혹은 이상理想인 '법의 이념'과 관련하여 잘 드러난다. 신칸트주의자 구스타프 라드브루흐는 〈정의, 합목적성, 법적 안정성〉을 법의 이념으로 제시하였다. 그는 법의 이념에 대한 이론전개의 과정에서 초기의 견해를 완화시키고, 특히 법적 안정성의 가치를 우선적으로 생각하던 서열을 나치스 경험 이후에는 정의의 이념을 우선시켰다.[4] 따라서 "법이념 즉 정의에 참을 수 없을 정도로 모순되는 규범은 법률적 불법gesetzliches unrecht이며, 도대체 정의를 목표하지 않는 규범은 법조차도 아니다nicht-recht"라고 하였다.[5] 일반적으로 정의와 법적 안정성 간의 이념적 우선 서열 논의는 자연법론과 법실증주의 간의 논쟁과 밀접한 연관성을 가진다.

그러므로 법이 목적 지향하고 따라야만 하며 자기형성의 가장 중요한 지침으로서의 최우선 이념은 바로 정의이다. 또한 정의는 합목적성 이념

---

4) 최종고, 위 같은 책, 73면.
5) 아르투어 카우프만, 위 같은 책, 303면.

을 통하여 평등, 자유, 인간존엄 등의 표상 하에서 내용적으로 구체화되고, 이 구체화된 정의는 다시 법적 안정성 이념에 의거하여 질서와 평화를 유지하며 안정화될 수 있다. 그러나 구체화되고 안정된 평화질서도, 그래서 공인된 법 내지 관습법의 지위를 누린다 할지라도 만약 그 규범이 인내 불가능할 정도로 사회전체의 정의감을 거스른다면, 정의는 또다시 굳건히 세워져야만 하고 법적 안정성과 합목적성은 일정기간 과감하게 폐기되어야 한다.

2. 실체적 정의와 절차적 정의

절차적 정의의 관점에서 바라보는 실체적 정의는 다음과 같다. 사고하는 이성이나 5감을 통하여 경험 가능하고 검증되는 객관적이면서 직접적인 정의의 실체를 밝히려고 하는 노력은 공허한 형이상학적 망상이므로 반드시 실패로 돌아가고 만다. 이런 형이상학적 망상 내지 영적 유물론은 정의라는 개념 분야 뿐만 아니라, 진리, 신神, 선善, 도덕, 사랑, 자유, 행복 등의 개념 분야에서도 오랜 기간 일대 유행처럼 논의되고, 다투어지고, 갈등과 전쟁을 일으키는 등 개인 사이에서 고갈되지 않는 소일거리로 군림해 왔다.

이 같은 형이상학적 망상에 일대 종지부를 찍은 사람 중의 하나는 칸트다. 칸트는 위와 같은 허망하고 지루한 논의에 심한 염증을 일으키고는 사람의 이성으로 알 수 있는 것과 알 수 없는 것의 경계를 명확히 하기 위하여 오랜 기간 고심하여 밝혀내기로 결심한다. 그리하여 시간과 공간을 객관 세계에서 끌어내 주관 안으로 들여왔고, 종래 논의되어 온 범주론을 다듬어 생각이 벗어날 수 없는 사고의 틀로서 12개의 범주를 명정하고, 드디어는 이성은 결코 물자체를 알 수 없다고 결론지었다. 형이상학의 사망진 단서를 발부한 것이다. 물론 이 결론도 칸트 자신이 말한 사고의 이원적 틀을 벗어날 수 없는 언급임에는 틀림없다. 언어를 떠난 분별적 사고, 분별적 사고를 떠난 언어는 없기 때문이다.

현대 법철학의 경향으로 나타나듯이, 정의는 합의된 올바른 규칙을 기반으로, 절차적으로 정당하며, 합리적인 토론과 합의의 과정을 통하여 간접적으로 드러난다는 것이 절차적 정의의 개념논의이다.

참고로, 롤즈는 절차적 정의를 세 가지로 구분하고 있다. 완전한 절차적 정의, 불완전한 절차적 정의, 그리고 순수한 절차적 정의이다. ① 완전한 절차적 정의는 공정한 분배가 어떤 것인지에 대한 독립된 기준이 있으며, 동시에 공정한 분배를 결과할 절차도 있는 경우이다. ② 불완전한 절차적 정의는 올바른 결과에 대한 독립된 기준은 있으나 이런 결과를 보장할 수 있는 절차가 없는 경우이다. 즉 올바른 결과가 무엇인지를 알고 있지만 적용되는 절차가 그 결과를 보장해 주지 못해서 그릇된 결과가 이루어질 수 있는 가능성이 있는 경우이다. ③ 순수 절차적 정의는 올바른 결과에 대한 독립된 기준은 없지만, 공정한 절차가 있어서 그 절차만 제대로 따르면 절차가 결과한 내용에 관계없이 그 결과를 공정하게 간주하는 경우이다. 롤즈는 분배의 몫에 대한 문제는 순수 절차적 정의의 문제라고 말한다.

또한 형식적 정의는 실질적 정의를 보장하지 못한다. 형식적 정의는 정의의 내용을, 즉 실질적 정의를 문제 삼는 것이 아니라, 그 적용의 형평성만을 문제 삼는다. 따라서 형식적으로 정의롭다고 해도 얼마든지 실질적으로 정의롭지 않을 수 있다. 예를 들어, 노예를 인정하는 규칙은 그 내용이 정의롭다고 할 수 없지만, 그 규칙이 일관되고 공평하게 적용된다면, 형식적으로 정의롭다고 말할 수 있다. 그러나 그러한 규칙이 실질적으로 정의로운 것은 아니다. 따라서 형식적 정의는 실질적 정의를 보장해 주지 못한다. 하지만 형식적 정의만으로도 엄청난 부정의는 방지할 수 있을 것이다. 시지위크는 말하기를 분명히 법과 제도가 평등하게 집행될 수는 있으나 부정의한 것일 수 있다고 한다. 유사한 경우는 유사하게 취급한다는 것만으로는 실질적 정의에 대한 충분한 보장이 되지 않는다. 이러한 보장은 기본 구조의 근거가 되는 원칙들에 달려 있다. 노예제 사회나 계급 사회 또는 가장 부당한 형태의 차별 대우를 허용하고 있는 사회가 드문 일이긴 하지만 공평하고 일관성 있게 운영될 수 있으리라고 상상한다 해도 모순될 것은 없다.[6]

부정의의 대명사 같은 독일의 부켄발트 유대인 수용소에도 '각자에게 그의 몫을'이라고 적었다니 정의는 다만 형식적인 것으로 보인다.[7]

3. 정의론

정의란 무엇인가? 라는 물음은 아마도, 인류가 자아의식을 확고한 중심으로 삼아, 눈앞에 놓인 모든 사물과 일에 대하여 선과 악이라는 분별 경계선을 그릴 수 있게 되었고, 이런 사고를 기반으로 좋거나 싫은 감정을 가지는 능력을 취득함으로써 영원의 동산에서 스스로 물러나온 이후, 인류를 괴롭히는 궁극의 거대하고도 풀리지 않는 영원한 질문으로 군림하여 왔다. 실상 정의의 본질은 밝히는 문제는 진리를 추구하고 그 본체를 구명하여 그와 일체가 되고자 하는 일과 동일하다고 말할 수 있다. 바르게 살자는 구호는 초등학교, 교정시설 등등 어느 정도 심각하게 사회화 교육이 이루어지고 있는 곳에서는 쉽게 눈에 띈다.

고대 그리스의 자연철학은 정의를, 인간의 주관적 판단을 초월하는 '삼라만상의 자연적인 것'으로 여겼다. 즉 자연적인 상태natural state가 곧 정의

---

6) 장동익, 존 롤즈 「정의론」(해제), 철학사상 제5권 제14호, 서울대학교 철학사상연구소, 2005. 참조.

7) 최종고, 위 같은 책, 43면.

라고 본 것이다. 그러나 프로타고라스가 '인간은 만물의 척도'라고 말한 바와 같이, 소피스트들은 정의에 대한 객관적 가치척도를 부정하고 주관적 상대주의를 주장하였다.

반면, 소크라테스는 소피스트들의 주관적 상대주의를 배척하였고, 법과 정의를 같게 보았으며, 법과 정의는 개인적 이해관계가 아니라 '인간의 본성'에서 나오는 것이라고 하였다. 플라톤은 덕을 지혜 · 용기 · 절제 · 정의로 나누고 정의의 본질은 '공동생활 속에서 분수를 지키는 것'이라고 보았다.

아리스토텔레스는 정의를 사람이 이행하여야 할 최고의 덕인 동시에, 개인의 도덕이 아니고 타인과의 관계에서 실현하여야 할 사회적 도덕이라고 하였다. 그는 정의를 일반정의와 특수정의로 나누고, 일반정의는 인간의 생각과 행동을 공동생활의 일반원칙에 맞추는 것 즉 아테네의 법을 준수하는 것이고, 특수정의는 평등이라고 하였다. 특수정의는 다시 평균적 정의commutative justice와 배분적 정의distributive justice로 나누어진다. 평균적 정의는 절대적 평등을, 배분적 정의는 비례적 평등을 의미한다. 비례적 평등은 같은 것은 같게 다른 것은 다르게, 각자에게 그의 것을 분배함이다.

따라서 평균적 정의는 주로 사법私法의 영역에서 요청되고, 비례적 정의는 공법公法의 영역에서 요청된다. 그러므로 사법의 지도 원리는 사적자치 · 계약자유의 원칙, 손실분담의 형평의 원칙 등이 되며, 형벌법의 지도 원리는 책임주의, 죄형법정주의가 되고, 헌법의 지도 원리는 법치국가원칙을 기반으로 한 궁극의 지도 이념인, 인간의 존엄과 가치, 행복추구권은 공 · 사법을 초월한 초법률적 정의로서 최고의 원칙으로 자리하게 된다.

페니키아 출생의 로마의 법학자이자 정치가인 울피아누스는 정의를 '각자에게 그의 몫을 돌리려는 항구적 의지'라고 하였다.

중세에는 정의 내지 법의 철학은 카톨릭신학의 일부로서 전개되었다. 교부철학의 대표자 아우구스티누스(354~430)는 정의는 사랑이며, 유일신을 신봉하는 것이라고 사고하였다. 스콜라철학의 토마스 아퀴나스(1224~1274)는 아리스토텔레스 철학을 기독교적 필터로 재해석하였다.

근세의 정의론은 인간중심주의humanism에 기초한 자연법적 정의론이다. 칸트(1724~1804)는 정의를 평등의 원리로 보았고, 형벌론에서는 응보를 정의의 실현으로 간주하였다. 라이프니츠(1646~1716)는 정의를 자연법의 3단계로 설명하였다. 그것은 다음과 같다. ① 타인을 해치지 말라 ② 각인에게 그의 몫을 나누어 주라 ③ 성실하게 살아라.

법실증주의자이며 순수법학이론가 켈젠은 절대적 정의론은 공허한 도식이라며 정의의 상대성을 강조한다. 절대적 · 보편적 정의는 제시할 수 없고 '나에게의 정의'만을 말할 수 있는데, 그것은 자유, 평화, 민주주의, 관용의 정의라고 하였다. 인간은 정의를 합리적으로 인식할 수 없고 신앙 속에서 경험해야 한다는 이론이다. 무엇이 정의인가는 인식erkenntnis될 수 없고 고백bekenntnis되는 영역에 있다는 것이다. 이렇게 얻어지는 정의는 주관적 정의이고 고독한 양심이다.

라드브루흐는 정의의 본질을 평등으로 보았지만, 정의에서부터 '바른 법'의 개념이 도출되는 것은 아니며 다른 원칙들이 보충되어야 한다고 주장한다. 왜냐하면 배분적 정의(비례적 평등)라고 하여도 무엇을 평등하게 내지 무엇을 불평등하게 취급해야 하는지에 대한 구체적 내용을 말해주지는 않으며 이는 그야말로 형식적인 개념이기 때문이다. 그는 켈젠과 같이, 관용과 타협이 녹아든 질서 있는 공동생활을 가능케 하는 다양한 가치의 복수사회를 늘 염두에 두고 있었기 때문에 정의의 본질과 내용에 대해 어떤 자신의 주장과 이론을 삼갔다. 라드브루흐는 초기에는 법적 안정성을 우선시 했으나 나치를 경험한 후에는 정의를 더 우선으로 여기고 그 내용으로서 '사물의 본성, 인권, 기독교 가치'들을 언급하였다. 또한 국가와 사회가 선택 가능한, 개인주의, 단체주의, 문화주의(또는 초인격주의) 등 합목적성에 있어서의 가치에 대한 궁극적 결정은 인식되는 것이 아니라 고백될 뿐이라고 하였다.[8)] 법적 안정성과 관련하여서는, 영국의 제레미 벤담 역시 법적 안정성을 법의 최고가치, 문화의 결정적 징표로 보았다.

독일 법철학자, 법사학자인 헬무트 코잉(1912-2000)은 실질적 정의론을 전개했는데, 정의를 평등한 취급으로 파악하였다.

벨기에 법철학 교수 카임 페를만(1912-1984)은 정의가 다음과 같은 여섯 가지 뜻으로 사용된다고 설명한다. ① 각자에게 똑같은 것을like for all ② 각자에게 그의 공적merits에 따라 ③ 각자에게 그 일의 결과works에 따라 ④ 각자에게 그의 필요needs에 따라 ⑤ 각자에게 그의 계급rank에 따라 ⑥ 각자에게 법적 자격legal entitlement에 따라. 그는 어떠한 정의체계라도 자의적 요소를 가질 수밖에 없으므로 그 자신의 불완전성을 망각해서는 안 되며 아울러 불완전한 정의는 결국 자비가 존재하지 않는 한 결코 정의가 될 수 없다는 결론을 깨달아야 함을 강조하였다.[9)]

하버드대학 철학 교수 존 롤즈(1921~2002)는 영미 윤리학의 지배적 지위를 차지해온 공리주의에 대신할 실질적 정의론을 제시하였다. 그의 정의론은 공리주의 대 권리기저적權利基底的 right-based 이론이라고 하는 현대 정의론의 기본 구도를 만들었고, 자유와 평등의 상호관계, 효율과 효용이라는 사회적 목표와 개인의 기본적 권리의 존중 사이의 조정, 사회경제적 약자의 복지향상에 대한 배려 등 사회정의를 위요한 현대적 과제에 대하여도 균형 있게 논하였다. 롤즈의 정의는 내용과 절차의 양면에서 공정의 확보에 초점이 있으므로, 공정fairness을 특징으로 한다. 그는 다음과 같은 정의의 세 원리를 제시한다. ① 평등한 자유의 원리 : 모든 시민에게 각종 기본적 자유권이 평등하게 부여되어야 한다. ② 자유의 우선 법칙 : 개

---

8) 즉 정의나 진리는 개인이 노력하거나 선택하여 이루어지는 것이 아니고 그 자체 스스로 일어나고 드러나는 것이라는 의미일 것이다.

9) 이 말은, 적을 패배시킬 수 있을 만큼 이해하게 되면 필연적으로 적을 사랑할 수밖에 없다는 말을 떠올리게 한다.

인 특히 소수자의 자유는, 자유를 위해서만 제한될 수 있는 것이며, 전체로서의 사회경제적 이익의 증진을 위해 희생되어서는 안 된다. ③ 격차원칙 difference principle : 사회의 가장 불리한 상황에 있는 사람들의 이익의 최대화를 위해 필요한 경우에는, 그 한계 내에서 사회경제적 불평등은 정당화된다. 이 원칙의 배경은, 출신 · 재능 등의 사회적 · 자연적 우연에 의한 사회경제적 이익의 분배 결정은 도덕적 관점에서 자의적이라고 본 것이다. 이는 마치 개인의 노력과 자유의지의 존재를 부정하는 듯하다. 사회경제적 약자의 복지의 향상을 지향하는 이 원칙에 대하여, 공리주의적 최대화 원리로 간주되거나, 필요원리를 일반화한 사회주의적 원리라고 보는 등 다양한 평가가 있다.

오타 바인베르거는, 사회와 역할관계가 존재함으로써 정의문제는 제기되며, 이는 역할수행의 조화로운 평형문제로 압축된다고 한다. 그는 '정의는 선험적이지도 않고 모든 시대에 타당한 것도 아니며 개인과 공동체의 생활형식에 따라 변한다. 정의도 진화進化의 대상이며, 인간 존재의 편재적 문제이다. 영원하고 절대적으로 타당한 정의의 내용적 원리는 존재하지 않는다. 무엇이 정의롭고 무엇이 부정의로운지 지식으로 포괄할 수 없다. 우리가 정의를 추구하고, 이 지상에서는 그것을 발견할 수 없고, 심지어 정의의 기준들을 고정시킬 수도 없다는 것이 인간의 조건이다. 정의는 무엇이 정의로운가를 결정하고 정의롭게 행동하고(상대적으로) 정의로운 세상을 창조하도록 노력해야 하는 영원한 문제이다.'라고 말한다.[10)]

비유컨대, 정의라고 이름하는 법이념이 없는 실증주의적 법규범 체계는 결국 영spirit이 없는 육체, 즉 좀비와 같이 무미건조하고 기계적이며 파괴적인 사회 병리적 결과를 초래하고야 말 것이다.

---

10) 최종고, 위 같은 책, 43~62면 참조.

참고로, 공리주의功利主義 utilitarianism는 19세기 이래 영국을 중심으로 발달한 윤리적 사상이다. 인간 행위의 옳고 그름을 판단하는 윤리적 기초를 개인의 이익과 쾌락 · 행복의 추구에 두고, '도덕은 최대 다수의 최대 행복 the greatest happiness of the greatest number을 목적으로 한다.'고 주장한다. 이 사상은 근대 시민사회의 윤리적 기준이 되었을 뿐만 아니라 영국 고전경제학의 사상적 기초와 자본주의 질서 구축의 토대가 되었다. 그러나 공리주의의 제1원리인 개개인의 사익추구가 공익의 보장과 직결되는 것은 아니며 오히려 배치될 수도 있다는 점에서 비판을 받고 있다. 제레미 벤담(1748~1832), 제임스 밀(1773~1836), 존 스튜어트 밀(1806~1873) 등이 대표적 공리주의자들이다.

벤담은 쾌락을 수량화할 수 있고 측정 가능한 것으로 보는 철저한 양적 공리주의자다. 양적 공리주의자는 쾌락을 수량화하려 하지만, 사람마다 쾌락이 다르기 때문에 개별적인 쾌락이 수량화 될 수가 없다. 이와 같은 모순은 최대 다수의 최대 행복이라는 표어의 의미를 모호하게 만들었다. 벤담의 관심은 행복과 쾌락의 총량이지 이의 합리적 분배나 평등이 아니었다. 벤담은 모든 사람의 행복의 보장, 즉 평등을 추구하는 사회주의가 아니라 그 반대 위치에 있는 자유방임적 보수주의자였다. 따라서 이 표어는 말 그대로 최대 대중이 아니라 최대 수량을 중시한 총량의 성장주의를 뜻한다고 보는 것이 타당하다. 벤담의 최대다수가 지칭하는 대상 역시 모호하다. 일반적으로 최대다수는 시민을 지칭하지만, 시민이라는 단어는 대중을 뜻하지 않는다. 고대에서의 시민은 대다수 노예를 뺀 소수의 자유민을 뜻했고 근대의 시민도 소수의 부르주아를 뜻했다. 이 표어에서의 대다수 역시 대중이 아니고 귀족에 비해서만 다수인, 사실상의 소수 부르주아를 뜻한다고 해석된다. 벤담 시대의 대다수 노동자 농민은 주권도 없었는데, 이런 처지 역시 이런 해석을 뒷받침한다. 현재 정설로 받아들여지는 의견 중에서는, 이 명언을 벤담이 직접 창안하지 않았다는 의견도 있다. 벤담은 스스로 이탈리아 법철학자인 베카리아로부터 차용했다고 밝혔고 똑같은 내용의 문구가 다른 여러 문헌에서도 발견되었다.

존 스튜어트 밀이 제시한 다음의 명제 역시 다른 방법으로 해석된다. 배부른 돼지가 되기보다 배고픈 인간이 되는 편이 낫고, 만족해하는 바보가 되기보다 불만족스러운 소크라테스가 되는 것이 낫다. 이는 흔히 정신적 쾌락을 예찬한 것으로 해석된다. 하지만 공리주의는 물질적 성장을 최우선으로 삼으며, 물질적 쾌락을 배제하지 않는다. 밀은 정신적 가치와 쾌락을 우선하고 중시한 것이 아니라 물질적 쾌락에 매몰되어 타락하고 위기로 치닫는 자본주의 사회에 대안으로서 정신적 쾌락의 가능성을 역설한 것이지, 자본주의의 물질적 욕망을 부정하지는 않았다. 이는 밀이 보수주의의 추앙과 진보주의의 비판을 받도록 만들었다. 공리주의는 자본주의의 논리를 윤리화한 것이다.[11]

아르투어 카우프만은 관용의 정언명령으로서 '너의 행위의 결과가 인간적 불행을 가능하면 가장 많이 회피하거나 혹은 줄일 수 있는 것과 부합하도록 행동하라'고 말한다.[12] 이러한 카우프만의 언급은 소극적 공리주의와의 연관성을 부정할 수 없다.

한편 동양에서는, 노자는 '무위자연無爲自然의 존재 그 자체'를 정의라고 하였고, 공자는 '기소불욕물시어인己所不欲勿施於人'이라고 했으며, 붓다는 '특정할 수 없는 무개인성 즉 무아無我'를 말하고, 예수는 '자타불이自他不二의 한 몸 같은 사랑'을 정의라고 하였다.

11) http://ko.wikipedia.org, '공리주의' 참조.

12) 아르투어 카우프만, 위 같은 책, 6면.

4. 범죄는 사회부정의社會不正義의 대표적 표상이다

법이 사회정의의 대표적 표상이라면 범죄행위는 사회부정의의 대표적 표상이다. 형법학에 있어서 범죄이론으로서 범죄의 본질에 대한 형식적인 학설은 많지만, 필자는 범죄를 이렇게 정의한다. "범죄는 사회를 개인과 한 몸으로 바라보지 않는, 개인 중심적인 행위 결과가 중하고 해악적인 사회 반가치적 행위다."

범죄행위는 책임의 근거가 되는 개인의 자유의지를 필수적 근거로 요청한다. 자유의지가 없다면 범죄도 없고 그에 따르는 책임 및 형벌도 없다.

자유의지는 나와 세계가 분리되어 있음을 전제한다. 만약 분리가 없다면 자유의지, 상호작용, 인과관계 등은 전혀 문제되지 않는다. 생각 의지 욕망 감정 감각 즉 나와 세계, 시간과 공간, 모든 인과적 사건, 진화 등은 나와 상관없이 저절로 일어나고, 그 일어난 직후 내가 생각하고, 경험하고, 의지했다는 분리 및 동일화를 일으키는 하나의 생각이 늘 뒤에 따라붙는다. 그러므로 나라는 것은 과거의 뉴스이고 하나의 이미지다. 개인인 행위자는 실상 부재한다. 삶은 신성한 존재가 저절로 살고 있다. 즉 개인에게는 고의(의식)도 과실(무의식)도 모두 개인의 자유의지가 아니지만, 개인 본성에서는 고의든 과실이든 완전한 고의로서 자유의지이다.

개인은 자유의지가 없으므로 행위자 책임 내지 인격책임은 없지만 행위 자체에 대한 사회 규범적 인과 책임은 있다. 마치 인체 내에 일부 세포가 부작용, 기능장애를 일으키면 다른 세포 내지 기제가 작용하여 장애를 일으킨 세포들을 교정하거나 제거하는 일련의 과정들이 자연적 인과적으로 일어나는 것과 마찬가지이다. 이 과정의 어디에도 자유의지를 가진 개별적 단독자(세포)는 없다.

물질이 무엇인가를 알기 위하여 감각과 정신을 사용하여 연구하지만,

이미 물질은 감각으로서 정신 안에 들어와 있고, 관찰되는 것은 온통 나의 정신만이 드러난다. 정신과 따로 물질이 있을까. 정신도 아니고 물질도 아닌 미지의 것 안에서의 임의적인 경계선이 아닐까.

매우 진화한 두뇌만이 정교한 정신과 자의식을 표상할 수 있는 기능을 가지므로, 물질과 정신, 나와 세계는 오로지 두뇌기능에 의존하여 나타나는 경계선이자 이름과 모습이다. 정신과 물질이 본래 별도로 있는 것이 아니라, 두뇌기능 안에 필연적으로 이원성만을 표상하는 기능적 틀이 있으므로 두뇌는 편의적으로 우주를 정신과 물질로 구분한다. 그러므로 식물이나 다른 종류의 생명체의 우주는 사람과는 다르게 구성되어 있는 우주이다. 두뇌 안에 우주가 있고, 두뇌는 그 우주 안에 있다. 안은 밖에 있고, 밖은 안에 있다.

5. 현대사회적 현상과 사회정의

1 in dubio pro reo: 의심스러울 때는 피고인에게 유리하게

형사절차법상의 법언法諺으로서, 피고인을 유죄로 하려면 합리적 의심의 여지가 없을 정도(beyond a reasonable doubt)의 증명이 필요하며, 그에 이르는 증명이 없는 때에는 피고인을 무죄로 추정해야 한다는 원칙이다.

아래는 '합리적 의심'에 대한 대법원 2010도5948 판결이다.

> 형사재판에 있어 심증형성은 반드시 직접증거에 의하여 형성되어야만 하는 것은 아니고 간접증거에 의할 수도 있는 것이며, 간접증거는 이를 개별적 · 고립적으로 평가하여서는 아니되고 모든 관점에서 빠짐없이 상호 관련시켜 종합적으로 평가하고, 치밀하고 모순 없는 논증을 거쳐야 한다. 증거의 증명력은 법관의 자유판단에 맡겨져 있으나 그 판단은 논리와 경험칙에 합치하여야 하고, 형사재판에 있어서 유죄로 인정하기 위한 심증형성의 정도는 합리적인 의

심을 할 여지가 없을 정도여야 하나, 이는 모든 가능한 의심을 배제할 정도에 이를 것까지 요구하는 것은 아니며, 증명력이 있는 것으로 인정되는 증거를 합리적인 근거가 없는 의심을 일으켜 이를 배척하는 것은 자유심증주의의 한계를 벗어나는 것으로 허용될 수 없다 할 것인바, 여기에서 말하는 〈합리적 의심이라 함은 모든 의문, 불신을 포함하는 것이 아니라 논리와 경험칙에 기하여 요증사실과 양립할 수 없는 사실의 개연성에 대한 합리성 있는 의문을 의미하는 것〉으로서, 피고인에게 유리한 정황을 사실인정과 관련하여 파악한 이성적 추론에 그 근거를 두어야 하는 것이므로 단순히 관념적인 의심이나 추상적인 가능성에 기초한 의심은 합리적 의심에 포함된다고 할 수 없다.

영화 '12인의 노한 사람들'을 보면 배심재판제도의 단점 또한 잘 드러난다. 예쁜 여인이 증언대에서 울면 무죄라고 하듯이, 배심제가 가지는 여론재판 성격과 잘못 조종된 합리적 의심 개념이 결합하여 종종 전혀 비합리적인 엉뚱한 결론이 도출될 수도 있다. 모든 제도적 장치는 양날의 검이 될 수 있다. 우리 사회에서도 국민참여재판 제도에 대한 찬반 논의가 여전히 분분하다.

다른 한편, 영화 '전민목격silent witness'은 법정 인간 드라마로서, 검사와 변호사 그리고 사람의 진정한 역할에 대하여 깊이 공감할 수 있는 그림을 그린다.

2 국민참여재판 제도

2008년부터 「국민의 형사재판 참여에 관한 법률」이 제정되어, 영미의 배심재판과 유사한 국민 참여 재판이 시행되고 있다. 이 법률은, 사법의 민주적 정당성과 신뢰를 높이기 위하여 국민이 형사재판에 참여하는 제도를 시행함에 있어서 참여에 따른 권한과 책임을 명확히 하고, 재판절차의 특례와 그 밖에 필요한 사항에 관하여 규정함을 목적으로 한다.

국민 참여 재판은 피고인이 원하는 경우, 살인죄, 강도강간죄 등 위 법률이 정하는 중대 강력범죄에 한하여 실시한다. 배심원들은 법원에 유·무죄의 여부와 양형에 대한 의견을 제시할 권한이 있다. 그러나 배심원들이 제시하는 의견은 법원을 기속하지 않고 권고적 효력이 있을 뿐이다.

2013. 12. 31. 법무부 장관은 국민의 형사재판 참여에 관한 법률 일부개정법률(안)을 입법 예고하였다. 개정의 이유는 다음과 같다. "지난 2008. 1. 1. 사법의 민주적 정당성과 신뢰를 높이기 위해 국민참여재판 제도를 처음 도입한 이후 현재까지 약 5년이 경과하였음. 그 동안 국민참여재판 접수 건수는 2008년 233건에서 2012년 737건으로, 국민참여재판 진행 건수는 2008년 64건에서 2012년 274건으로 매년 지속적으로 증가하고 있는 추세임. 이와 같이 국민참여재판 제도가 도입된 후 상당 기간이 경과함에 따라 그간 시행경과에 대한 분석 등을 통하여 국민참여재판의 최종 형태를 결정할 필요가 있으며, 이를 위해「국민의 형사재판 참여 관한 법률」제55조에 따라 구성된 국민사법참여위원회 등 사회 각계 각층의 의견을 폭넓게 수렴하는 등으로 그간의 시행경과를 면밀히 분석하였음. 이에 따라 판사는 원칙적으로 배심원의 평결을 존중하도록 하고 재판에 참여한 배심원의 의견을 판결서에 반드시 기재하도록 하는 등 국민참여재판 제도의 최종 형태를 결정하기 위하여 본 법률안을 제안하고자 함."

3 원인에 있어서 자유로운 행위: 책임자와 행위자의 분리

원인에 있어서 자유로운 행위actio libera in causa란 미필적 고의를 포함하여 고의나 과실로 스스로를 정신장애 상태(심신상실 혹은 심신미약)에 빠뜨린 후 범죄를 행하는 것을 말한다. 즉 정작 범행 실행 당시에는 책임능력이 없거나 줄어든 상태에 있는 것이다. 관련된 형법 규정은 다음과 같다.

제10조(심신장애자)

① 심신장애로 인하여 사물을 변별할 능력이 없거나 의사를 결정할 능력이 없는 자의 행위는 벌하지 아니한다.

② 심신장애로 인하여 전항의 능력이 미약한 자의 행위는 형을 감경한다.
③ 위험의 발생을 예견하고 자의로 심신장애를 야기한 자의 행위에는 전2항의 규정을 적용하지 아니한다.

지금 정상이라고 생각하는 일상의 상태가 실제로는 actio libera in causa의 상태이기 쉽다. 실재는 완전한 자유를 가진 책임자로서 하나인 의식이지만, 현상으로서 개인 자아는 생각으로 꿈꾸는 정신장애 상태의 가상적 행위자이다. 즉 책임자는 실재 본성이지만 행위자는 가상적 개인이다.

4 예비죄의 공범

형법은 범죄행위가 실행의 착수에 이르기 전에라도 일정한 경우 그 준비행위에 대하여도 처벌하고 있다. 이러한 범죄 준비행위에 가담한 사람에 대한 처벌의 문제가 예비죄의 공범의 문제이다. 이론상 예비죄의 공동정범은 가능하고 또한 예비죄의 교사범도 형법 31조2항에 의거하여 인정된다. 그렇다면 예비죄의 방조범도 가능한가? 판례는 이를 부정한다. 그 이유는 종범이 성립되려면 정범이 실행에 착수할 것을 요한다는 것이다.

판례의 입장에서 비추어 볼 때, 이석기 의원 등 7명의 내란음모 등 사건, 즉 소위 RO사건revolutionary organization case에서, 검찰이 만약 주된 관련자들을 공동정범 내지 교사범으로 판단하였고 기소한 경우에 그 공소유지가 실패한다면, 향후 헌법재판소에서 진행 중인 통합진보당 정당해산 심판에도 결정적 영향을 미칠 수 있을 것이다. 다음은 관련 형법 조문이다.

제28조(음모, 예비)

범죄의 음모 또는 예비행위가 실행의 착수에 이르지 아니한 때에는 법률에 특별한 규정이 없는 한 벌하지 아니한다.

제29조(미수범의 처벌)

미수범을 처벌할 죄는 각 본조에 정한다.

제31조(교사범)

② 교사를 받은 자가 범죄의 실행을 승낙하고 실행의 착수에 이르지 아니한 때에는 교사자와 피교사자를 음모 또는 예비에 준하여 처벌한다.

5 동성애는 국가의 법적 규제 대상인가

군형법의 추행죄 관련 조항이 2013년 개정 · 이동되었다. 더불어 이 처벌 조항이 성적 자기결정권과 평등권, 사생활의 비밀과 자유를 침해하는 위헌적 법률이라는 조용한 논란이 일어나고 있다. 동성애는 국가의 법적 규제 대상이 아니라는 주장이다. 다음은 개정 전 · 후의 관련 군형법 조문이다.

제92조의5(추행)(개정 전 군형법)

계간이나 그 밖의 추행을 한 사람은 2년 이하의 징역에 처한다.

제92조의6(추행)

제1조제1항부터 제3항까지에 규정된 사람에 대하여 항문성교나 그 밖의 추행을 한 사람은 2년 이하의 징역에 처한다. 〈개정 2013.4.5〉

[본조신설 2009.11.2][제92조의5에서 이동, 종전 제92조의6은 제92조의7로 이동 〈2013.4.5〉]

국가인권위원회는 물론 성소수자, 여성, 인권, 법률가 단체들은 수 년 동안 군형법92조 5항의 개선과 폐지를 요구해왔다. 추행죄를 유지하는 것은 바로 동성애자 군인의 성적 자기결정권과 평등권, 사생활의 비밀과 자유를 침해하는 것은 물론이거니와 동성애를 죄악시 보게 하고, 동성애에 대한 혐오를 조장하는 법적 근거가 되어 왔다. 동성애는 국가가 통제하고 범죄로 규제할 대상이 아니다. 또한 당사자 합의에 기초한 관계까지 복무규율 차원이 아니라 형사적 처벌의 관점에서 다루어져서는 안 된다. 이제 군형법 92조 5항에는 계간이라는 말 대신 항문성교라는 용어가 대신하게 됐다. 하지만, 그 밖에 추행이라는 모호한 규정 속에 담긴, 합의에 의한 동성간 성적접촉도 처벌하겠다는 의지는 전혀 변하지 않았다. 우리는 앞으로 군형법 92조 5항의 문제점을 지속적으로 알려나가며 최종 폐지될 때까지 끝까지 싸울 것이다.[13)]

6 포괄일죄와 실질적 정의

단일하고도 계속된 범의 아래 동종의 범행을 일정기간 반복하여 행하고 그 피해법익도 동일한 경우에는 각 범행을 통틀어 하나의 죄로 처벌할 뿐, 각 범죄를 독립된 별개의 범죄로 보아 합하여 가중 처벌치 않는 죄수개념을 포괄일죄라고 한다. 우리 판례는 독일 통설 · 판례의 영향으로 포괄일죄를 인정한다. 즉 경합범 가중 처벌을 하지 않는다. 이러한 포괄일죄는, 많은 수의 범행을 저지른 자를 상대적으로 보다 적은 수의 범행을 저지른 자보다 유리하게 취급하게 되는 결과를 초래하므로, 정당한 형벌권의 집행, 즉 실질적 정의에 반한다는 비판이 있다.

경찰, 검찰의 경우 수사 중인 사건이, 이미 포괄일죄로 처벌된 범행에 대한 판결의 기판력이 미치는 범위 내 범행인지 여부에 주의해서 수사하여야만 헛된 공권력의 낭비를 방지할 수 있고, 변호사의 경우는 단 한 번의 면밀한 사건 역사 검토로 쉽게 의뢰사건을 성공으로 이끌 수 있다. 관련 판례는 다음과 같다.

① 단일하고도 계속된 범의 아래 동종의 범행을 일정기간 반복하여 행하고 그 피해법익도 동일한 경우에는 각 범행을 통틀어 포괄일죄로 볼 것이고, 수뢰죄에 있어서 단일하고도 계속된 범의 아래 동종의 범행을 일정기간 반복하여 행하고 그 피해법익도 동일한 것이라면 돈을 받은 일자가 상당한 기간에 걸쳐 있고, 돈을 받은 일자 사이에 상당한 기간이 끼어 있다

13) http://dmdksxmdl.blog.me 참조.

하더라도 각 범행을 통틀어 포괄일죄로 볼 것이다.(대법원 99도4940 판결[특정범죄가중처벌등에관한법률위반(뇌물) · 뇌물수수 · 뇌물공여])

② 사기죄에 있어서 동일한 피해자에 대하여 수회에 걸쳐 기망행위를 하여 금원을 편취한 경우, 그 범의가 단일하고 범행 방법이 동일하다면 사기죄의 포괄일죄만이 성립한다 할 것이고, 포괄일죄는 그 중간에 별종의 범죄에 대한 확정판결이 끼어 있어도 그 때문에 포괄적 범죄가 둘로 나뉘는 것은 아니라 할 것이고, 또 이 경우에는 그 확정판결 후의 범죄로서 다루어야 한다.(대법원 2002도2029 판결[사기 · 심신미약자간음 · 폭력행위등처벌에관한법률위반])

7 기소 전 벌금 예납제도는 위헌

종래 검찰 직무에 있어서 벌금 예납 실적은 매우 중요하였다. 2000. 6. 2. 참여연대 공익법센터는 벌금예납제도는 위헌이라며 헌법재판소에 헌법소원심판청구서를 제출했다. 그 이전부터 기소 전 벌금 예납제도에 대하여는, 유죄판결 확정 전 피의자에게 벌금을 예납케 하는 것은 헌법상 재판받을 권리와 재산권의 침해이며, 무죄추정원칙에도 반한다는 등의 이유로 논란이 많았었다.

지난달 참여연대는 청구서를 통해 기소 전 피의자 단계에 있는 청구인들에게 유죄를 전제로 벌금을 예납토록 하는 것은 청구인들의 재판받을 권리와 재산권 침해이며, 형사피고인의 무죄추정원칙에 어긋나고, 기본권 제한의 법률유보 원칙에도 위배된다고 주장했다. 또 벌금고지서에 '벌금을 납부하지 않으면 전국에 지명수배되며 교도소에 수감되는 등 불이익을 받는다'는 위협문구를 넣은 것은 인간으로서의 존엄과 가치, 행복추구권을 침해하는 위헌적 행위라고 지적했다.[14] 아래는 이 사건에 대한 헌법재판소 결정문이다.

결정문

사 건 2000헌마369 검찰징수사무규칙 제34조 제1항 등 위헌확인 등

주 문

청구인들의 심판청구를 각하한다.

이 유

그렇다면 청구인들에 대한 예납절차 및 그로 인한 기본권 침해상황은 각 재판의 확정으로 종료되었다고 할 것이고, 따라서 이 사건 규칙조항이나 예납고지를 취소하거나 위헌으로 선언한다 하더라도 청구인들의 주관적 권리구제에는 더 이상 아무런 도움이 되지 않게 되었다. 물론 이 경우에도 만일 같은 유형의 침해행위가 앞으로도 반복될 위험이 있고 헌법질서의 수호 · 유지를 위하여 그에 대한 헌법적 해명이 필요하다면 예외적으로 심판청구의 이익을 인정하여 이미 종료된 침해행위가 위헌이었음을 확인할 수 있다. 그러나 그동안 〈벌과금 예납제도에 대하여 법적 근거가 없이 인권을 침해한다는 비판이 제기되어 옴에 따라 당국은 2003. 10. 20. 법무부령 제539호로 검찰징수사무규칙을 개정할 때 이 사건 규칙조항을 삭제하였고, 이로써 벌금예납제도는 폐지되기에 이르렀다.〉 그러므로 이 사건에서는 더 이상 같은 유형의 침해행위의 반복가능성이나 객관적 해명의 필요성도 인정되지 않는다. 따라서 이 사건 규칙조항 및 예납고지에 대한 헌법소원은 그 권리보호이익을 인정할 수 없다.

---

14) 동아일보, 2000. 6. 2. 참조.

8 판결 선고 전 구금일수의 통산 규정 : 일부 위헌 결정

범죄자는 피내사자, 피의자, 피고인, 수형자로 신분이 진화한다. 형벌 법규에 규정된 법정형이 처단형으로 선택된 후 법원의 판결에 의한 선고형으로 확정되기 전까지 피의자 내지 피고인은 유치장, 구치소 등에 수용되어 수사와 공판의 과정을 겪는다. 그리고 판결 선고가 확정되면 공식적인 수형 생활을 시작한다. 이러한 판결 확정 전의 체포나 구속의 기간을 미결구금일수라고 통칭한다. 그러므로 형벌 집행의 원칙은 단 하루도 빼지 않고 미결구금 일수 전체를 본 집행에 산입하여야만 한다. 이와 관련하여 2009년 헌법재판소는, 무죄추정 및 적법절차 원칙 위반을 그 주된 이유로 아래 형법 규정 중 일부를 위헌으로 결정하였다.

제57조(판결 선고 전 구금일수의 통산)

① 판결 선고전의 구금일수는 그 전부 또는 일부를 유기징역, 유기금고, 벌금이나 과료에 관한 유치 또는 구류에 산입한다.

② 전항의 경우에는 구금일수의 1일은 징역, 금고, 벌금이나 과료에 관한 유치 또는 구류의 기간의 1일로 계산한다.

[단순위헌, 2007헌바25, 2009. 6. 25. 형법 제57조제1항 중 "또는 일부" 부분은 헌법에 위반된다.]

9 영화 '쇼생크 탈출'

우리 형법이 규정하는 형벌에는 가석방 없는 종신형은 존재하지 않는다. 그러나 사회보호법이 폐지되어 보호감호 제도가 사라졌고, 상습누범자들에 대한 대책으로서는 처벌을 가중하는 일변도로만 나아가는 경향이므로 장기의 자유형을 집행 종료하는 수형자가 늘고 있다.

장기 자유형 집행 종료자는 사회에 복귀되었을 때 그 적응이 용이하지 않으므로 생활부조 보호관찰 등의 사후 관리 시스템이 절실히 요청됨에도 아직 제도적 장치가 별무한 상태다. 이로 인하여 시의적절한 조그만 도움만 있었더라도 발생하지 않을, 장기형 집행 종료 석방자의 사회부적응으로 인한 재범, 자살 등 사회적 리스크의 증가 우려가 높다. 법무부 및 보호관찰소 등이 주도하는 이에 대한 사회적 대책이 절실히 요청된다.

10 스토킹stalking : 사랑인가 범죄인가

경범죄처벌법의 2013년 개정으로, 스토킹에 대하여 미약하나마 형사적으로 처벌하는 규정이 아래와 같이 신설되었지만, 폭증하는 스토킹 범행 및 관련 강력 범죄에 대처하기에는 많이 부족한 실정이다. 스토킹은 피해자 및 그 가족 등 관련 당사자가 되어 본 경험이 없으면 매우 가볍게 여기기 쉽다. 그러나 이 유형의 범죄의 실상은 엄청난 육체적 · 정신적 위해를 가하며, 그 죄질의 흉악함과 개인 및 사회적 위험성은 강력범죄와 비교하여 동일하거나 더하다고 할 수 있다. 종합적이고 근원적인 대책이 요청된다.

제3조(경범죄의 종류)

① 다음 각 호의 어느 하나에 해당하는 사람은 10만원 이하의 벌금, 구류 또는 과료의 형으로 처벌한다.

41. (지속적 괴롭힘) 상대방의 명시적 의사에 반하여 지속적으로 접근을 시도하여 면회 또는 교제를 요구하거나 지켜보기, 따라다니기, 잠복하여 기다리기 등의 행위를 반복하여 하는 사람

스토킹 살인은 해마다 일어나고, 이게 위험한 일이라는 사실은 이제는 많은 사람들이 알고 있습니다. 문제는 이런 변화를 법이 못 따라 오고 있다는 겁니다. 그나마 2013년 3월 22일부터 경범죄 종류에 '지속적 괴롭힘' 조항이 새로 생겼습니다. 이런 사람에게는 범칙금 8만원을 부과할 수 있게 됐습니다. "아예 처벌 규정 자체가 없었던 것에 비하면 나아졌다"라며 의미를 부여할 일은 아닌 것 같습니다. 스마트폰, SNS 등을 통해 다양한 형태의 스토킹이 가능해진 상황에 견줘 봤을 때 이 조항으로는 스토킹을 규정

한다는 것 자체가 불가능합니다. 이렇다 보니 법 시행 이후 연말까지 9달 남짓 동안 실제 처벌 사례는 3백 건 남짓에 불과합니다. 연간 스토킹 피해자 수가 18만 명으로 추정된다는 점을 감안하면 턱없이 적은 숫자입니다. 미국과 독일, 영국, 일본 등에서는 스토킹에 대한 별도의 처벌 법안을 두고 있습니다. 미국의 경우 주마다 다르긴 하지만 징역형은 물론 유죄 선고를 받은 범인의 DNA까지 보관하도록 하는 곳도 있고, 독일과 일본도 징역형에 처할 수 있도록 하고 있습니다. 우리나라도 법제화 시도가 없었던 것은 아닙니다. 하지만 스토킹의 범위가 뭐냐, 진술만 있을 때 어떻게 처벌할 거냐 등의 문제로 논쟁만 몇 번 하다 3번이나 폐기됐습니다. 그런데 CCTV, SNS, 스마트폰, 문자메시지 등이 일상화된 상황에서 스토킹을 규정하고 입증하기는 이제는 더 이상 어렵지 않습니다. 실제로 앞서 언급한 선진국들이 다양한 유형의 스토킹을 정리해 두고 있습니다. 지금 국회에도 2002년 발의된 의원 법안, 지난해 발의된 의원 법안이 계류 중인 상태입니다.[15)]

11 보복범죄의 가중처벌

법치국가에서 엄격한 중요 법집행 작용의 하나인, 국가 형벌권 행사 작용을 가볍게 여기면서 국가 법질서를 재차 침범하는, 보복범죄는 매우 엄하게 다루어 져야만 한다. 따라서 아래 「특정범죄가중처벌등에관한법률」은 범죄 피해자가 고소 · 고발하였다는 등의 이유로 보복하는 형태의 범죄를 매우 무겁게 가중 처벌하고 있다. 보복범죄로 인하여 중복적으로 피해를 당한 피해자는, 다음 항에서 서술하는 「특정범죄신고자등보호법」에 의거하여, 마약, 강력, 보복 범죄 등 특정 범죄의 신고자에 대하여 경찰, 검찰, 법원 등 국가가 보좌인의 지정, 신변안전조치, 구조금의 지급 등 일정 범위에서 보호조치를 취할 수 있는 제도를 이용할 수 있다. 특히 보복범죄의 가

15) http://news.sbs.co.kr, 2014. 1. 31. 참조.

중처벌 조항 중에는 협박행위(형법 283조1항), 면담 강요행위 등도 보복범죄의 유형으로 규정하고 있다.

제5조의9(보복범죄의 가중처벌 등)

① 자기 또는 타인의 형사사건의 수사 또는 재판과 관련하여 고소 · 고발 등 수사단서의 제공, 진술, 증언 또는 자료제출에 대한 보복의 목적으로 「형법」 제250조제1항의 죄를 범한 사람은 사형, 무기 또는 10년 이상의 징역에 처한다. 고소 · 고발 등 수사단서의 제공, 진술, 증언 또는 자료제출을 하지 못하게 하거나 고소 · 고발을 취소하게 하거나 거짓으로 진술 · 증언 · 자료제출을 하게 할 목적인 경우에도 또한 같다.

② 제1항과 같은 목적으로 「형법」 제257조제1항 · 제260조제1항 · 제276조제1항 또는 제283조제1항의 죄를 범한 사람은 1년 이상의 유기징역에 처한다.

③ 제2항의 죄 중 「형법」 제257조제1항 · 제260조제1항 또는 제276조제1항의 죄를 범하여 사람을 사망에 이르게 한 경우에는 무기 또는 3년 이상의 징역에 처한다.

④ 자기 또는 타인의 형사사건의 수사 또는 재판과 관련하여 필요한 사실을 알고 있는 사람 또는 그 친족에게 정당한 사유 없이 면담을 강요하거나 위력을 행사한 사람은 3년 이하의 징역 또는 300만 원 이하의 벌금에 처한다.

12 특정범죄신고자 등에 대한 보호제도

마약, 강력, 보복 범죄 등 특정 범죄의 신고자에 대하여는, 「특정범죄신고자등보호법」에 의하여, 경찰, 검찰, 법원 등 국가가 보좌인의 지정, 신변안전조치, 구조금의 지급 등 일정 범위에서 보호조치를 취할 수 있는 제도를 2000년부터 시행하고 있다. 이 제도의 목적은 범죄 신고자에 대한 보복범죄가 만연하고 있는 경향에 대처하고, 범죄 신고자를 보호함으로써 보다 실효적인 범죄예방 및 처벌을 할 수 있도록 하기 위함이다. 범죄 신고자에게는 신고자 자신의 범죄행위에 대한 처벌을 감경 또는 면제받을 수 있는 특권이 주어진다. 동 보호법의 목적은 다음과 같다.

제1조(목적)

이 법은 특정범죄에 관한 형사절차에서 국민이 안심하고 자발적으로 협조할 수 있도록 그 범죄 신고자 등을 실질적으로 보호함으로써 범죄로부터 사회를 방위하는 데에 이바지함을 목적으로 한다.

13 사실혼

사실혼은 혼인신고만 없는 실질적 부부관계이다. 그러므로 실질적 정의 관념에 따라 일정한 경우 사실혼은 법률상 보호된다. 즉 서로 동거, 부양, 협조 의무가 있고 보험, 연금, 주택임대차보호법 등에서 일정 경우 법률상 배우자와 같이 취급되며 사실혼을 부당하게 파기한 자는 상대방에게 손해를 배상할 의무가 있다. 그러나 중혼, 친족관계, 상속, 간통죄 고소 등에 있어서 법률혼과는 달리 취급된다. 즉 사실혼 배우가 서로 간에는 중혼금지가 적용되지 않고, 친족관계가 발생하지 않으며, 상속권이 없고, 간통죄의 고소권이 없다. 보통은 결혼식, 신혼여행, 친인척 인사 등을 하고 난 후에 혼인신고를 하는 경우가 많으므로 결혼한 부부는 일반적으로 누구나 일정 기간 사실혼의 기간을 거친다고 할 수 있다. 소위 '첩 계약'은 선량한 풍속 기타 사회질서에 반하는, 반사회질서의 법률행위로서 그 법률효과가 부정된다. 즉 무효이다. 첩 계약을 위한 지급금, 도박자금, 성매매 영업을 위하여 여성에게 지급된 선금 등은 불법원인의 급여로서 그 반환을 청구할 수 없다. 다음은 관련 민법 규정이다.

제810조(중혼의 금지)

배우자 있는 자는 다시 혼인하지 못한다.

제103조(반사회질서의 법률행위)

선량한 풍속 기타 사회질서에 위반한 사항을 내용으로 하는 법률행위는 무효로 한다.

제746조(불법원인급여)

불법의 원인으로 인하여 재산을 급여하거나 노무를 제공한 때에는 그 이익의 반환을 청구하지 못한다. 그러나 그 불법원인이 수익자에게만 있는 때에는 그러하지 아니하다.

14 강력범죄를 야기하는 보험사기

요즘 우리 사회에서 보험사기와 관련하여, 부부 혹은 양자입양 등으로 위장한 후 살인 · 중상해 등 강력범죄를 통하여 보험금을 편취하는 파렴치하고도 반인륜적인 사건들이 빈발하여 심대한 우려를 자아내고 있다. 이러한 범죄자에 대한 엄정하고도 단호한 응보적 형벌의 집행은 물론이거니와, 동종범죄에 대한 보다 진보된 형사정책적 내지 사법적 대책 및 보험사기를 가려내기 위하여 보험 가입 전 · 중 · 후의 세밀한 조사 등 강력한 사전 방지 시스템의 구축이 절실히 요청된다.

15 임마누엘 칸트: 정의와 형벌에 대하여

칸트는 정의와 형벌에 대하여 다음과 같이 말하였다. 물론 형벌의 평등은 비례적 평등(배분적 정의)으로서 같은 것은 같게 다른 것은 다르게 취급하는 의미이다. 그러나 탈리오 법칙 등 응보형벌 사상은 현대에 와서는 목적형벌 사상에 의하여 부정되거나 혹은 포용된 후 극복되었다.

① 정의가 무너지면 인간은 땅 위에 더 살 가치가 없다

② 정의는 평등의 원리다. 응보 형벌이 정의의 실현이다.(탈리오 법칙 : 눈에는 눈, 이에는 이)[16]

③ 그가 사람을 살해했다면 그는 죽어야 한다. 여기서 정의를 충족시켜 줄 수 있는 대체물이란 존재하지 않는다.[17]

---

16) 최종고, 위 같은 책, 35면, 45면.

17) 아르투어 카우프만, 위 같은 책, 349면.

④ 내일이 지구 최후의 날이라도 오늘 마지막 한명의 사형수의 형을 집행하여야 한다.(피해자의 인간의 존엄은 가해자의 존엄과 교환하지 않고는 회복될 수 없다. 인간은 사회적 동물이기에)

16 재혼 후 자녀의 성과 본의 변경

부모가 재혼한 경우, 자녀의 복리를 위하여 자녀의 성과 본을 변경할 필요가 있으므로 부, 모 또는 자의 청구에 의하여 법원의 허가를 받아 이를 변경할 수 있다.

다만, 자가 미성년자이고 법정대리인이 청구할 수 없는 경우에는 친족 또는 검사가 청구할 수 있다. 다음은 관련 민법 규정이다.

제781조(자의 성과 본)

① 자는 부의 성과 본을 따른다. 다만, 부모가 혼인신고 시 모의 성과 본을 따르기로 협의한 경우에는 모의 성과 본을 따른다.

② 부가 외국인인 경우에는 자는 모의 성과 본을 따를 수 있다.

③ 부를 알 수 없는 자는 모의 성과 본을 따른다.

④ 부모를 알 수 없는 자는 법원 허가를 받아 성과 본을 창설한다. 다만, 성과 본을 창설한 후 부 또는 모를 알게 된 때에는 부 또는 모의 성과 본을 따를 수 있다.

⑤ 혼인 외의 출생자가 인지된 경우 자는 부모의 협의에 따라 종전의 성과 본을 계속 사용할 수 있다. 다만, 부모가 협의할 수 없거나 협의가 이루어지지 아니한 경우에는 자는 법원의 허가를 받아 종전의 성과 본을 계속 사용할 수 있다.

⑥ 자의 복리를 위하여 자의 성과 본을 변경할 필요가 있을 때에는 부, 모 또는 자의 청구에 의하여 법원의 허가를 받아 이를 변경할 수 있다. 다만, 자가 미성년자이고 법정대리인이 청구할 수 없는 경우에는 제777조의 규정에 따른 친족 또는 검사가 청구할 수 있다.

17 부부 별산제

우리 민법은 부부 별산제를 원칙으로 한다. 부부 별산제는 부부의 일방이 혼인 전부터 가진 고유재산과 혼인 중 자기의 명의로 취득한 재산은 그 배우자의 특유재산으로 하며, 특유재산은 각자 관리, 사용, 수익한다는 것이다. 부부의 누구에게 속한 것인지 분명하지 아니한 재산은 부부의 공유로 추정한다.

전업주부의 경우 일상 가사노동과 육아 등의 일을 하므로, 실지 부동산 명의와 무관하게 혼인 중 취득된 부동산에 대하여 부부 공유로 추정할 수 있다. 이혼할 경우 이러한 재산은 모두 재산분할청구권의 대상이 된다.

참고로, 부모가 생전에 자식에게 일찍 재산을 물려주고 홀로 되어 생활능력이 없음에도 자식이 부양하지 않을 경우 자식을 상대로 재산반환청구가 가능한가는 그 증여행위가 단순 증여인지 아니면 부담부 내지 조건부 증여인지 여부에 따라 달라질 것이다. 사망 후 처분을 한다는 조건으로, 생전에 거주 중인 주택 등 부동산을 자식에게 증여한 부모는 민사집행법상의 보전처분인 처분금지가처분 제도 등을 이용하여, 사망 시까지 걱정 없는 주거 조건을 확보할 수 있다.

18 베이비박스에 버려진 아기: 양날의 검

사실 모든 법령의 제정 및 개정 이유는 보다 진보한 사회 안전 시스템의 구축을 위함인데 어떤 경우에는 아래와 같이 오히려, 사실적 혹은 법률적으로 시행되어 오던 기존 안전 시스템이 불안해지는 경향도 있다. 일종의 부작용일 것이다. 우리의 세상, 우주인 이원적 세계에서는 모든 일이 사실 '양날의 검'으로서 역할을 행한다. 불, 자동차, 휴대폰, TV, 언어, 육체, 다음 등등 total하여, 문명과 문화는 곧 양날의 검이다. 장점과 단점이 공존하고, 자타를 모두 베어버릴 수 있는 가능성이 공존한다. 그러므로 '나 개인이 어떻게 살 것인가?' 라는 물음이 어느 정도 구체적이고도 원숙하게 실행되어, 좋은 면이든 싫은 면이든 불문하고 자아 정체성이라는 것이 확립된 후에는 '나 개인을 떠나(포함하여) 무엇이 진실인가?'라는 물음을 살아야 하겠다. 이것만이 양날의 검을 잘 사용하면서 이 세상을 살아가는 유일한 방법이기 때문이다.

「입양특례법」이 2011. 8. 4. 전문 개정되었다. 법제처가 제공하는 개정이유를 보면 다음과 같다. "아동입양의 절차가 아동의 복리를 중심으로 이루어질 수 있도록 국가의 관리 · 감독을 강화하고, 최선의 아동 보호는 출신가정과 출신국가 내에서 양육되어야 한다는 것을 기본 패러다임으로 국가 입양 정책을 수립할 필요가 있음. 이를 위해, 이 법률의 제명을 「입양특례법」으로 변경하고, 국내외 입양 모두 법원의 허가를 받도록 하며, 친생부모에게 양육에 관한 충분한 상담 및 양육정보를 제공하는 등 부모의 직접 양육을 지원하고, 아동이 출생일부터 1주일이 지나고 나서 입양동의가 이루어지도록 하는 한편, 양자가 된 사람에게 자신에 대한 입양정보 접근권을 부여하고, 국내입양의 우선 추진 의무화 등을 규정함으로써 아동의 권익과 복지를 증진하려는 것임."

서울의 한 교회 앞에 설치된 '베이비박스'에 버려진 아기가 최근 3년새 184명에 이르는 것으로 나타났다. 베이비박스는 2009년 12월 서울 관악구 주사랑교회가 버려지는 아기를 관리하도록 설치한 곳이다. 14일 서울시 등에 따르면 베이비박스에 버려진 아기는 2010년 4명, 2011년 37명, 2012년 79명으로 매년 급증했다고 이날 연합뉴스가 전했다. 올해는 4월까지만 벌써 64명의 영아가 버려졌다. 버려지는 영아는 지난해 8월 개정입양특례법이 시행된 후부터 급증하기 시작했다는 설명이다. 그동안 베이비박스에 버려진 영아는 입양기관을 거쳐 국내 가정으로 입양돼 왔지만 지난해 입양특례법이 개정되면서 〈출생신고와 가족관계등록 의무 조항과 법원 허가제〉 등의 도입으로 절차가 복잡해져 이후 버려진 영아들을 보육원에서 맡아 기르고 있다는 것. 이런 사정을 모르고 전국에서 찾아와 아기를 버리고 가는 사례가 늘고 있어 시·구청과 교회에서는 난색을 표하고 있다. 주사랑교회의 한 관계자는 "대다수 미혼모가 편지 등을 통해 '입양특례법 시행 후 〈친모 등록을 해야 해서 입양이 어려워져〉 교회에다 버리니 어떻게든 입양해달라'고 하는데 베이비박스에 버려지는 아기는 전원 보육원에 입소한다"고 설명했다. 베이비박스에 버려진 영아는 관악구청 등을 통해 서울시립어린이병원에서 건강 검진을 거쳐 장애아는 장애시설로, 비장애아는 일반 보육시설로 보내진다.[18)]

19 행복한 혼인 생활의 요체

요즘 소위 4대 사회악 척결(성폭력, 학교폭력, 가정파괴범, 불량식품)이 사회적 이슈로 되고 있다. 이러한 사회적 악순환은 결국 어릴 적부터의 교육으로 해결하여야 하며, 따라서 교육자의 자질의 제고와 공교육 체계의 혁명이 요망된다고 하겠다. 가정폭력에 대하여는 가정폭력상담소, 가정폭력피해자보호시설, 여성가족부, 경찰, 검찰, 가정법원 등으로부터 지원을 받을 수 있다. 혼인 중의 생활은 법적인 의무를 떠나서 서로의 인격을 완성하고 영혼을 고양할 수 있는 절호의 기회이다. 결혼은 목사 신부 수녀 스님이 되는 것보다도 더욱 자연적인 수양 내지 수행을 준다고도 할 수 있다. 부부 간에 서로 자기 식으로 바꾸려고 하지 말고, 각자 타고난 개성의 다름을 인정하고 개인적 판단 없이 '있는 그대로를 허용하는 것'이 혼인 생활의 요체라고 할 것이다.

approve, allow or accept what is.

18) 매일경제, 2013. 4. 14. 참조.

20 정당한 상속 지분

법무부는 최근 민법 상속 편 개정안을 검토 중이다. 상속 지분에 대한 현재의 규정과 개정안의 규정을 비교하면서 정의로운 상속제도에 대하여 숙고해 볼 필요성이 있다.

① 상속 지분 CASE 문제

노모와 배우자, 외아들을 둔 아버지가, 아들과 같이 등산을 갔다가 아버지가 실족하여 먼저 사망하였고, 뒤이어 그 아들도 아버지를 구하려다가 실족으로 사망했다면, 아버지의 재산을 누가 얼마만큼 상속할 것인가. 혹은 아버지와 아들이 동시에 사망하거나 혹은 사망의 시각이 명확하지 않을 경우에는 어떠한가. 상속재산에 대한 유언은 없었음을 전제한다.

상속에 대한 현재의 민법 규정은 다음과 같다. 상속인의 순위는 피상속인의 직계비속, 직계존속, 형제자매, 4촌 이내의 방계혈족의 순이다. 법정상속분은 동순위의 상속인이 수인인 때에는 그 상속분은 균분으로 하고, 피상속인의 배우자의 상속분은 직계비속과 공동으로 상속하는 때에는 직계비속의 상속분의 5할을 가산하고, 직계존속과 공동으로 상속하는 때에는 직계존속의 상속분의 5할을 가산한다.

따라서 사례의 경우에는 먼저 배우자가 아들과 같이 공동상속인이 되었다가 연이어 아들의 사망과 동시에 배우자가 단독 상속인이 된다. 그러나 아버지와 아들이 동시에 사망하거나 혹은 사망의 시각이 명확하지 않을 경우에는 동시사망이 추정되어 배우자는 노모와 같이 1.5:1의 상속분 비율로 공동상속인이 된다. 다음은 민법 동시사망 규정이다.

제30조(동시사망)

2인 이상이 동일한 위난으로 사망한 경우에는 동시에 사망한 것으로 추정한다

② 법무부 민법(상속 편) 개정안

각종 법령의 입법예고, 개정, 제정에 대한 정보 및 의견 제출과 게재된 무죄재판서 열람 등은, 인터넷 법무부 홈페이지 법무정보 · 뉴스 란을 참조하면 유용하다.

법무부는 최근 민법(상속 편)개정 특별분과위원회로부터 개정 최종안을 제출받아 검토 중인 것으로 알려졌다. 혼인 이후 시점부터 부부가 공동으로 형성한 재산의 경우 최대 50%까지 선취분으로 인정받게 된다. 이는 가사노동 등을 통해 재산 형성에 기여한 배우자의 몫을 인정하는 이혼 재산 분할과 같은 취지로 볼 수 있다. 다만 법원이 배우자의 혼인 기간, 별거 기간, 사유 등에 따라 선취분을 감액할 수 있도록 관련 조항을 새로 뒀다. 현재 자녀가 1명이면 배우자와 자녀가 각각 1.5:1, 자녀가 2명이면 1.5:1:1, 자녀가 3명이면 1.5:1:1:1의 비율로 재산을 분할하는 방식에서 앞으로는 혼인 기간동안 형성한 재산의 최대 50%까지 우선적으로 배우자에게 배분하고 나머지 재산을 배우자와 자녀가 각각 1.5:1로 나눈다. 피상속인(사망자)이 자녀에게 모든 재산을 증여한다고 유언해도 생존 배우자의 몫인 선취분은 영향을 받지 않는 것이다. 법무부는 개정특위가 제출한 개정안에 대해 내부 검토를 마치는 대로 이달 말이나 내달 초 입법예고한 뒤 의견 수렴을 거쳐 시행할 예정이다.[19)]

상속법 개정안으로 자산가들의 머릿속이 복잡해지고 있다. 홀로 남게 되는 배우자의 경제적 부담을 덜어주자는 좋은 취지이지만, 세금 부담이 가중되거나 가족 간 분쟁을 야기할 가능성이 생겼기 때문이다. 전문가들은 세금 부담 가중이나 가족 간 분쟁이 우려되는 자산가의 경우 금융회사의 유언대용신탁을 활용하면 좋다고 권하고 있다. 유언대용신탁은 금융회사에 예금 채권 부동산 등 재산운용을 맡기는 걸 말한다. 피상속인이 사망

19) http://www.newsis.com, 2014. 1. 16. 참조.

하면 계약에 따라 금융회사가 재산 상속 절차를 진행해 준다. 유언대용신탁은 신탁법에 따라 생전에 금융회사와 맺는 계약이기 때문에 피상속자의 사망 후 적용되는 민법상 상속 재산 분할 비율(배우자에게 50% 먼저 할당한 뒤 배우자와 자녀가 1.5 대 1 비율로 배분)을 적용받지 않는다.[20] 신탁법의 유언대용신탁 관련 법조항은 다음과 같다.

제2조(신탁의 정의)

이 법에서 "신탁"이란 신탁을 설정하는 자(이하 "위탁자"라 한다)와 신탁을 인수하는 자(이하 "수탁자"라 한다) 간의 신임관계에 기하여 위탁자가 수탁자에게 특정의 재산(영업이나 저작재산권의 일부를 포함한다)을 이전하거나 담보권의 설정 또는 그 밖의 처분을 하고 수탁자로 하여금 일정한 자(이하 "수익자"라 한다)의 이익 또는 특정의 목적을 위하여 그 재산의 관리, 처분, 운용, 개발, 그 밖에 신탁 목적의 달성을 위하여 필요한 행위를 하게 하는 법률관계를 말한다.

제59조(유언대용신탁)

① 다음 각 호의 어느 하나에 해당하는 신탁의 경우에는 위탁자가 수익자를 변경할 권리를 갖는다. 다만, 신탁행위로 달리 정한 경우에는 그에 따른다.

1. 수익자가 될 자로 지정된 자가 위탁자의 사망 시에 수익권을 취득하는 신탁
2. 수익자가 위탁자의 사망 이후에 신탁재산에 기한 급부를 받는 신탁

② 제1항 제2호의 수익자는 위탁자가 사망할 때까지 수익자로서의 권리를 행사하지 못한다. 다만, 신탁행위로 달리 정한 경우에는 그에 따른다.

21 간통죄 및 혼인빙자간음죄

형법상 혼인빙자간음죄는 2009년 11월 헌법재판소에서 위헌 규정으로 결정되었다. 이 결정의 취지는 남성의 혼인 약속에 속아 성관계를 맺은 여성을 국가가 형벌로 보호한다는 것은 여성을 열등한 존재로 보는 것이라는 데 있다.

---

20) 한국경제, 2014. 1. 17. 참조.

한편 간통죄는 이미 네 차례나 헌법재판소의 판단을 받은 바 있고 이제 다섯 번째의 판단을 기다리고 있다. 헌법재판소는 재판관 9명 가운데, 3분의 2인 6명 이상이 찬성해야 위헌이라는 결정을 할 수 있다. 1990년, 1993년, 2001년, 2008년의 네 차례의 결정에서는 각1, 2차 6:3 합헌, 3차 8:1 합헌, 4차 4:5 합헌으로 모두 합헌으로 결정되었었다. 마지막 결정에서는 헌법재판관 과반 수 이상인 5명이 간통죄를 위헌이라고 하였지만 1명의 차이로 결국 합헌으로 결정되었다. 전통적 도덕규범과 사회 · 문화적 요소가 많이 결부된 간통죄 위헌 여부와 같은 사건의 결정에는 각 헌법재판관의 개성과 가치관이 많은 영향을 미친다는 것을 알 수 있다.

간통죄에 대한 다섯 번째의 위헌법률심판 제청의 경위는 다음과 같다. 경기 의정부지법 형사합의1부가 간통죄를 2년 이하의 징역에 처하도록 한 형법 제241조의 위헌 여부를 가려 달라며 직권으로 헌법재판소에 위헌법률심판을 제청했다. 8일 의정부지법 형사합의1부는 지난 5월 간통 혐의로 기소돼 징역 8개월에 집행유예 2년을 선고받은 심모(48 · 여)씨가 낸 항소심 결정문에서 "간통죄는 성도덕에 맡겨 사회 스스로 자율적으로 질서를 잡아야 할 성생활의 영역을 국가가 사생활의 비밀과 자유를 침해하는 것"이라고 밝혔다. 재판부는 또 "일부일처제에 터 잡은 혼인제도와 부부 간 성적 성실의무 보호라는 공익이 더는 법률을 통해 달성되기 어려은 반면, 개인 성생활의 영역을 형사처벌 대상으로 삼아 제한하는 것이므로 법익의 균형성을 상실했다."고 덧붙였다. 이번 간통죄 위헌 제청은 2008년 간통 혐의로 불구속 기소된 탤런트 ○○○씨 사건에 대해 헌법재판소가 합헌 결정한 이후 첫 사례다.[21)]

---

21) 서울신문, 2011. 8. 9. 참조.

22 죽음의 정의: 안락사 및 존엄사

대법원은 아래와 같은 판결로써, 적극적 살해에 해당하는 적극적 안락사는 위법 · 불법으로 규정하였고, 다른 한편, 일정 요건 하에서 무의미한 연명치료를 중단하는 소극적 안락사에 대하여는 존엄사로서 이를 허용하였다.

생각해 보면, well-being 권리가 당연하다고 여기듯이 사실은 well-dying 권리도 분명히 천부인권이다. 그러므로 비록 불가피하게 적극적인 생명단축이 얼마쯤 수반된다고 할지라도 일정한 사회제도적 · 의학적 · 법적 요건 하에서, 건강한 방법에 의하여 이루어지는 건전한 적극적 안락사(쾌락사) 내지 고통 없이 죽을 권리는 마땅히 인정되어야만 한다. 영원의 철학의 올더스 헉슬리도 초월의식을 드러나게 하는 약물 등에 의한 쾌락사를 사회제도적으로 대중화하기 위하여 노력하였지만 당시 사회의식은 헉슬리의 의식을 따라가지 못했으므로 그 뜻을 이루지는 못하였다.

안락사 및 존엄사와 관련한 대법원 판례로는 ① 보라매 병원 사건과, ② 김 할머니 사건이 있다.

① 보라매 병원 사건

사건보호자의 간청에 따라 〈치료를 요하는 환자〉에 대하여 치료중단 및 퇴원을 허용하는 조치를 취함으로써 환자를 사망에 이르게 한 담당 전문의와 주치의에게 살인방조죄가 성립한다.(대법원 2002도995 판결【살인(인정된 죄명 : 살인방조) · 살인】)

② 김 할머니 사건

담당 주치의, 진료기록 감정의, 신체 감정의 등의 견해에 따르면 환자는 현재 지속적 〈식물인간상태〉로서 자발호흡이 없어 인공호흡기에 의하여 생명이 유지되는 상태로서 회복 불가능한 사망의 단계에 진입하였고, 환자의 일상생활에서의 대화 및 현 상태 등에 비추어 볼 때 환자가 현재의 상황에 관한 정보를 충분히 제공받았을 경우 현재 시행되고 있는 연명치료를 중단하고자 하는 의사를 추정할 수 있다.(대법원 2009다17417 전원합의체 판결【무의미한연명치료장치제거등】)

▶ 그러나 뜻밖에도 김 할머니는 인공호흡기 제거 후에도 100일 이상 생존하였다.

23 사형은 정의롭지 못한 형벌인가

이탈리아의 형법학자 Beccaria(1738-1794)가 사형폐지론을 주창한 이래, 우리 실정 형법에 형벌의 종류로서 제일 먼저 규정되어 있는 사형 제도에 대하여는 지금도 논란이 많다. 사형 제도는 그 유효성이 매우 크므로 여전히 유지되고 실행되어야 한다는 '사형 존치론'과 사형은 종교적, 도덕적 이유 등으로 조속히 폐지되어야 한다는'사형 폐지론'이 팽팽히 대립하고 있다. 이 주제에 대하여 각자 어느 입장에 동의하는지, 또 동의하는 입장의 논거들에 대하여 숙고해 보자.

사형의 방법은 교수 · 총살 · 참수 · 전기살 · 가스살 · 석살 · 교살 · 주사살 등이 있고, 형법, 군형법, 형사특별법 등에 규정된 사형범죄로는 내란 · 외환 · 여적 · 간첩 · 살인 · 약취유인 · 도주차량 · 통화위조 등이 있다.

우리나라는 사형 제도를 법률상 유지하고 있으나, 1997년 이후 사형 집행이 이루어지지 않아 실질적 사형 폐지국에 해당한다. 다음은 사형집행 관련 규정이다. 형무소는 식민시대 용어이다. 교도소가 바른 용어다.

형법 제66조(사형)

사형은 형무소 내에서 교수하여 집행한다.

군형법 제3조(사형 집행)

사형은 소속 군 참모총장 또는 군사법원의 관할관이 지정한 장소에서 총살로써 집행한다.

24 가석방 없는 절대적 종신형

사형의 대안으로서 가석방의 기대가 전혀 없는 절대적 종신형은 오히려 사형보다 더 비인도적인 형벌일 수 있다. 왜냐하면 전혀 아무런 낙樂이 없는, 정신적 육체적으로 고역스럽고 모진 자유형의 영원한−왜 영원한지는 아래 항을 참조-집행이라는 형벌은, 수형자가 저지른 흉악범죄와 비례하여 고려해보아도, 한 순간에 자아自我가 사라지는 사형에 비하여 훨씬 더 가혹한 형벌일 수 있기 때문이다.

개인은 탄생을 경험한 적이 없다. 그리고 죽음도 결코 경험할 수 없다. 왜냐하면 죽음의 바로 그 순간에는 삶 · 죽음이라는 이원적 경험을 하는 '나'의 사고체계 자체가 무너져 내리기 때문이다. 그러므로 한 개인의 삶은 시작도 없고 끝도 없다. 원인도 없고 결과도 없다. 그래서 삶 그 자체가 수단이자 목표이며 또한 영원하다. 개인이라는 몸과 자아가 태어나기 이전의 영겁 동안의 시간에 대하여 지금 바로 숙고해 보라. 새삼스럽게 그 어떤 종류의 두려움과 공포가 느껴지는가? 그렇지 않을 것이다. 모양을 가지고 태어나고 나타난 존재는 반드시 사라지고 사라져야만 하는 것이 필연이다. 이러한 개별 존재의 필멸성은 몹시 자연스러운 상태natural state로서 사람이 생각하는 선악 진위 미추와는 전혀 무관하다. 어찌 보면 자연의 엄밀한 물리법칙, 생물화학 법칙이다. 실상이 이러한데, 즉 잠시 존재하다가 사라지는 것은 누구도 피할 수 없는 운명이고 명백한 사실이며, 더 중요한 것은 자아의 탄생 이전 영겁의 시간에 대한 숙고조차도 나에게 전혀 두려움을 야기하지 않는데, 왜 나 자아의 소멸 이후의 동질同質의 영겁의 시간에 대하여는 그리도 비합리적으로 공포를 느껴야만 하는가?

25 낙태죄

형법은 낙태를 한 임신부 및 낙태행위를 한 사람을 징역형 내지 벌금형으로 처벌한다. 예외적으로 모자보건법상 허용되는 경우에는 낙태죄로 처벌하지 않는다.

낙태죄는 태아를 자연 분만기에 앞서서 인위적으로 모체 밖으로 배출하거나 모체 안에서 살해함으로써 성립하고, 그 결과 태아가 사망하였는지 여부는 낙태죄의 성립에 영향이 없다.(대법원 2003도2780 판결)

낙태죄에 대한 처벌은 여러 가지 이유로 거의 이루어지지 않고 있고 간혹 낙태죄로 입건되어 기소되는 경우에도 벌금형에 그치고 있다.

낙태죄에 대한 현황을 살펴보면, 낙태는 범죄 행위이지만 1950년대와 1960년대에는 한국전쟁 등의 여파로 실제 집행되지 않았다. 이후에도 대한민국 정부는 1970년대부터 1990년대 초까지 강력한 산아 제한 정책을 펴는 과정에서 그 정책적 목적을 달성하기 위하여 낙태행위를 거의 규제하지 않았다. 이로 인해 1980년대에는 낙태가 급증하였고, 1994년 한국 갤럽의 조사에 따르면, 1990년대 초에는 매년 150만여 건의 낙태가 이루어진 것으로 추산된다. 이는 1994년의 출생아수 72만8천여 명의 2배다. 1990년대 초에 정점을 이룬 낙태는 이후 지속적으로 감소하여 2005년에는 34만2천여 건의 낙태가 이루어졌으며, 2010년에는 16만9천여 건으로 감소하였다. 같은 시기 출생아수는 2005년에 43만8천여 명, 2010년에 47만여 명이었다.[22]

26 병역 대체복무 제도

여호와의 증인 등 종교적 이유나 양심적·도덕적 신념을 이유로 병역을

22) http://ko.wikipedia.org, '낙태' 참조.

거부하고 스스로 형사적 처벌을 달게 받는 사례가 다수 있다. 이제는 우리나라도 이미 구미의 여러 선진국에서 오래전부터 실시하고 양심적 병역 거부자 들에 대한 병역 대체복무 제도를 더 이상 미루지 말고 실시할 필요성이 너무나 크다고 할 것이다. 이러한 병역 거부자들의 인력을 필요로 하는 다종다양한 사회 각 분야에서의 대체복무를 할 수 있도록 허용함으로써 군대 조직과 인력의 효율성을 제고함과 동시에 더 이상 젊은이들을 전과자로 만들지 않음으로써 우리사회에서 이들을 이방인으로 만들지 않고 포용하여 사회발전과 공동선의 실현에 이바지할 수 있게 하여야 한다.

최근 여호와의 증인인 양심적 병역거부 변호사에게 항소심에서도 징역 1년6월이 선고되었다. 다만 재판부는 "헌법재판소에 관련 사건들이 계류 중인 점 등을 고려해 법정 구속치는 않는다"고 덧붙였다. 이와 관련해 헌법재판소에는 양심적 병역거부자를 처벌하는 병역법 조항에 대한 위헌법률심판제청과 헌법소원 사건들이 계류 중이다.[23]

27 수사권

수사권은 아직 검찰에 집중되어 있다. 수사기관에는 검사와 사법경찰관리가 있다. 검사는 수사의 주재자이고, 사법경찰관리의 수사는 검사의 지휘를 받는다. 일반사법경찰관에는 수사관, 경무관, 총경, 경정, 경감, 경위가 있고 일반사법경찰리에는 경사, 경장, 순경이 있다. 특별사법경찰관리는 「사법경찰관리의 직무를 수행할 자와 그 직무범위에 관한 법률」에 의거하여 국정원 직원, 세무직원, 교도 직원, 삼림공무원 등 다수가 존재한다. 다음은 관련 형사소송법 규정이다.

---

23) 세계일보, 2014. 1. 23. 참조.

제195조(검사의 수사)

검사는 범죄의 혐의 있다고 사료하는 때에는 범인, 범죄사실과 증거를 수사하여야 한다.

제196조(사법경찰관리)

① 수사관, 경무관, 총경, 경정, 경감, 경위는 사법경찰관으로서 모든 수사에 관하여 검사의 지휘를 받는다.

② 사법경찰관은 범죄의 혐의가 있다고 인식하는 때에는 범인, 범죄사실과 증거에 관하여 수사를 개시 · 진행하여야 한다.

③ 사법경찰관리는 검사의 지휘가 있는 때에는 이에 따라야 한다. 검사의 지휘에 관한 구체적 사항은 대통령령으로 정한다.

④ 사법경찰관은 범죄를 수사한 때에는 관계 서류와 증거물을 지체 없이 검사에게 송부하여야 한다.

⑤ 경사, 경장, 순경은 사법경찰리로서 수사의 보조를 하여야 한다.

⑥ 제1항 또는 제5항에 규정한 자 이외에 법률로써 사법경찰관리를 정할 수 있다.

제197조(특별사법경찰관리)

삼림, 해사, 전매, 세무, 군수사기관 기타 특별한 사항에 관하여 사법경찰관리의 직무를 행할 자와 그 직무의 범위는 법률로써 정한다.

수사의 방법으로는 임의수사와 강제수사가 있다. 임의수사의 방법은 피의자신문, 피의자 이외의 자의 조사, 사실조회 등이 있다. 강제수사의 방법으로는 체포(긴급체포, 현행범인의 체포), 구속, 압수 · 수색, 검증(신체검사 포함), 감정유치(정신, 신체 감정) 등이 있다. 피의자를 구속할 경우에는 법원은 영장실질심사를 하여야 한다. 체포나 구속된 피의자는 법원에 체포 · 구속의 적부에 대한 심사를 청구할 수 있다. 이 경우에 법원은 구속된 피의자(심사청구 후 공소제기 된 자를 포함한다)에 대하여 피의자의 출석을 보증할 만한 보증금의 납입을 조건으로 하여 결정으로 피의자의 석방을 명할 수 있다. 이와 같이 보증금의 납입을 조건으로 피의자를 구속적부심 절차에서 석방할 수 있는 제도는 1995년에 신설되었다. 소위 '기소 전 보석' 제도다. 또한 피고인, 피고인의 변호인 · 법정대리인 · 배우자 · 직계친족 · 형제자매 · 가족 · 동거인 또는 고용주는 법원에 구속된 피고인의 보석을 청구할 수 있다.

28 수사권과 기소권의 검찰 독점

검찰 권력의 비대함과 저인망식 수사에 대한 여론과 언론의 비판에 대하여, 검찰총장은, '검찰은 행위자에 대한 수사가 아니라, 문제된 행위를 처단하는 수사를 하여야 한다.'라는 취지로 2014. 1. 17. 말하였다.

29 현행범 체포의 요건

수사업무를 담당하는 공무원이 아닌 사인私人이라도 현행범은 누구든지 영장 없이 체포할 수 있다. 그러나 당해 범죄의 법정형과 판례 등에 의한 제한 요건이 있다. 현행범 체포가 위법할 경우에는 그에 대한 정당방위가 가능하며, 정당방위 행위는 위법성을 조각하므로 공무집해방해죄 등을 구성하지 아니한다. 다음은 관련 형사소송법 규정과 판례이다.

제212조(현행범인의 체포)

현행범인은 누구든지 영장 없이 체포할 수 있다.

제214조(경미사건과 현행범인의 체포)

다액 50만 원 이하의 벌금, 구류 또는 과료에 해당하는 죄의 현행범인에 대하여는 범인의 주거가 분명하지 아니한 때에 한하여 제212조 내지 제213조의 규정을 적용한다.

(판결요지)

현행범인은 누구든지 영장 없이 체포할 수 있는데(형사소송법 제212조), 현행범인으로 체포하기 위하여는 행위의 가벌성, 범죄의 현행성 · 시간적 접착성, 범인 · 범죄의 명백성 이외에 체포의 필요성 즉, 도망 또는 증거인멸의 염려가 있어야 하고, 이러한 요건을 갖추지 못한 현행범인 체포는 법적 근거에 의하지 아니한 영장 없는 체포로서 위법한 체포에 해당한다. 여기서 현행범인 체포의 요건을 갖추었는지는 체포 당시 상황을 기초로 판단하여야 하고, 이에 관한 검사나 사법경찰관 등 수사주체의 판단에는 상당한 재량 여지가 있으나, 체포 당시 상황으로 보아도 요건 충족 여부에 관한 검사나 사법경찰관 등의 판단이 경험칙에 비추어 현저히 합리성을 잃은 경우에는 그 체포는 위법하다고 보아야 한다.(대법원 2011도3682 판결 [상해 · 공무집행방해])

30 형사시효와 전과사실의 말소

형사시효에는 두 종류가 있다. ① 판결로 확정된 형벌집행권을 소멸시키는 형의 시효 및 ② 미확정 형벌권인 공소권을 소멸시키는 공소시효가 그것이다.

형의 시효는 판결 확정 후 피고인의 도주, 소재불명 등으로 일정 기간 형의 집행이 이루어지지 않은 경우에 그 집행을 면제하는 제도를 말한다. 공소시효는 피의자의 범행 후 일정 기간 기소가 이루어지지 않은 경우에 공소권을 소멸시키는 제도이다. 형사시효 제도는 일정 기간 계속된 평온 상태를 존중하는 취지로서 법의 이념 중 법적 안정성을 정의에 우선시킨 결과이다. 칸트라면 이러한 형사시효를 인정하지 않을 것이다. 이 형사시효 제도는 민사시효 제도인 소멸시효 · 취득시효와 대비된다.

형의 시효는 전과사실의 말소를 의미하는 형의 실효와 구분하여야 한다. 형의 실효에는, 본인의 신청에 의한 재판상의 실효(형법 규정) 및 법률에 의한 자동실효(형의 실효 등에 관한 법률 규정)의 두 종류가 있다. 다음은 관련 법 규정들이다.

제78조(시효의 기간)(형법)

시효는 형을 선고하는 재판이 확정된 후 그 집행을 받음이 없이 다음의 기간을 경과함으로 인하여 완성된다.

1. 사형은 30년
2. 무기의 징역 또는 금고는 20년
3. 10년 이상의 징역 또는 금고는 15년
4. 3년 이상의 징역이나 금고 또는 10년 이상의 자격정지는 10년
5. 3년 미만의 징역이나 금고 또는 5년 이상의 자격정지는 5년
6. 5년 미만의 자격정지, 벌금, 몰수 또는 추징은 3년
7. 구류 또는 과료는 1년

제249조(공소시효의 기간)(형사소송법)

① 공소시효는 다음 기간의 경과로 완성한다. 〈개정 1973.1.25, 2007.12.21〉

1. 사형에 해당하는 범죄에는 25년
2. 무기징역 또는 무기금고에 해당하는 범죄에는 15년
3. 장기 10년 이상의 징역 또는 금고에 해당하는 범죄에는 10년
4. 장기 10년 미만의 징역 또는 금고에 해당하는 범죄에는 7년
5. 장기 5년 미만의 징역 또는 금고, 장기10년 이상의 자격정지 또는 벌금에 해당하는 범죄에는 5년
6. 장기 5년 이상의 자격정지에 해당하는 범죄에는 3년
7. 장기 5년 미만의 자격정지, 구류, 과료 또는 몰수에 해당하는 범죄에는 1년

② 공소가 제기된 범죄는 판결의 확정이 없이 공소를 제기한 때로부터 25년을 경과하면 공소시효가 완성한 것으로 간주한다. 〈신설 1961.9.1, 2007.12.21〉

제251조(형의 가중, 감경과 시효기간)

「형법」에 의하여 형을 가중 또는 감경한 경우에는 가중 또는 감경하지 아니한 형에 의하여 제249조의 규정을 적용한다. 〈개정 2007.6.1〉

제252조(시효의 기산점)

① 시효는 범죄행위의 종료한 때로부터 진행한다.

② 공범에는 최종행위의 종료한 때로부터 전 공범에 대한 시효기간을 기산한다.

제253조(시효의 정지와 효력)

① 시효는 공소의 제기로 진행이 정지되고 공소기각 또는 관할위반의 재판이 확정된 때로부터 진행한다. 〈개정 1961.9.1〉

② 공범의 1인에 대한 전항의 시효정지는 다른 공범자에게 대하여 효력이 미치고 당해사건의 재판이 확정된 때로부터 진행한다. 〈개정 1961.9.1〉

③ 범인이 형사처분을 면할 목적으로 국외에 있는 경우 그 기간 동안 공소시효는 정지된다. 〈신설 1995.12.29〉

제2조(정의)(형의 실효 등에 관한 법률 규정)

이 법에서 사용하는 용어의 뜻은 다음과 같다.

1. "수형인"이란 「형법」 제41조에 규정된 형을 받은 자를 말한다.
2. "수형인명부"란 자격정지 이상의 형을 받은 수형인을 기재한 명부로서 검찰청 및 군검찰부에서 관리하는 것을 말한다.
3. "수형인명표"란 자격정지 이상의 형을 받은 수형인을 기재한 명표로서 수형인의 등록기준지 시 · 구 · 읍 · 면 사무소에서 관리하는 것을 말한다.
4. "수사자료표"란 수사기관이 피의자의 지문을 채취하고 피의자의 인적사항과 죄명 등을 기재한 표(전산입력되어 관리되거나 자기테이프, 마이크로필름, 그 밖에 이와 유사한 매체에 기록 · 저장된 표를 포함한다)로서 경찰청에서 관리하는 것을 말한다.
5. "범죄경력자료"란 수사자료표 중 다음 각 목에 해당하는 사항에 관한 자료를 말한다.
6. "수사경력자료"란 수사자료표 중 벌금 미만의 형의 선고 및 검사의 불기소처분에 관한 자료 등 범죄경력자료를 제외한 나머지 자료를 말한다.
7. "전과기록"이란 수형인명부, 수형인명표 및 범죄경력자료를 말한다.

제8조(수형인명부 및 수형인명표의 정리)

① 다음 각 호의 어느 하나에 해당하는 경우에는 수형인명부의 해당란을 삭제

하고 수형인명표를 폐기한다.

1. 제7조 또는 「형법」 제81조에 따라 형이 실효되었을 때

제8조의2(수사경력자료의 정리)

① 다음 각 호의 어느 하나에 해당하는 경우에는 제2항 및 제3항 각 호의 구분에 따른 보존기간이 지나면 전산입력된 수사경력자료의 해당 사항을 삭제한다.

1. 검사의 혐의없음, 공소권없음, 죄가안됨 또는 기소유예의 불기소처분이 있는 경우
2. 법원의 무죄, 면소 또는 공소기각의 판결이 확정된 경우
3. 법원의 공소기각 결정이 확정된 경우

② 제1항 각 호의 경우에 대한 수사경력자료의 보존기간은 다음 각 호의 구분에 따른다. 이 경우 그 기간은 해당 처분이 있거나 결정 또는 판결이 확정된 날부터 기산한다.

1. 법정형이 사형, 무기징역, 무기금고, 장기 10년 이상의 징역 · 금고에 해당하는 죄: 10년
2. 법정형이 장기 2년 이상의 징역 · 금고에 해당하는 죄: 5년
3. 법정형이 장기 2년 미만의 징역 · 금고, 자격상실, 자격정지, 벌금, 구류 또는 과료에 해당하는 죄: 즉시 삭제. 다만, 제1항제1호의 기소유예 처분이나 제1항제2호 · 제3호의 판결 또는 결정이 있는 경우는 5년간 보존한다.

31 형사공판절차와 피고인의 진술거부권

형사공판절차를 흐름도 형태로 간략하게 정리해 보면 다음과 같다. (임) 표시는 필수적 공판 절차가 아닌, 재판장 재량 결정의 임의적 절차라는 뜻이다.

① 재판장의 피고인에 대한 진술거부권 고지

② 재판장의 인정신문

③ 검사의 모두진술

④ 피고인의 모두진술

⑤ 간이공판절차의 결정(임)

⑥ 재판장의 쟁점정리 및 검사·변호인의 증거관계 등에 대한 진술(임)

⑦ 증거조사

⑧ 검사, 변호인, 재판장의 피고인 신문

⑨ 검사의 의견진술

⑩ 피고인의 최후진술

⑪ 판결의 선고

위와 같은 형사공판절차 피고인에게는 진술거부권이 소송법적 권리로서 주어져 있다. 그러나 형법은 또한 선고유예의 실효와 집행유예의 취소 사유로써 전과사실의 발각을 규정하고 있다. 이 부분들은 합하여 살펴보면, 일사부재리의 원칙, 검찰의 입증책임주의, 진술거부권의 보장 등에 비추어 비정합非整合이 발견된다. 왜냐하면 피고인이 장차 있을지도 모르는 집행·선고유예의 취소·실효를 면하려면, 검찰이 실수로 피고인의 전과사실에 대한 입증을 누락했을지라도, 자신의 전과사실에 대하여 적극적으로 공판절차에서 피고인 스스로 밝혀야만 할 것을 결과적으로 강요하기 때문이다. 따라서 사후 전과사실 발각을 이유로 하는 선고유예의 실효와 집행유예의 취소 규정은, 피고인의 진술거부권 보장이라는 실질적·절차적 정의와 연관하여 정당하게 풀어져야만 하는 비정합적 규정들이라고 할 수 있다. 다음은 형사소송법과 형법의 연관 규정들이다.

제283조의2(피고인의 진술거부권)

① 피고인은 진술하지 아니하거나 개개의 질문에 대하여 진술을 거부할 수 있다.

② 재판장은 피고인에게 제1항과 같이 진술을 거부할 수 있음을 고지하여야 한다.

제61조(선고유예의 실효)

① 형의 선고유예를 받은 자가 유예기간 중 자격정지 이상의 형에 처한 판결이 확정되거나 자격정지 이상의 형에 처한 전과가 발견된 때에는 유예한 형을 선고한다.

제64조(집행유예의 취소)

① 집행유예의 선고를 받은 후 제62조 단행의 사유가 발각된 때에는 집행유예의 선고를 취소한다.

32 형벌의 정의正義

형벌은 범죄행위 및 책임과 비례하여, 형평의 원칙에 합치하여야 정의에 부합한다고 할 수 있다. 또한 비인도적이고 지나치게 잔혹한 형벌, 예컨대 고대 형벌로서 끓는 기름 솥 안에 죄수를 집어넣어 집행하는 사형의 방법 등은 부정의한 형벌에 속한다. 실정 형벌의 종류로는 생명형, 자유형, 재산형, 명예형(자격형)으로 나눌 수 있다. 형법 제41조 이하에서는 형의 종류, 형의 선고유예, 형의 집행유예, 형의 실효 등에 대하여 상세히 규정하고 있다. 조선시대의 형벌로는 사형死刑, 유형流刑, 도형徒刑, 장형杖刑, 태형笞刑 등 오형五刑이 있었다.

33 벌금대체 사회봉사 제도

「벌금 미납자의 사회봉사 집행에 관한 특례법」이 2009년 제정되어, 벌금을 납입할 수 없는 경제적 약자들을 위하여 사회봉사로써 벌금을 대체할 수 있는 제도가 시행되고 있다. 이 법률은, 형법 제69조 제2항의 벌금 미납자에 대한 노역장 유치를 사회봉사로 대신하여 집행할 수 있는 특례와 절차를 규정함으로써 경제적인 이유로 벌금을 낼 수 없는 사람의 노역장 유치로 인한 구금을 최소화하여 그 편익을 도모함을 목적으로 한다. 다음은 「벌금 미납자의 사회봉사 집행에 관한 특례법 시행령」 및 형법의 관련 규정이다.

제2조(사회봉사의 신청과 벌금액)

「벌금 미납자의 사회봉사 집행에 관한 특례법」 제4조제1항 본문에 따른 벌금형의 금액은 300만원으로 한다.

제69조(벌금과 과료)

① 벌금과 과료는 판결 확정일로부터 30일 내에 납입하여야 한다. 단, 벌금을 선고할 때에는 동시에 그 금액을 완납할 때까지 노역장에 유치할 것을 명할 수 있다.

② 벌금을 납입하지 아니한 자는 1일 이상 3년 이하, 과료를 납입하지 아니한 자는 1일 이상 30일 미만의 기간 노역장에 유치하여 작업에 복무하게 한다.

34 위치추적 전자장치 부착 제도

「특정 범죄자에 대한 보호관찰 및 전자장치 부착 등에 관한 법률」이 2008년 9월 1일부터 시행되고 있다. 이 법률은 특정범죄를 저지른 사람의 재범방지를 위하여 형기를 마친 뒤에 보호관찰 등을 통하여 지도하고 보살피며 도움으로써 건전한 사회복귀를 촉진하고 위치추적 전자장치를 신체에 부착하게 하는 부가적인 조치를 취함으로써 특정범죄로부터 국민을 보호함을 목적으로 제정되었다. '특정범죄'란 성폭력, 미성년자 대상 유괴, 살인 및 강도 범행을 말한다.

35 함정수사

함정수사agent provocateur, entrapment라 함은 본래 범의를 가지지 아니한 자에 대하여 수사기관이 사술이나 계략 등을 써서 범죄를 유발하게 하여 범죄인을 검거하는 수사방법을 말하는 것으로, 위법한 수사다. 범죄를 유발시킨 자는 교사범으로 처벌될 수 있다. 또한 위법한 함정수사에 기한 공소제기의 효력은 무효다. 그러나 이미 범행 의도를 가진 자에 대하여 범행의 기회를 주거나 단순히 사술이나 계략 등을 써서 범죄인을 검거하는 데 불과한 경우에는 이를 함정수사라고 할 수 없다. 이하는 관련 판례들이다.

① 함정수사라 함은 본래 범의를 가지지 아니한 자에 대하여 수사기관이 사술이나 계략 등을 써서 범죄를 유발하게 하여 범죄인을 검거하는 수사방법을 말하는 것이므로, 범의를 가진 자에 대하여 범행의 기회를 주거나 단순히 사술이나 계략 등을 써서 범죄인을 검거하는 데 불과한 경우에는 이를 함정수사라고 할 수 없다.(대법원 2007도4532 판결[마약류관리에관한법률위반(향정)])

② 본래 범의를 가지지 아니한 자에 대하여 수사기관이 사술이나 계략 등을 써서 범의를 유발하게 하여 범죄인을 검거하는 함정수사는 위법한 바, 구체적인 사건에 있어서 위법한 함정수사에 해당하는지 여부는 해당 범죄의 종류와 성질, 유인자의 지위와 역할, 유인의 경위와 방법, 유인에 따른 피유인자의 반응, 피유인자의 처벌 전력 및 유인행위 자체의 위법성 등을 종합하여 판단하여야 한다. 수사기관과 직접 관련이 있는 유인자가 피유인자와의 개인적인 친밀관계를 이용하여 피유인자의 동정심이나 감정에 호소하거나, 금전적 · 심리적 압박이나 위협 등을 가하거나, 거절하기 힘든 유혹을 하거나, 또는 범행방법을 구체적으로 제시하고 범행에 사용될 금전까지 제공하는 등으로 과도하게 개입함으로써 피유인자로 하여금 범의를 일으키게 하는 것은 위법한 함정수사에 해당하여 허용되지 않지만, 유인자가 수사기관과 직접적인 관련을 맺지 아니한 상태에서 피유인자를 상대로 단순히 수차례 반복적으로 범행을 부탁하였을 뿐 수사기관이 사술이나 계략 등을 사용하였다고 볼 수 없는 경우는, 설령 그로 인하여 피유인자의 범의가 유발되었다 하더라도 위법한 함정수사에 해당하지 아니한다.(대법원 2013도1473 판결[마약류관리에관한법률위반(향정)])

③ (판시사항)

[1] 위법한 함정수사에 기한 공소제기의 효력(무효)

[2] 경찰관이 노래방의 도우미 알선 영업 단속 실적을 올리기 위하여 그에 대한 제보나 첩보가 없는데도 손님을 가장하고 들어가 도우미를 불러낸 사안에서, 위법한 함정수사로서 공소제기가 무효라고 한 사례

(이　유) 범의를 가진 자에 대하여 단순히 범행의 기회를 제공하거나 범행을 용이하게 하는 것에 불과한 수사방법이 경우에 따라 허용될 수 있음은 별론으로 하고, 본래 범의를 가지지 아니한 자에 대하여 수사기관이 사술이나 계략 등을 써서 범의를 유발케 하여 범죄인을 검거하는 함정수사는 위법함을 면할 수 없고, 이러한 함정수사에 기한 공소제기는 그 절차가 법률의 규정에 위반하여 무효인 때에 해당한다고 볼 것이다.(대법원 2008도7362 판결[음악산업진흥에관한법률위반])

36 제조물 책임법

「제조물 책임법」이 2002년 7월 1일부터 시행되고 있다. 이 법은, 자동차 급발진 사고로 인한 피해, 담배로 인한 피해 등 제조물의 결함으로 인하여 발생한 손해에 대한 제조업자 등의 손해배상책임을 구정함으로써 피해자의 보호를 도모하고 국민생활의 안전향상과 국민경제의 건전한 발전에 기여함을 목적으로 한다. 제조물 책임은 민법의 일반 불법행위 책임에 비하여, 제조업자에게 고의나 과실이 없더라도 책임을 부담시키는 무과실 책임을 규정하여 보다 강하게 피해자를 보호하고 있다. 제조물의 결함에는 제조상 결함, 설계상 결함, 표시 상 결함 등을 포함한다.

참고로, 은행, 증권, 보험, 의료분쟁, 식품 · 의약품 등과 관련한 소비자의 피해 등에 대한 민원 처리는 금융감독원, 보건복지부, 식품의약품안전청 등에 의뢰하여도 되지만, 보다 빠르고 효율적인 분쟁 처리를 위해서는

한국소비자원에 피해 구제를 신청하는 것이 좋다. 한국 소비자원의 온라인 주소는 www.kca.go.kr이다.

민법 제750조(불법행위의 내용)

고의 또는 과실로 인한 위법행위로 타인에게 손해를 가한 자는 그 손해를 배상할 책임이 있다.

제조물책임법 제3조(제조물책임)

① 제조업자는 제조물의 결함으로 인하여 생명 · 신체 또는 재산에 손해(당해 제조물에 대해서만 발생한 손해를 제외한다)를 입은 자에게 그 손해를 배상하여야 한다.

② 제조물의 제조업자를 알 수 없는 경우 제조물을 영리목적으로 판매 · 대여 등의 방법에 의하여 공급한 자는 제조물의 제조업자 또는 제조물을 자신에게 공급한 자를 알거나 알 수 있었음에도 불구하고 상당한 기간 내에 그 제조업자 또는 공급한 자를 피해자 또는 그 법정대리인에게 고지하지 아니한 때에는 제1항의 규정에 의한 손해를 배상하여야 한다.

37 이자의 제한 및 불공정한 채권 추심에 대한 처벌

「이자제한법」에 의하여 금전소비대차의 이자율은 연 30%를 넘지 못한다. 30%를 넘는 약정 이자는 무효로 한다. 등록한 대부업자는 「대부업법」에 의거하여 연 39%의 이자율을 넘지 못한다. 2009년부터 시행되고 있는 「채권의 공정한 추심에 관한 법률」은 채권 추심자가 권리를 남용하거나 불법적인 방법으로 채권추심을 하는 것을 방지하여 공정한 채권추심 풍토를 조성하고 채권자의 정당한 권리행사를 보장하면서 채무자의 인간다운 삶과 평온한 생활을 보호함을 목적으로 한다. 이 법에 의하여 채권자의 채무자에 대한 폭행, 협박, 체포, 감금 등 불공정한 채권의 추심 행위는 엄하게 형사 처벌된다.

38 민사책임, 형사책임, 헌법책임

윤리 도덕적 책임이 아닌 법적 책임은 당연히 개인의 자유의지와 책임능력을 전제로 한다. 그러나 삶의 도처到處에서 우리는 개인의 자유의지의 존재에 대한 증거보다는 부존재에 대한 증거를 더 많이 발견한다. 태어남, 죽음, 성격 · 욕구의 경향성, 재능의 존부, 육체의 심박과 호흡 및 소화작용의 조정 등에서 말이다. 법적 책임을 3가지로 대별하여 간략히 정리해 보면 다음과 같다.

	형사책임	민사책임	헌법책임
목적	국가형벌권–행위자 처벌	私人 사이의 손해의 공평한 보상	기본권–행복추구권 보장 (사회계약=납세 · 국방 · 근로–주거 · 교육 · 의료)
책임주의	책임주의 관철–형사책임의 주관화 현상	위험책임의 원리, 무과실책임 인정–민사책임의 객관화 현상	
고의 · 과실	고의만 처벌, 과실은 예외적 · 가볍게 벌	고의 · 과실 동일	

39 민법상 위법성 및 위법성 조각사유

가) 위법성

① 채무불이행 요건으로서 위법성

명문규정 없지만 계약위반의 경우 그 자체로 위법하며 따로 위법성은 불필요하다.(판례 동지) 즉 구성요건해당성의 위법성 추정기능이다.

② 불법행위 요건으로서 위법성

민법 750조에 규정되어 있고, 어떤 행위가 법체계 전체의 관점에서 허용되지 않아 부정적 판단을 받음을 의미한다. 절대권(물권, 인격권) 침해는 일응 위법하지만, 상대권(채권) 침해는 제3자가 채권 실현을 방해할 적극적 의도(고의)가 있을 경우에만 위법성이 인정된다.

나) 위법성 조각사유

① 정당방위 : 761조1항

② 긴급피난 : 761조2항

③ 자력구제 : 209조(점유침탈에 대한 자력구제) 외, 불법행위법 영역에서도 초법규적 위법성 조각사유로 자력구제를 인정한다. 형법 23조는 청구권보전을 위한 자구행위를 위법성 조각사유로 규정한다.

④ 피해자의 승낙 : 형법24조 참조

⑤ 정당행위 : 정당한 권리(쟁의행위, 징계권), 정당한 업무행위(의사 치료), 운동경기 중의 상해(ufc, k1), 긴급사무관리 735조

⑥ 동시이행의 항변권 : 536조-위법성을 일시적 조각

40 미뇨네트호 사건, 카르네아데스의 판자 : 긴급피난

가) 긴급피난의 본질

긴급피난의 본질에 대하여는 형법학에서도 견해의 대립이 있다. 단일설로는, 긴급피난은 위법행위도 적법행위도 아닌 법으로부터 자유로운 영역에 해당한다는 방임행위설과, 기대가능성이 없기 때문이라는 책임조각설, 이익교량설에 의거한 위법성조각설인 통설이 있다.

이분설로는 사물에 대한 긴급피난은 위법성조각사유고, 사람의 생명 신체에 대한 긴급피난은 책임조각사유라는 것과, 우월적 이익의 원칙이 적용되는 경우는 위법성조각사유고, 법익동가치인 경우는 책임조각사유(면책적 긴급피난)라는 설이 있다.

통상적으로는 법익동가치인 경우로서 기대가능성이 없는 때는 초법규적 책임조각사유에 해당하므로 긴급피난이 아니라고 한다. 왜냐하면 형법

은 상당한 이유(=이익형량)를 요구하고 있기 때문이다.

사람의 생명을 침해한 때 균형성의 원리를 인정할 수 있느냐는 문제이다. 생명은 교량이 불가능하므로 위법성을 조각하지 않는다. 다수인의 생명을 구하려고 소수인을 살해한 경우 혹은 표류 중 선원이 다른 선원을 살해한 경우도 정당화가 불가능하다. 그러나 기대가능성 유무에 따라 책임에 영향은 미칠 수 있다.[24)]

나) 면책적 긴급피난의 사례

법익동가치인 경우로서 기대가능성이 없는 때는 초법규적 책임조각사유이다. 즉 정의로운 행위였는지 여부의 적극적 평가를 떠나서, 최소한 정의에 반하는 옳지 않은 행위는 아니라고 평가된다.

① 카르네아데스의 판자(기원전 2세기 그리스 정의론)

카르네아데스의 널판지(카르네아데스의 판자)는 고대 그리스의 철학자 카르네아데스가 제시한 문제이다. 형법에서 긴급피난의 본질을 논할 때 자주 인용된다. 기원전 2세기 그리스에서 배가 난파되어 승무원 전원이 바다에 빠졌다. 혼자만이 매달릴 수 있는 널판지 한 조각을 붙잡고 간신히 살아난 사람이 있었는데, 거기에 다른 한 사람이 나타나 그 판자에 매달리려 했다. 매달려 있던 사람은 두 사람이 매달릴 경우 널판지가 가라앉아 둘 다 죽게 된다고 판단하고 그 사람을 밀어내 빠져 죽게 만들었다. 이후 그는 구조되어 재판을 받게 되었는데, 무죄를 선고받았다.[25)]

② 미뇨네트mignonette호 사건(영화 life of pi)

미뇨네트호는 1884년 5월 호주를 향해서 항해하던 중 동년 7월 5일 희망

24) 이재상, 형법총론(제7판), 박영사, 2013, 237면 참조.

25) http://ko.wikipedia.org, '카르네아데스의 판자' 참조.

봉에서 16000리 떨어진 지점에서 난파하여 선장 더들리 외 3인의 선원이 보트에 옮겨 탔다. 해상에 표류한 지 13일이 지나자 식량이 완전히 바닥났다. 수일 후 피고인은 브룩스에게 한 소년을 희생시키자고 제안하였으나 거절당했다. 2일 후 즉 식량이 완전히 동난 지 8일 후 피고인들 중의 한 사람이 사경을 헤매고 있는 소년을 죽이고 4일간 그의 살점을 먹다 구조되었다. 피고인들은 사형의 선고를 받았으나, 특사로써 감형되어 금고 6개월에 처해졌다.[26)]

작가 모건 로버트슨은 1898년 "타이탄호의 침몰 혹은 부질없음"이란 소설을 발표했다. 인류 최고의 기술로 만들어진 거대한 배 타이탄호가 빙산에 충돌해 침몰한다는 내용이었다. 그로부터 14년 뒤인 1912년 실제 똑같은 일이 벌어진다. 당시 최고의 기술로 만들어졌다는 타이타닉호가 북대서양에서 빙산을 만나 침몰한 것이다. 1837년 천재 상상력 소설가 애드거 앨런 포는 "아서 고든 빔의 이야기"라는 소설을 썼다. 끔찍한 사건으로 도배한 소설이다. 주인공을 포함한 네 명의 선원이 조난을 당한다. 굶주림을 참지 못한 선원들은 제비뽑기로 한 사람을 정해 살해하고 그 인육을 먹기로 결정한다. 소설 속에서 희생된 선원의 이름은 리처드 파커이다. 그 후 47년이 지난 1884년 똑같은 일이 영국에서 벌어진다. 법원은 희대의 살인사건을 저지른 남자 세 명에게 징역형을 선고한다. 토머스 더들리, 에드윈 스티븐, 에드먼드 브룩스가 그들이다. 이들은 굶주림 때문에 동료를 살해하고 이를 먹어 치웠다. 그런데 희생된 사람의 이름이 놀랍게도 리처드 파커였다. 소설 속 주인공 이름과 똑같았다. 이를 어떻게 설명할 수 있을까? 상상 속의 것은 반드시 이루어지는 것일까?[27)]

---

26) http://kin.naver.com, 2003. 9. 11. goclgocl 답변 참조.

27) http://www.happycampus.com/doc/5514393/?agent_type=naver, 참조.

41 기본적 인권(정의)의 보장

인간의 기본적 인권은 천부인권天賦人權으로서 국가는 반드시 이를 보장하고 보호할 의무가 있다. 기본권의 내용으로서는 인간으로서의 존엄과 가치, 자유권, 평등권 등의 제 권리가 있다. 이러한 기본권에 대한 제도적인 보장으로서 죄형법정주의, 적법절차원리, 이중처벌 금지, 소급입법의 금지, 연좌제 금지, 자백의 보강법칙, 체포 · 구속 · 압수 · 수색의 사전 영장주의, 과잉금지의 원칙 등이 헌법에 엄격하게 규정되어 있다. 또한, 모든 개인이 가지는 불가침의 기본적 인권을 보호하고 그 수준을 향상시킴으로써 인간으로서의 존엄과 가치를 실현하고 민주적 기본질서의 확립에 이바지함을 목적으로 「국가인권위원회법」이 2001년부터 시행되고 있다. 헌법 37조의 '자유와 권리의 본질적인 내용'은 자연법이 원천하는 인간의 본성 내지 양심과 관련된 내용을 말한다.

모든 국민은 헌법 32, 38, 39조에 의거하여 납세와 국방 및 근로의 의무를 진다. 이에 대하여 국가는 헌법 31, 34, 35조에 의거하여, 국민에게 인간다운 생활을 가능하게 하는 교육과 주거, 의료 서비스를 적절하게 제공하여야 할 가장 기본적인 의무를 진다. 일응 국민이 그 힘을 위임한 국가운영자와 국민간의 쌍무적 위임계약으로서 국가 · 사회는 존재한다. 사실상 국민에게 편안한 주거와 의료, 교육 환경을 제공하지 못하는 국가는 그 존립의 의미가 사라진다고 할 것이다. 이것은 국가의 채무불이행 상태와 같이 볼 수도 있다.

쾌적하고 효율적인 주거 · 교육 · 의료 등 이러한 최소한의 인간적 생활의 조건을 바탕으로 비로소 각 개인은 사회생활 속에서 진정한 자아를 실현할 의지를 발휘할 수 있다. 앞에서도 언급했지만 역시 과감한 교육의 혁신을 통하여 우리는 사회적 악순환의 고리를 단절하고 최대한의 사회공동선으로 나아갈 수 있는 동력을 얻을 수 있다.

헌법 제10조

모든 국민은 인간으로서의 존엄과 가치를 가지며, 행복을 추구할 권리를 가진다. 국가는 개인이 가지는 불가침의 기본적 인권을 확인하고 이를 보장할 의무를 진다.

42 헌법재판 제도

국민의 기본권을 국가 공권력으로부터 실질적으로 보호하고, 헌법의 가치를 보장 · 구현하기 위하여, 즉 간단히 말하면 정의를 수호하기 위한 중요한 제도적 장치의 하나로서 헌법재판 제도 및 헌법재판소가 존재한다. 헌법재판소가 하는 일은 다음 다섯 가지로 분류할 수 있다. 법원의 제청에 의한 법률의 위헌여부 심판, 탄핵의 심판, 정당의 해산 심판, 권한쟁의에 관한 심판, 헌법소원 심판 등이다. 이중에서 일반 국민들과 가장 친숙한 심판은 위헌법률심판과 헌법소원심판이라고 할 수 있다.

헌법 제111조

① 헌법재판소는 다음 사항을 관장한다.

1. 법원의 제청에 의한 법률의 위헌여부 심판
2. 탄핵의 심판
3. 정당의 해산 심판
4. 국가기관 상호간, 국가기관과 지방자치단체간 및 지방자치단체 상호간의 권한쟁의에 관한 심판
5. 법률이 정하는 헌법소원에 관한 심판

② 헌법재판소는 법관의 자격을 가진 9인의 재판관으로 구성하며, 재판관은 대통령이 임명한다.

③ 제2항의 재판관중 3인은 국회에서 선출하는 자를, 3인은 대법원장이 지명하는 자를 임명한다.

④ 헌법재판소의 장은 국회의 동의를 얻어 재판관 중에서 대통령이 임명한다.

43 공동주택 생활의 공동선共同善: 층간소음 문제

전국 도시지역의 공동주택비율이 60~70% 이상을 차지할 정도로 이젠 공동주택생활이 보편화되었다. 사실 대중화된 공동주택 생활에서 공동선을 이끌어 내기 위해서는 구성원 전체의 공동생활에 대한 의식이 고양되어야 하며, 소아적인 자기 및 가족 중심주의에서 어느 정도는 벗어날 것을 필수 전제로 한다. 아무리 건축 기술이 발달하고 행정적인 규제를 통하여 물리적 구조에 완전을 기한다 할지라도 한계는 있게 마련이다. 왜냐하면 공동주택은 글자 그대로 바닥과 천정 그리고 벽을 다수의 주거단위가 공유하면서 공동으로 사용하는 것이기 때문이다. 우리나라가 선진국에 들어섰다고 한지 어느 정도 시간이 지났음에도 사회생활의 공동체 의식은 아직 밑바닥을 헤매고 있음은 너무나 자명하다. 단시간에 과거에 비하여 잘 먹고 잘 살게는 되었을지는 모르나 각종 사회적 갈등이 만연함을 보면 아직 사회의식은 전형적인 후진국을 면치 못한다.

그 이유는 내재적인 것이 커지만 외적인 원인도 분명 있을 것이라고 보여 진다. 500년 간 이어온 비교적 안정된 왕조 시대가 자발적이며 내부적인 점진적 변혁을 겪지 않은 상태에서, 갑자기 일제의 침략에 의하여 사회구조가 통째로 바뀌었고 이에 더하여 약 40년에 걸친 노예와도 같은 주인의식 상실의 기간은 민족의 정신에 강한 정신적 외상을 남겼을 것이 확실하다. 물리적이며 경제적인 약탈로 나라가 완전히 거덜난 것은 별도로 하고도 말이다. 설상가상 뒤이은 3년에 걸친 한국전쟁은 쓰러지기 일보 직전의 민족 존재에게 마지막 치명적 내상을 가하고 끝이 났다. 조금 과장하여 말하면 반만년을 이어져 내려 온 정신적 · 문화적 · 물질적 유산이 모드 깨끗이 사라진 것이다. 사회적 평화와 질서, 그리고 공동체 의식을 유지하고 키우는 역할을 해야만 하는 오랜 기준과 규범들은 폐기되거나 사라지고, 급조되어 황급히 입혀진 몸에 맞지도 않는 옷처럼, 국적불명의 각종 사회제도와 규범 및 정신적 습속들이 그 자리를 대신하여 어영부영 지금까지

오고 있다. 필자가 느끼기에는 아직도 눈에 보이는 주변의 모든 것이 국적 불명에다가 영혼을 느낄 수 없는 좀비적 습속들의 만연이다. 역으로 생각하면, 이와 같은 슬픈 과거 상황에 비추어보면 작금의 우리 사회의 삶은 오히려 기적과도 같이 영광스러울 수 있을 것이기도 하다. 그러나 그러한 판단은 상대적인 비교에서 나오는 감성일 것이므로, 그 것으로 우리 사회의식의 객관적 후진성을 상쇄할 수는 없다. 전체 사회의식의 고양만이 곧 사회공동선 실현의 유일한 필요충분조건이다. 사회의식의 전체적 고양은, 구성원 각자가 깊은 고민과 배려하는 마음 및 관용을 가지고 행하는 스스로의 자기 수양의 과정일 뿐 별도의 실체가 있을 수 없다.

보편화된 공동주택 생활에서 발생하는 갈등의 대표적 문제가 층간소음 문제로서 각종 민·형사적 사건을 부수적으로 야기하고 있다. 현재도 환경부 층간소음 이웃사이센터 업무는 폭주상태에 있다. 안이하고 대증적인 대처는 결과적으로 회복 불가능의 심각한 사회 공동악을 초래할 수 있다. 이 문제의 해결과 관련하여, 구성원 각자의 자기 수양과 더불어 범 국가 차원의 종합적이고도 근원적인 대책의 마련이 절실히 요청되는 시점이다.

층간소음 분쟁의 해결을 위한 구체적 방법으로는, 정부가 마련한 분쟁해결 서비스를 이용함과 동시에 배달증명 내용증명 우편의 발송, 지급명령 신청 등을 같이 이용하면 효과적일 수 있다. 아래는 내용증명 우편 양식 및 내용의 예시이다.

내 용 증 명

발 신 대구 수성구 ○○동 ○○. ○○아파트 00동 801호. ○○○.
수 신 대구 수성구 ○○동 00. ○○아파트 00동 901호. ○○○ 귀하.
참 조 901호 가족 일동
제 목 생활방해 소음에 대한 부탁의 글

1. 안녕하십니까. 저희는 같은 동 아래층 801호에 거주하는 가족들입니다. 같은 공동주택의 아래·위층에 거주하게 되어 반갑고, 가족 구성원들 모두 안녕하시기를 바라며 아울러 새해 복 많이 받으시기를 기원합니다.
2. 사실은 2013년 여름경부터, 귀하의 가족이 거주하는 위층에서 나는 여러 가지 소음들(쿵-쿵-거리며 걷는 소리, 쿵-쾅 뛰는 소리, 가구 부딪히며 쾅-쾅-거리는 소리, 의자 끄는 소리, 가구들이 움직이는 소리 등등)로 인하여 간혹은 저희 집 거실·안방 등의 가구가 찌렁찌렁 진동하기까지 하는 등으로 심대한 생활의 방해를 받고 있었으나, 차차 저절로 개선되겠지 하는 심정 및 괜히 말하여 이웃 간에 감정적 불편함이 생길까 우려되어 최대한 인내할 수 있을 때까지 참아 왔었습니다.
3. 그런데 2013. 12.경부터 각 급 학교가 방학을 하고, 저는 ○○○에서 연구원으로 재직 중인지라 자주 집에서 책을 보는 등 연구 활동을 하여야 하며, 이제 대학생 및 고3, 고2 수험생이 되는 자녀들이 집에서 역시 공부를 하여야 하는데, 위층에서 들려오는 밤과 낮을 불문한 생활불편 소음으로 인하여, 편안하게 쉬고 생활해야 하는 거주 공간이 종종 생지옥으로 변해버리는 결과를 참으로 슬프고 무거운 마음으로 지켜보아 왔습니다.
4. 저희 가족이 생활하는 상황만을 말씀드리겠습니다.
① 저희는 무심하게 맘껏 생활할 수 있는 그런 단독주택이 아닌, 바닥과 천정과 벽을 공동 사용하는 공동생활 주택에 거주한다는 의식을 늘 가지려고 최대한 노력합니다. 저희가 당하여 싫은 일은 당연히 타인들에게도 베풀지 않는다는 의식이겠습니다.
② 식탁 탁자 의자를 비롯한 이동가능성 있는 모든 가구의 밑바닥에 쿠션이 있는 테이프를 이중 삼중으로 붙여 소리 발생을 방지하며, 가구 이용 시에는 최대한 소리가 적게 나게 앉고 일어나며 움직입니다. 청소할 때도 마찬가지입니다.
③ 배우자와 자녀들이 무심하게 습관적으로 발을 쿵-쿵-거리며 걸을 때가 있으므로 항상 쿠션 있는 실내화를 신고 발을 바닥에 최대한 접지

하여 끌듯이 걷기를 주의를 시킵니다. 단 한 번만 주의하여 요령껏 걸어 보게 하면, 소리가 단번에 개선되었고 향후 걷는 등 실내생활에 아무런 불편이 없었습니다. 간혹 자녀들이 불평했지만 알아듣게 잘 말하니 금방 납득하고 잘 따랐습니다.

④ 저희 가족이 소리가 안 나거나 혹은 적게 나게 조심하며 산다고 하여 별다른 불편함이 전혀 없었습니다. 오히려 공동생활 주택에 거주하면서 서로 좋은 영향을 주고받는 일에 동참한다고 생각하니 즐겁고 행복한 심정이 되었습니다.

5. ○○동 701호 가족 분을 혹간 엘리베이터에서 만나면, 위층(801호)이 늘 절간 같이 조용하여 편안하고 고맙다고 할 때마다, 오히려 저희 가족이 다른 가족에게 불편을 주지 않음에 감사하고 더욱 서로 간에 편안하고 행복하게 살게 되기를 기원하는 심정이 되곤 합니다.

6. 아울러 저희는 그동안 위층에서 들려오는 생활소음으로 안면방해를 받는 만큼, 저희의 아래층에는 이와 같은 생활불편을 주어서는 안 되겠다는 심정으로 더욱더 조심하며 생활하였고 앞으로도 그럴 것입니다.

7. 이상 생활방해 소음 방지에 대한 부탁의 글이었습니다. 얕은 생각으로 불쑥 쓴 글이 아니라, 많이 망설이고 많은 고민 끝에 쓴 편지글이니 가벼이 여기지 마시고, 두루 깊이깊이 살펴서 이웃 간에 웃으며 건강하고 행복하고 편안하게 생활하기를 진심으로 바랍니다.

2014. 1. .

801호 거주 가족 일동.

제2장 삶과 죽음의 정의

1. 개인(자아)의 탄생과 죽음

개인은 탄생을 경험한 적이 없다. 그리고 죽음도 결코 경험할 수 없다. 왜냐하면 죽음의 바로 그 순간에는 삶·죽음이라는 이원적 경험을 하는 '나'의 사고체계 자체가 무너져 내리기 때문이다. 그러므로 한 개인의 삶은 시작도 없고 끝도 없다. 원인도 없고 결과도 없다. 그래서 삶 그 자체가 수단이자 목표이며 또한 영원하다.

개인이라는 몸과 자아가 태어나기 이전의 영겁 동안의 시간에 대하여 지금 바로 숙고해 보라. 새삼스럽게 그 어떤 종류의 두려움과 공포가 느껴지는가? 그렇지 않을 것이다.

모양을 가지고 태어나고 나타난 존재는 반드시 사라지고 사라져야만 하는 것이 필연이다. 이러한 개별 존재의 필멸성은 몹시 자연스러운 상태natural state로서 사람이 생각하는 선악 진위 미추와는 전혀 무관하다. 어찌 보면 자연의 엄밀한 물리법칙, 생물화학 법칙이다.

실상이 이러한데, 즉 잠시 존재하다가 사라지는 것은 누구도 피할 수 없는 운명이고 명백한 사실이며, 더 중요한 것은 자아의 탄생 이전 영겁의 시간에 대한 숙고조차도 나에게 전혀 두려움을 야기하지 않는데, 왜 나 자아의 소멸 이후의 동질同質의 영겁의 시간에 대하여는 그리도 비합리적으로 공포를 느껴야만 하는가?

2. 나의 생각은 나에게 속하지 않는다

아마도 생각이 이렇게 편파적이고도 일관성 없게 사고하는 이유는 생각체계 자체가 문명과 문화 즉 사회로부터 온 존재이기 때문일 것이다. 놀라운 사실이지만 내가 매 순간 일으키는 생각은 개인이 소유권을 주장할 수 있는 그런 종류의 물건이 아닌 것이다. 왜냐하면 각 개인의 생각하는 시스템은, 몸이 자궁으로부터 나올 때 기본 운영 프로그램이 선천적으로 배선된 두뇌를 물질적 소재로 삼아, 사회적 문명과 문화로부터 인스톨되는 소프트웨어 프로그램이기 때문이다. 리처드 도킨스 식으로 말하면 소위 밈meme의 복제현상이다.

그러므로 생각은 나에게 속하지 않고 사회에서 빌려온 사회의 소유물이다. 그래서 개인은 절대로 문명과 문화의 범주를 벗어난 사고를 할 수 없다. 작게 보면 개인이 속한 작은 사회로부터 그러하고, 크게 보면 인류공통의 문명과 문화에서 그러하다.

일부는 유전자에 각인되어 있고, 일부는 문화의 핵심으로서, 두뇌라는 사고시뮬레이션 장치에 존재하는, 집단무의식은 바로 개인이 바라보는 삶과 죽음에 대한 태도와 느낌을 결정짓는다. 그러므로 사실 집단무의식은 유전자를 통하여 몸의 생존과 번식이라는 중요한 일을 완수하기 위하여 쾌 · 불쾌 피드백 시스템을 장치하여 놓았고, 두뇌를 통하여 정신적이고 문화적인 핵심 요소들을 개인마다에 번식시켜, 개인적 자아 내지 마음이라는 존재를 유지시키고 강화하는 작용을 위하여 부단히도 노력한다. 이것이 바로 개인이 죽음을 바라보며 느끼는 불합리한 태도와 감정의 원인일 것이다.

유 지 크리슈나무르티는 언젠가 다음과 같이 말했다. "생각이 없어지는 것은 아닙니다. 생각은 남습니다. 생각은 생명과 다른 것이 아니기 때문입니다. 그러나 생각이 그 곳에 있건 없건 그 생각과 자신을 동일시하지 않게 됩니다. 생각이라는 특수한 운동에 자신을 동일시하는 주체가 없어집니다. 생각이 존재하는지 존재하지 않는지 신경 쓰지 않게 됩니다. 생각은 생명과 다른 것이 아니므로 계속 존재하고 있겠죠. 여러분이 할 수 있는 일은 없습니다. 생각이란 도구를 가지고는 아무것도 할 수 없다는 것을 깨달아야 합니다. 이제 생각은 느려지면서 자신의 자연스러운 리듬을 회복합니다. 더 이상 말썽거리가 되지 않습니다."[28)]

3. 생명과 자아의 탄생

자아라는 의식이 있는지 없는지를 불문하고, 물질대사와 번식을 핵심 요소로 하는 생명이라는 현상이 발생한 역사는 약 40억 년이다. 그리고 자아라는 개인적 마음이 발생한 역사는 추측컨대 약 1만 년 전이다. 약 700만 년 전에 인류는 영장류에서 분기하여 독자적 진화의 길을 걸어왔다. 인류는 700만 년 전부터 1만 년 전까지 수렵과 채집 생활을 하며 소규모의 혈연 가족 혹은 부족 단위로 살아왔다. 이 기간 동안에는 개인이라는 자아의식은 아직 출현하지 않았던 것으로 보이며, 인류는 혈연 부족 단위를 바탕으로 한 공동체 혹은 동심일체로서 생명을 영위하였으므로 개인은 태어나지도 죽지도 않았다. 마치 개미나 벌의 집단이 개체는 의미가 없고 공동체가 하나로 생사를 같이 하는 양상과 비슷하였을 것으로 보인다. 즉 인류는 혈연적 부족 단위가 하나의 개체가 되는 형태로 살았다.

약 1만 년 전부터 농경과 목축이 인류 전체에 퍼졌고, 이를 바탕으로 도시와 국가 단위의 거대 집단이 발생하고, 또한 언어와 문자가 진코 발생하여 두뇌의 사고 체계의 혁명적 진보 및 문화 정보의 고정화와 급속한 확산을 가속화시켰다. 뒤이어 도시와 국가사회 내에서 세밀화 된 계급과 분업

---

28) 유 지 크리슈나무르티, 깨달음은 없다, 홍성규 옮김, 마당기획, 1999, 235면.

이 발생하였다. 따라서 오랜 기간 정신적 · 물리적으로 전체 혈연 부족에 속해 있곤 하였던 하나의 육체와 두뇌는 점점 고립화되어 갔고, 개인적 자아의식이 구체화 되는 과정이 시작되었다.

이런 자아의식의 구체화 과정은 아마도 대니얼 데닛의 견해와 같이, 밖으로 소리를 내어 자문자답하거나 혼잣말하기에서 시작하여 나중에는 소리 내지 않고 속으로 혼잣말하기 등의 절차를 거치며 서서히 형성되었을 것이다.

결국 지금으로부터 멀지 않은 어느 시기에 완전한 형태를 갖춘 개인의 자아의식이 발생하였을 것이고, 이 자아의식이라는 문화적 현상은 언어를 통한 정보복제라는 방식으로 인류 각자 육체의 윗부분에 자리한 두뇌장치 안에 요원의 불길처럼 급속히 인스톨되었다. 이제 자아의식은 인류에게 너도나도 앞 다투어 가지려고 하는 가장 유행하는 문화적 현상이 되었다. 두뇌에 주어진 원래 용도는 미래를 예측하여 미리 위험을 예방하고, 시행착오에 소요되는 에너지를 줄여 활동의 효율성을 높여, 육체의 생존과 번식률을 높이는 데 있다. 그러나 나중에 자아의식이 대유행을 이룬 후, 자아는 두뇌를 가지고 원래의 용도를 초월하여 필요 이상으로 너무 지나치게 과거와 미래를 시뮬레이션 한 나머지, 이미 오래전부터 변화를 수용하지 않고 고정되어 버린 자기 정체성이라는 것의 필멸을 인식할 수 있었다. 그리하여 마치 유령과도 같이 죽음이라는 것이 나타났다. 죽음이 나타나자 동시에 삶이라는 것도 나타났고, 원래 하나였던 생명은 삶과 죽음이라는 두 개의 현상으로 나누어졌다. 개인적 자아의식은 여태까지 성공적으로 해왔던 방식으로 더욱 잘해보려다가 갑작스럽게 죽음이라는 보기 싫은 악마와 조우할 수밖에 없었다. 그러므로 영원한 생명을 박탈당하고 죽을 수밖에 없게 되어버린 낙원추방 이야기는 비유적으로든 실제적으로든 인류 역사에서 실제로 일어났던 현상이다. 개인적 자아의식만이 수치스러움과 미움, 옳고 그름을 느끼고 알 수 있기 때문이다. 맹자의 사단四端인 인의 예지仁義禮智 즉 측은惻隱지심, 수오羞惡지심, 겸양謙讓지심, 시비是非지심과 칠정七情 즉 희노애락애오욕喜怒哀樂愛惡慾은 그 자체가 곧 자아의식이다.

옳지 않음을 즉 잘못을 부끄러워하고 미워하는 수오지심이 바로 정의와 부정의에 해당하는 개념과 감정 의식으로서 결국 이 세계에서 논의되는 정의에 대한 모든 토론은 상대적이다. 왜냐하면 자아의식과 자아의식이 만들어 내고 보는 이 세계는 반드시 이원성에 기초하여야 하기 때문이다.

자아의식은 죽음이라는 나쁜 현상에 대처하기 위하여 약 1만 년 이상 고심해 왔다. 그래서 결국 여러 가지 종류의 개념적 표상 현상들을 만들어 왔다. 대표적인 예를 들면, 신, 영혼, 윤회, 절대의식, 자연법, 물자체, 영원의 철학 등이다. 이들은 영원불멸하는 표상들이다. 이 불멸의 표상들은 인류를 안심시키고 갓 태어나 1만 년밖에 안 된 사회라는 시스템을 잘 돌아가게 하는 긍정적 역할을 하여 왔다. 반면에 주지하다시피 양날의 검과 같이 인류를 수없이 치고, 혼미한 안개 속을 헤매게도 하는 중이다.

4. 죽음은 없다 : 생명의 영원한 순환

그러므로 개인 자아의식과 모든 생각과 그 생각이 야기하는 모든 감정 및 기억의 꾸러미는 사회가 권리를 주장할 수 있는 사회의 소유물이지 개인의 소유물이 아니다. 그리고 자아의식이 만들어 낸 죽음이라는 현상도 역시 개인의 소유물이 아니며 사회에 속하는 문화적 현상이다.

따라서 실제적 의미에서 죽거나 사라지는 존재라든가 개인은 없다. 개인의 육체를 구성하는 물질은 어디서 갑자기 나타났다가 우리가 모르는 어딘가로 사라져 가는 것이 전혀 아니다. 육체를 구성하는 물질은, 140억 년 전 빅뱅으로부터 생겨난 물질로부터 1,000억에 1,000억을 곱한 항성과 그보다 더 많은 수의 행성과 별들이 만들어졌고, 그 별들이 살다가 죽은 바로 그 잔해로부터 왔다. 얼마나 놀랍고 신비한가. 지금의 이 평범한 몸이

바로 140억 년의 유구한 역사를 가진 불가사의한 물질의 불가사의한 조합인 것이다. 몸과 생명의 유지에 없어서는 안 되는 햇빛, 공기, 물 및 음식을 구성하는 원자 하나하나는 지난 140억 년 동안 궁극적 의미에서 단 하나도 사라지지 않고 불가사의하게 재활용되어 왔다. 앞으로도 진정한 의미에서 영원히 존재할 것이다.

개인은 몸과 마음 복합체로 구성되므로 그러면 마음은 어떠한가. 마음은 진정 영원히 사라지는가. 마음의 구성요소는 집적되고 고착된 기억과 생각들 그리고 그에서 야기되는 감정들이며, 그 묶음이 마음이다. 또한 마음은 바로 자아의식의 다른 이름이다. 기억과 생각 감정은 개인의 소유물이 아니라 각 사회와 문화의 공동 소유물이다. 궁극으로는 인류문화人類文化라는 일자一者의 단독 소유물이다. 독존자인 인류문화는 곧 독존하는 인류마음이다.

개인의 마음 즉 나의 마음은, 전체로서 하나인 인류마음을 기초로 하여 분기되어 나온 후 시간과 장소에 특유한 것으로 존재하는 개별 사회와 문화가 공유하는 사고와 감정의 틀로부터 왔다. 육체가 죽는다는 현상이 일어나면 개인의 마음은 자신이 온 곳 즉 인류문화 내지 인류마음으로 돌아간다. 진실로는 돌아갈 것도 없다. 원래부터 개인의 마음은 인류마음 위에서 잠시 홀로그램적으로 나타난 것일 뿐이었다.

몸도 마음도 궁극적으로 사라지지 않는다. 죽음이라는 것이 개인적 자아가 영원히 사라지는 것이라는 의미에서 쓰이는 단어라면, 죽음은 없다. 그렇다고 영원불멸하는 영혼이 있는 것은 더욱 아니다.

만약 개인에게 있어서 나타나고 사라지고 하는 죽는 것이 있다면, 그것은 아마도 자아의식이라고 알고 있는 가상의 사고 에너지 중심이 일정기간 형성되었다가 흩어짐을 반복하는 현상만이 있을 뿐이다.

5. 삶과 죽음의 두려움을 넘어

■ '마음공간(心空間)'이 만드는 기적

즉심시불卽心是佛

—마조스님

꿈속에서는 나와 대상이 있는 것처럼 보였지만,
깨고 나면 나도 대상도 있었다고 할 수 없고,
실로 있었던 것은 나와 대상으로 나타난 마음뿐이었음을 압니다.

주어진 유일한 자유는,
관점을 꿈속 특정 영상에게 둘 것인가,
아니면 꿈꾸는 마음 자체에 둘 것인가 뿐입니다.

꿈속에서 육체적 눈귀와 두뇌로써 보고 듣고 경험한 것이 아님을 잘 압니다.
마음공간이 자신을 영상으로 드러낸 후 스스로를 보고 듣고 했지요.
주관도 대상도 없었던 것이고 단지 내 마음공간만이 실재했습니다.

지금 현실이라는 꿈에서는,
단지 육체적 눈귀와 두뇌를 통하여 보고 듣고 경험하기 때문에,
꿈이나 임사체험, 체외이탈 체험에서의 감각지각보다는 비교적 안정되어 있을 뿐이지,
모든 경우에 실제로 보고 듣고 인식하고 아는 한 물건은 바로 이 마음공간입니다.

비심비불非心非佛

—마조스님

위와 같이 유일한 자유의지에 따라서 관점을 이동시키면,
정체성이 개인에서 전체로 이동되고,
전도몽상顚倒夢想에서 벗어나 正見이 바로 섭니다.

이 상태를 일정기간 유지하다가,
마음공간이라는 이름을 떼어 내고 떨어져 나갑니다.
왜냐하면 마음공간도 이름과 생각이기 때문입니다.

관점을 이동시키고 나면 사실은 이동시킨 것이 아니라,
본래 처음부터 그러했는데 다만 생각이 나서서 실재와 다르게 생각하고 있었음을 다시 압니다.

■ 누가, 무엇이 꿈꾸는가?

몸과 생각은 꿈꾸어진 내용물 중의 하나이지,
꿈꾸는 주체가 아닙니다.

꿈꾸는 주체는 마음공간입니다.
마음공간이 곧 현실이라는 꿈, 잠잔다는 꿈, 꿈을 꾼다는 꿈으로 펼쳐집니다.

마음공간은 내가 하나의 몸이라는 느낌, 좋거나 혐오감이 느껴지는 대상들의 세계로 드러납니다.

지금의 현실이 언제고 이곳이 어디며 내가 누구인지는 결코 알 수 없습니다. 꿈속에서 깨어나면 위치와 시간을 알 수 없음을 당연하게 여깁니다. 왜냐하면 그런 것은 존재조차 하지 않았고 실제로는 마음공간만이 있음을

아니까요.

■ 무엇이 보는가? : 보는 주체(법신)는 다시 볼 수 없다.

난 누군가♪ 또 여긴 어딘가♬ –듀스, 우리는

여기는 어딘가?
지금은 언제인가?
나는 무엇인가?

– 보는 주체(법신)는 다시 볼 수 없다.
만약 보인다면 그것은 주체가 아닌 대상이다.

– 보는 자는 보이는 것들(육체+우주)과 별도로 있지 않다.

– 단지불회 시즉견성 : 보조지눌 수심결
깨달음은 다만 기다려서 다시 얻을 수 있는 것이 아님을 알면 그것이 곧바로 깨달음이다.

– 진실과 거짓은 하나

거짓은 진실이 나타난 것
진실은 거짓으로만 나타날 수 있음

진실은 에고로 나타나야만 스스로 다양성을 경험할 수 있음
모든 다양성(에고)은 하나의 같은 성질을 가짐

■ 우울감, 불안감, 좌절감, 분노감, 혐오감을 깨부순다.

- '나는 이 육체다'라는 생각이 사라진 상태가 곧 '참나'

• 라마나 마하리쉬, 「BE AS YOU ARE」

If the idea 'I am the body' is accepted, the selves are multiple. The state in which this idea vanishes is the Self.

'나는 이 육체다'라는 생각을 받아들이면, 다수의 주체(나)가 있게 됩니다. 이 생각이 사라진 상태가 '참나'입니다.

Realization is nothing to be gained afresh, it is already there. All that is necessary is to get rid of the thought 'I have not realized'.

깨달음은 새롭게 얻어지는 것이 아닙니다. 이미 있는 것입니다. '나는 아직 깨닫지 못했다'라는 생각을 버리는 것이 필요한 전부입니다.

• 수심결修心訣, 보조지눌 스님

願諸求道之人(원제구도지인)은 莫生怯弱(막생겁약)하고 須發勇猛心(수발용맹심)하라. 宿劫善因(숙각선인)을 未可知也(미가지야)이라. 若不信殊勝(약불신수승)하고 甘爲下劣(감위하열)하야 生艱阻之想(생간조지상)하야 今不修之則縱有宿世善根(금불수지칙종유숙세선근)이라도. 今斷之故(금단지고)로 彌在其難(미재기난)하야 展轉遠矣(전전원의)리라. 今旣到寶所(금기도보소)인댄 不可空手而還(불가공수이환)이니 一失人身(일실인신)하면 萬劫難復(만겁난복)이라. 請須愼之(청수신지)어다. 豈有 者知其寶所(개유자지기보소)하고 反不求之(반불구지)하야 長然孤貧(장연고빈)이리오 若欲獲寶(약욕획보)인댄 放下皮囊(방하피낭)이니라.

바라건대, 도를 구하는 사람들은 미리 겁을 먹지 말고 용맹심을 내야 할 것이니, 지난 세월에 얼마나 착한 인연을 쌓았는지 알 수 없기 때문이다. 만약 뛰어난 이 법문을 믿지 않고 열등함을 자처하여 어렵다는 생각으로 지금 닦지 않으면, 비록 지난 세상의 선근이 있을지라도 이제 그것을 끊어 버리는 것이므로 더욱 어려워지고 점점 도와 멀어질 것이다.

그대여! 이미 보배가 쌓인 곳에 왔으니 빈손으로 돌아가지 말아라!

한 번 사람의 몸을 잃으면 만겁에 돌이키기 어려우니 진실로 바라건대 마땅히 삼가하라. 지혜로운 그대여! 보배가 있는 곳을 알면서도 구하지 않다가 어찌 오래도록 외롭고 서러운 가난을 원망할 것인가.

위없는 보배를 얻고자 한다면 그대의 가죽주머니를 놓아 버려라.

– '몸이 나라는 생각' 즉 '나는 몸속에 있다는 생각'을 깸

(진짜 나는 몸에만 국한되지 않고, 몸 안과 밖에 두루두루 있다.)

☞ 일상적 체험

• 다중인격多重人格(multiple personality)

보통사람도 일반적으로 3개 정도의 다른 인격을 가지고 살아감(가면, 이성인격, 감정인격)

• 공감능력共感能力

가까운 혈족일수록, 감정적 유대가 강할수록 공감각능력은 비례해서 상승함

• 깊은 수면 상태

감각기관과 두뇌가 온전히 살아 있음에도 대상(특히 소리)을 인식하지 못함, 즉 진짜 나는 육체의 출현과 무관하게 잘 있음

• REM 수면 상태

대상, 감각기관, 두뇌를 사용치 않고 감각지각을 현실과 같이 펼쳐냄(누가, 무엇이?)

☞ 비일상적 체험

• 최면상태에서의 비일상적 감각지각

암시에 따른 시각(투시, 맹시), 청각, 미각, 촉각, 후각, 신체능력(고통둔감)

• OBE 체외이탈

- NDE 임사체험
- ESP 초감각적 지각

  감각 기관을 거치지 않고 외적 또는 내적 사상事象을 인지認知하는 일

  원격감각遠感(telepathy), 투시透視, 예지豫知 등

– 우울감, 불안감, 좌절감, 분노감, 혐오감을 깨부순다.

- 본래적, 자연적 관점(마음공간, 無我, 無爲)

  우울감이 일어나고… 머물고… 가라앉는다…

- ego 관점(有我, 有身, 有爲)

  우울감이 왜 또 왔지?

  안 왔으면 좋겠는데…

  왜 이리 오래 지속되지?

  왜 가지 않지?

  이러면 안 되는데…

  나는 쿤달리니 체험도 했고, 한 때 깨달았는데 왜 이러지?

– 몸과 세상을 보는 이 주체(앎)는

눈을 감아도 불변으로 있는데,
이때 사실은 몸과 공간의 경계를 느낄 수 없으며,
대상 지각이 없어도 앎은 온 세상으로 두루 함을 알게 됩니다.

■ 전면긍정全面肯定, 전면부정全面否定

긍정하려면 일체 전부 다 긍정하여야 하고,
그러면 더 이상 갈 곳이 없게 되어 일체가 모두 진리로 드러납니다.

부정하려면 일체 전부 다 부정하여야 하고,

일체가 부정될 때 마지막 남는 그것은 부정될 수 없는데,
남겨진 그것은 오히려 부정되었던 모든 것으로 드러납니다.

* 부정이라는 말의 뜻은 "정하지 않는다", "정할 수 없다"라는 것.
* 그러므로 없다(무), 아니다(비, 부정)라는 말이 가리키는 실재는 "정할 수 없다", "한계지을 수 없다"라는 것.

■ 나는 왜 육체가 아닌가?

– 지각능력(자각의식)이 없는 저 외부의 물질들은 100가지의 원소로 구성되는데, 그 중 20가지의 원소로써 육체가 구성된다.
– 본래 지각능력(자각의식)이 없는 물질들을 이리저리 제아무리 정교하게 짜 맞춘다 해서, 느닷없이 지각능력이 생겨날 리 없다.
– 반드시 감각기관과 두뇌가 있어야 지각능력(자각의식)이 생긴다고 여기면, 그런 것들이 일체 없는 자기복제 물질분자(DNA)는 어째서 정교한 유사 자각 의식적 생명활동을 할 수 있는가?
– 따라서 육체 자체는 물질이므로 지각능력(자각의식)이 아니다.
– 나의 본질은 언제나 확인되는 지각능력(자각의식)이므로 육체는 내가 아니다.
– 백번 양보하여, 설령 두뇌에서 자각의식이 발생한다고 해도, 두뇌와 육체 역시 주체인 나의 외부에서 지각되는 외부객관 대상 물체이므로, 나의 외부객관 대상 물체 속에 든 것을 나라고 할 수는 없다.

■ 육체가 내가 아니라면, 진짜 나는 무엇이고, 어디에 있는가?

– 진정한 나는 언제나 확인되는 자각의식(지각능력)임은 자명하다.
– 이 의식은 육체를 활동하게 하지만, 육체 안에 들어 있는 것이 아니고

온 세계에 두루 있다.
- 육체와 온 세계를 살아 움직이게 하는 의식을 개인이 탐색해서 별도의 대상으로 알고자 하면, 천하를 천하에 감춘 뜻을 모르는 것이다.
- 진짜 내가 어디 있는지 알고자 하는가? 바로 지금 이 육체와 온 세상이다.

■ 지금 누가, 무엇이 지각知覺하는가?

- 세상이 나타나고 그 안에서 다시 내가 나타나고 그 후에 시각, 청각, 촉각이 주어지는가? 아니면 세상과 자아와 시각, 청각, 촉각이 동시에 그냥 단 한번 나타나는가? 어느 쪽이 진실인가?
- 시각, 청각, 촉각과 별도로 나 혹은 세상이 존재한 적이 있는가? 즉, "나무 지각"과 별도로 나무가 존재하는가? "산하대지 지각"과 별도로 산하대지가 존재하는가? "이 육체 지각"과 별도로 나 혹은 육체가 존재하는가? "타 육체 지각"과 별도로 타인이 존재하는가? "바퀴벌레 지각"과 별도로 바퀴벌레가 존재하는가?
- "모든 육체와 세상 지각"과 별도로 나 혹은 타인 혹은 세상이 존재하는가?
- 지금 언제나 자명한 것은 시각, 청각, 촉각이 존재한다는 사실이다. 나머지는 불명확하다. 즉 지금 언제나 감각지각중感覺知覺中, perceiving)이다.
- 그렇다면 돌이켜보라. 이 감각지각은 언제나 누구의 감각지각이던가? 바로 "나의 감각지각" 임이 지금 자명하지 않은가?
- "모든 육체와 세상"은 곧 "모든 육체와 세상 지각"이고 이것은 곧 "진정한 나"다.
- 그러므로 의식은 두 가지 측면을 가진다. "감각지각"이라는 측면과

"자각의식"이라는 측면. 따라서 자각의식이 곧 감각지각이고, 감각지각이 곧 자각의식이다.

- 감각지각은 의식의 의식적 측면이고, 자각의식은 의식의 무의식적 측면이다. 즉 무의식도 의식적이다. 우리는 깊은 잠, 최면催眠, 마취痲醉, 기절氣絶, 대취大醉, 꿈에서 무의식이 매우 의식적임을 잘 안다.(aware unconsciousness)
- 70억 개의 다른 세계가 70억 겹으로 투명하게 포개지고(overlay), 동시에 서로가 서로에게 침투하고, 모든 것이 모든 것의 원인인 동시에 결과로서 나타난다.
- 하나님(진짜 나)은 70억 개의 인격을 가진 다중인격자라고 할 수 있다. 이 말이 충격이라면 익숙하게 이렇게 표현하자. 지금 하나님은 70억 화신(avatar)으로 나타나신다.("우리의 모양대로 우리가 사람을 만들고"(창세기 1:26))

■ 무엇이 나와 세상을 보는가

꿈 속에서도 세상을 여실히 보지만
눈으로 본 것이 아님이 명백하듯이

지금도 몸과 세상이 동시에 보이지만
눈으로 보고 있는 것이 아님이 명백합니다.

의식이 몸과 세상을 나타나게 함과 동시에 보고 있을 때
그 상징으로서 육안이 몸과 세상을 보는 것처럼 나타납니다.

눈과 두뇌가 세상을 보고 그 후 자아 의식이 인식하는 것이 아니라
참나 의식이 세상을 볼 때 그 징표로서 육안이 보는 듯한 그림이 동시에

보입니다.

앙상한 나뭇가지는 겨울을 상징하는 것이지 겨울 그 자체가 아닙니다.

■ 죽으면 어디로 갑니까?

- 어디로도 가지 않습니다.
- 진짜 나는 삶과 죽음이라는 꿈이 번갈아 나타나는 마음공간인 자각 의식(생명)입니다.
- 의식(마음)이 모든 꿈을 꿈꾸는 자인 동시에 꿈 자체입니다.
- 진짜 내(의식)가 삶이라는 현상으로 나타나듯이 죽음이라는 현상으로도 나타납니다.
- 죽음은 죽음이 아니라 생명(참나) 활동의 한 측면입니다.

■ 유위有爲, 무위無爲

- 유위는 의식이 특정 육체에 초점을 맞추고 개인적 관점을 취해서 행위자 느낌을 진실로 여기는 것입니다.
- 의식이 유위가 된 까닭은 가족적, 사회적 최면 때문에 생겨난, "내 정체성은 개인"이라는 강한 신념체계(belief structure)와 감정이입(empathy)의 결과입니다.
- 무위는 의식이 개인적 관점을 그대로 포용한 채로 동시에 본래의 전체적 관점에 서는 것입니다. 즉 안팎 비이원성의 관점에서 주객 이원성을 잘 사용하는 것입니다.
- 무위는 삶이 온통 큰 연극임을, 큰 꿈임을 잘 알고서 주어진 작은 배역을 잘 연기하는 것입니다.

■ 운명, 자유

– 자유는 '믿는 생각'과 '감정이입'을 그냥 둠으로써 모든 일이 저절로 되는 것
– 운명은 나 개인이 세계와 deal(거래)을 계속하는 것
– 운명은 꿈으로서 거짓이지만, 꿈 자체는 진실로서 자유
– '내가 기쁘고 슬픈 일'은 운명이지만, '기쁨과 슬픔'은 자유
– 에고를 나로 아는 것이 운명, 에고를 소중하게 잘 사용하는 것이 자유
– 우리는 언제나 자유 속에서 자유롭게 운명(개인)이라는 꿈을 꿉니다.

■ 무엇을 자유라고 하는가?

진리와 자유는 같은 것을 가리키는 말인데,
참된 나의 정체를 아는 것을 자유라 합니다.

삶에서 경험하는 고통에서 벗어나고자 갈망하는 사람은,
진정 자유롭고 싶다고 갈망하는 사람은,
일시적이고 허망한 가짜가 아닌 진짜를 알고 싶어 갈망하는 사람은,
반드시 고통에서 벗어나고 또 자유롭고 진정한 것을 알게 될 것입니다.

■ 현상학, 에포케

– 현상학은 직관을 사용하여 모든 현상의 배후 본질인 순수의식을 파악하고자 하는 실천철학 체계다.
– 현상학적 방법론의 대표는 에포케(epoche), 즉 판단중지(판단보류)다.
– 판단을 보류해야 하는 대상은 다음 두 가지의 무의식적 신념으로 요약된다.

• 자아를 육체와 동일시하는 믿음과 감정이입

• 의식(인식)과 별도로 자아의 외부에 세계가 객관적으로 독립하여 존재한다는 믿음

– 그런데 많이 슬픈 아이러니는 판단을 중지할 수 있는 주체(행위자)가 없다는 것. 중지하려고 하는 순간 오히려 그 힘으로 판단을 일삼는 자아(에고)가 굳건히 서게 됨.

– 그러므로 '나'(에고)와 판단중지는 전혀 무관한 것임이 명백해짐

■ 자아自我는 형이상학形而上學과 무관하다. 개별적 자아(에고)의 기능

– 개별적 자아는 140억년 동안에 걸친 진화의 찬란한 걸작품이다.

– 자아의 기능은 두 가지 밖에 없다. 먹이 활동, 번식 활동이 그것이다.

– 전혀 자아에 손을 대지 않아도 자아는 이런 기능을 200% 잘 수행한다.

– 그러므로 이 자아든 저 자아든 불문하고 자아에 대하여 아무런 기대를 하지 않음이 가장 좋은 '자아 사용 매뉴얼'이다.

– 만약 자아에 대하여 먹이, 번식 이외의 다른 것을 일말이라도 기대한다면 엄청난 고통을 받게 된다.

– 왜냐하면 모든 개별 자아는 마치 세상 유일의 주체인 것처럼 행위 함으로써 자신의 몸을 가장 잘 보존함이 지상명령이므로 이것을 수행하기 위하여 각 자아는 가장 그리고 할 수 있는 최대한 교활하고 이기적이고 교만해야만 한다. 그것이 자아에게는 당위다.

– 그러므로 이 자아든 저 자아든 불문하고 자아라는 것을 잘 들여다보면 우리는 가장 진정한 의미에 있어서 구토감과 소름 돋는 혐오감을 느낄 수밖에 없다.

- 형이상학을 추구하고자 하는 추동력은 이런 자아의 실상을 조금이라도 본 경험에 기반하고, 실제로 형이상학은 글자 그대로 (자아의)경험을 넘어가는 곳에서 드러난다.
- 그러므로 형이상학은 자아와는 아무런 관계가 없고, 또 자아라는 장치에는 그런 것을 추구하는 기능이 없으며 그런 역할을 책임질 필요조차도 없다.
- 형이상학은 자아가 "하는" 것이 아니다.

■ 자아自我와 세계世界는 별개의 존재인가?

- 잘 살펴보면, 놀라운 일이지만, 자아경험과 세계경험은 동일同一하다.
- 그러므로 자아와 세계는 같다.
- 따라서 실재는 단일單一 자아이거나, 아니면 단일單一 세계다.
- 자아도 있고, 동시에 세계도 있다고 하면 옳지 않다.
- 그래서 만약, "자아(내)가 하나의 몸속에 들어앉아서 밖의 세계를 경험한다."고 여기면 이것이 근본 착각(무명)이 되어서 생로병사生老病死와 무상無常, 고苦, 자아無我를 경험한다.
- 그러므로 존재, 하나님, 의식, 현존, awareness는 곧 '세계경험(experience of the world)' 바로 이것 자체임을 본다.
- 몸 속에 들어앉은 그런 개별 자아(주체)는 없다. 그러나 '세계경' 그 자체인 자아는 있고, 그 자아의 정체는'세계경'이다. 이곳에 주체는 없다.

■ 감각기관과 두뇌는 감지感知를 가능케 하는 것이 아니라 축소 내지 제한한다.

- 우리가 단순히 생각하듯이 감각기관과 두뇌가 있기 때문에 비로소 감지가 가능한 것이 아니다.
- 실상은 정 반대다. 본래의 감지는 의식자체로서 전체를 직관하지만 두뇌와 감각기관을 사용함으로써 오히려 감지의 가능성을 일부 특정한 범위 이내로 축소 내지 제한하게 된다.
- 정신 그 자체인 식물과 광물도 보고 듣고 생각하고 오욕칠정을 느끼고 기억을 한다.
- 통째로 전체 하나인 의식 현상 중 일부인 에고를 경험자나 행위자로 규정하면 곧 의식관점이 축소됨과 동시에 眞我가 마치 에고인 듯이 느껴진다.

■ 고대古代로부터의 비밀한 지식

- 자아를 포함한 나타난 모든 것은 정신(진실) 그 자체라는 사실
- 에고 느낌을 초월하기 위해서는 태어나서 어제까지 경험한 모든 일(오욕칠정)을 의식적으로 그리고 가장 솔직하게 재 경험하여 육체죽음 이후의 절차를 미리 의식적으로 체험해야 한다는 사실
- 중요 종교체계는 고대지식에서 파생되어 나온 가장 대중적이기는 하지만 지식의 핵심에 가닿기 어려운 형식적 방편에 가까워졌다는 사실
- 고대의 비밀한 지식은 종교도 아니고 영성도 아니며 신성하거나 신비한 것도 아니며 다만 존재사실을 사실 그대로 파악한 것일 뿐이라는 사실

이상이 고대로부터 지금까지 그토록 소중하게 또 가장 비밀리에 전해진 지식의 핵심입니다.

■ 영지靈知(Gnosis)란 무엇인가?

– '너 자신을 알라'(gnothi seauton)라고 말할 때, 자신의 진정한 정체가 바로 영지입니다.

– Appearing and knowing are simultaneous.
모든 나타남과 그에 대한 앎은 동시입니다.

– Appearing itself is knower.
나타남이 곧 아는 자입니다.

영지에 대한 지식은 원래 세계 주류 종교의 본바탕이었습니다.

■ 관점이동(깨어남)에는 에고가 사라지지 않습니다.

관점이동(깨어남)에는, 에고라고 불리는 "임시적 관점"을 그대로 두고, 즉 제거하지 않고,

다만 본래부터 있었으나 눈치 채지 못했던 '영구적인 관점'을 하나 더 보태는 것일 뿐입니다.

동시에 두 개의 관점에서 오직 하나임(oneness)이 just being seen through.

■ 죽음에 대한 두려움은 나(=의식)의 소멸에 대한 것이 아니다.

– 모든 이름과 형상은 의식을 상징(symbolize, represent)한다.
모든 이름은 마음을 가리키는 이름이다. –마조스님

– 나뭇가지가 앙상해 지는 것은 날씨가 추워졌기 때문이다.
나뭇가지가 앙상해 졌기 때문에 날씨가 추워진 것이 아니다.

– 의식이 휴식하기 때문에 육체가 잠을 자는 모양을 나타내는 것이지,

육체가 잠을 자므로 의식이 휴식을 취함이 아니다.
'의식의 휴면'은 '육체의 잠'이라는 이름과 모양으로 상징된다.
Deep sleep of the body symbolizes just rest of awareness.
마치 '사랑'이 '빨간 하트'라는 이름과 모양으로 상징되듯이, 그러나 빨간 하트는 사랑자체가 아니다.

- 죽음에 대한 두려움은 나(=의식)의 소멸에 대한 공포가 아니다.
  죽음에 대한 공포는 나를 상징하고 있는 도구인 육체가 더 이상 기능하지 못하는 것에 대한 아쉬움과 분노다.
  6차원으로 우주를 생겨냄과 동시에 감각지각하는 도구 내지 안경인 육체와 두뇌를 더 이상 사용치 못하는 것에 대한 충격이다.
  우리는 누구나 오랫동안 애착하던 물건이 부서지면 큰 충격을 받기 마련이다. 이런 일은 매우 자연스럽다.

- 나와 세계가 있음이 아니라, 그냥 생각과 감각이 있다.
  육체와 우주라고 이름을 붙인 감각지각이 있다.

■ 의식을 잡을 수 있는가?

의식을 잡을 수 있는가?
의식을 떼어내 버릴 수 있는가?

소리가 있고 또 그 소리와 별도로 소리를 듣는 내가 있는가?
아니면 그저 소리가 우주 세상 만물 전체로서 있는가?
어느 쪽이 사실인가?

어디까지가 소리이고, 어디서부터 소리가 아닌가?
진정 그 경계선을 알 수 있는가?

■ 용서함에 대하여

용서란 누구를 찾아가서 죄를 사죄하고 그의 자비를 구함이 아닙니다.

용서란 모든 사람과 사물에 대하여 그대로의 모습 그대로 존재하기를 허용하는 것입니다.

바꾸거나 고치려고 하지 않음입니다.

그리고 진정한 용서란 외부에 대한 것이 아니라 바로 자기 자신의 그대로의 모습을 허용해 주는 것입니다.

그리하면 곧 온 누리가 용서의 바다로 넘쳐납니다.

나와 세계는 같은 것이기에 그렇습니다.

■ 삼계유심三界唯心

– 하나의 큰 꿈 안에 모든 나와 모든 세상이 들어 있습니다.

– 이 큰 꿈은 세 가지 측면과 모양으로 꾸며집니다.

- 온 세상이 깨어 있는 모양의 꿈
- (온 세상이) 잠자는 모양의 꿈
- 온 세상을 다시 꿈꾸는 모양의 꿈

– 즉 큰 꿈 안에서 욕계(깬 꿈), 색계(꿈 속 꿈), 무색계(숙면 꿈)를 윤회하는 것입니다.

– 곧 삼계유심三界唯心 입니다.

즉 이 세 가지 모양은 언제나 하나의 의식인 참나가 나타나는 같은 것입니다.

■ 전체성과 국지성

의식은 전체적 성질을 띠지만,

의식경험은 국지적 성질을 띠게 됩니다.

그러므로 [법주법위, 세간상상주]라고 할 수 있습니다.

제2편

현대사회와 법

I 법, 정의, 죽음이란 무엇인가?

	실정법(實定法)	자연법(自然法)	무생사법(無生死法)
法	① 헌법 ② 법률 ③ 명령 ④ 규칙 ⑤ 자치법규(조례, 자치규칙) ⑥ 국제법 ⑦ 관습법 ⑧ 판례법	① 사람의 법칙 ② 문득 시작된 '인간사회라는 게임장'의 절대적 룰 ③ 황금률–칸트, 공자, 붓다, 예수, 소크라테스 ④ "네가 원치 않는 행위는 타인에게도 베풀지 말라" ⑤ 진리(智), 자유(禮), 정의(義), 사랑(仁)은 같은 하나의 다른 이름	① 우주의식의 법칙 ② 자연적, 본래적, 본성적, 본질적 상태 ③ 무위법(無爲法)
正義	상대적 정의	절대적 정의	① 궁극의 정의-절대, 상대를 모두 포함하고 초월함 ② 善도 애써 행하지 않는데(無爲) 하물며 惡을 행하는 것은 불가능 ③ 자기 스스로 자신에게 악을 행할 수는 없음
生死	생사윤회를 꿈으로 펼쳐냄	생사윤회를 꿈으로 펼쳐냄	① 생사에 물들지 않는 자유 ② '정견'(正見)–올바른 관점 ③ '순수한 앎' ④ 의식공간 ⑤ Aware-Space만이 참나로서 잠꿈깸을 일관하고, 육체죽음에도 불변으로 남아 있음 ⑥ 일이관지(一以貫之)

비고	聖子 化身 相-빛과 영상 body(70억) 感覺 두뇌지능 객관대상 초점의식	聖靈 報身 用-작용 mind(100만) 知覺-생각, 감정 감성지능 인식주관 초점의식	聖父 法身 體-본질 Spirit(Mind)(1) 統覺 영성지능 주객 비이원성 의식

II 친생자관계(親生子關係)

1. 모자관계

자연적 친자관계-출산한 순간 법적으로 성립함-통설, 판례

혼생자든 혼외자든 출생신고나 인지가 불필요

그러나 국가로부터의 보육관련 수혜 등 실정법적 효력 발생을 위해서는 필요하지만 그 신고는 창설적 효력이 아닌 보고적 효력을 가짐

기아(棄兒)의 경우 인지(855조)나 인지청구는 확인의 의미-확인의 소

2. 부자관계

법률적 친자관계-친생추정(844조), 출생신고, 인지, 입양

① 혼생자-강력한 친생추정-처의 출산으로 바로 성립

② 혼외자-認知절차를 거쳐야만 비로소 부자관계가 형성됨-가족관계등록법 규정상 인지신고의 방법으로 처리

민법 제844조(부의 친생자의 추정)

① 처가 혼인 중에 포태한 자는 부의 자로 추정한다.

② 혼인성립의 날로부터 2백일 후 또는 혼인관계종료의 날로부터 3백일 내에 출생한 자는 혼인 중에 포태한 것으로 추정한다.

3. 부가 혼외자를 혼생자로 출생신고하면?

판례－인지신고의 효력이 있다고 판시하여 왔음

입법으로 판례를 수용－가족등록법상 명문 규정－57조(2008. 1. 1. 시행)

혼외자 부의 아내도 인정했을 경우－입양의 효력

부가 아내 몰래 신고하면?

모자관계는 불발생－嫡母庶子관계－친자관계 없으므로 상속권도 없음

참고로, 繼母子관계와 繼父子 관계도 상속권 없음

생판 남의 아이를 친생자로 출생신고하면?

출생신고로서는 무효이나, 입양신고로서의 효력을 인정함(1994. 판례)

그러나 2012년의 개정민법 867조와 입양특례법에 의하여, 입양의 전제로서 친모의 출생신고와 법원의 허가를 요하므로 위 판례는 유지되기 어려울 것으로 보여짐

4. 친모의 인적사항을 자세히 모르는 미혼부가 의료보험과 보육료를 지원받으려면?

① 가족관계등록법 57조 개정 이전

가족관계등록창설허가신청–가정법원

법원결정 후 인지신고–구청

② 가족관계등록법 57조 개정 이후

[일부개정]

◇ 개정이유 및 주요내용

현행법에서는 혼인 외 출생자의 출생신고는 원칙적으로 "모"가 해야 하고, 모가 신고를 할 수 없을 때에는 동거하는 친족이나 분만에 관여한 의사 · 조산사 등이 순위에 따라 신고하도록 하고 있음.

한편, 현행법 제57조에서는 "부가 혼인 외의 자녀에 대하여 친생자 신고를 한 때에 그 신고는 인지의 효력이 있다"고 규정하고 있으나, 동 규정은 '모의 인적사항'을 기재할 수 있는 경우로 한정되어 있고, 따로 부의 혼인 외 출생자 신고의무를 규정하고 있지 아니하여, '모의 인적사항'을 기재할 수 없는 경우에는 '후견인 지정 신청, 가족관계등록창설 및 성본 창설, 인지'라는 복잡한 절차를 거쳐야만 부자관계가 확정될 수 있는 실정임.

이에 모의 인적사항을 알 수 없는 경우에는 가정법원의 확인을 받아 친생부가 출생신고를 할 수 있도록 함으로써 태어나자마자 버려지는 아이들의 생명권이 보장될 수 있도록 하려는 것임. 〈법제처 제공〉

제57조(친생자출생의 신고에 의한 인지)

① 부가 혼인 외의 자녀에 대하여 친생자출생의 신고를 한 때에는 그 신고는 인지의 효력이 있다. 〈개정 2015.5.18〉

② 모의 성명 · 등록기준지 및 주민등록번호를 알 수 없는 경우에는 부의 등록기준지 또는 주소지를 관할하는 가정법원의 확인을 받아 제1항에 따른 신고를 할 수 있다. 〈신설 2015.5.18〉

③ 가정법원은 제2항에 따른 확인을 위하여 필요한 사항을 직권으로 조사할 수 있고, 지방자치단체, 국가경찰관서 및 행정기관이나 그 밖의 단체 또는 개인에게 필요한 사항을 보고하게 하거나 자료의 제출을 요구할 수 있다. 〈신설 2015.5.18〉

④ 다음 각 호의 어느 하나에 해당하는 경우에는 신고의무자가 1개월 이내에 출생의 신고를 하고 등록부의 정정을 신청하여야 한다. 이 경우 시·읍·면의 장이 확인하여야 한다. 〈신설 2015.5.18〉

1. 출생자가 제3자로부터 「민법」 제844조의 친생자 추정을 받고 있음이 밝혀진 경우
2. 그 밖에 대법원규칙으로 정하는 사유에 해당하는 경우

⑤ 확인절차 및 신고에 필요한 사항은 대법원규칙으로 정한다. 〈신설 2015.5.18〉

제46조(신고의무자)

① 혼인 중 출생자의 출생의 신고는 부 또는 모가 하여야 한다.

② 혼인 외 출생자의 신고는 모가 하여야 한다.

(가족관계의 등록 등에 관한 법률 일부개정 2015.05.18 [법률 제13285호, 시행 2015.11.19])

Ⅲ 재판상 이혼 청구에 있어서 유책배우자의 원고적격 문제

대법원 2015.9.15. 선고 2013므568 전원합의체 판결
[이혼]〈유책배우자 이혼청구 사건〉
7대6으로 유책주의 유지

【판시사항】

민법 제840조 제6호 이혼사유에 관하여 유책배우자의 이혼청구를 허용할 것인지 여부(원칙적 소극) / 예외적으로 유책배우자의 이혼청구를 허용할 수 있는 경우 및 판단 기준

【판결요지】

1. 다수의견

(가) 이혼에 관하여 파탄주의를 채택하고 있는 여러 나라의 이혼법제는 우리나라와 달리 재판상 이혼만을 인정하고 있을 뿐 협의상 이혼을 인정하지 아니하고 있다. 우리나라에서는 유책배우자라 하더라도 상대방 배우자와 협의를 통하여 이혼을 할 수 있는 길이 열려 있다. 이는 유책배우자라도 진솔한 마음과 충분한 보상으로 상대방을 설득함으로써 이혼할 수 있는 방도가 있음을 뜻하므로, 유책배우자의 행복추구권을 위하여 재판상 이혼원인에 있어서까지 파탄주의를 도입하여야 할 필연적인 이유가 있는 것은 아니다.

우리나라에는 파탄주의의 한계나 기준, 그리고 이혼 후 상대방에 대한

부양적 책임 등에 관해 아무런 법률 조항을 두고 있지 아니하다. 따라서 유책배우자의 상대방을 보호할 입법적인 조치가 마련되어 있지 아니한 현 단계에서 파탄주의를 취하여 유책배우자의 이혼청구를 널리 인정하는 경우 유책배우자의 행복을 위해 상대방이 일방적으로 희생되는 결과가 될 위험이 크다.

유책배우자의 이혼청구를 허용하지 아니하고 있는 데에는 중혼관계에 처하게 된 법률상 배우자의 축출이혼을 방지하려는 의도도 있는데, 여러 나라에서 간통죄를 폐지하는 대신 중혼에 대한 처벌규정을 두고 있는 것에 비추어 보면 이에 대한 아무런 대책 없이 파탄주의를 도입한다면 법률이 금지하는 중혼을 결과적으로 인정하게 될 위험이 있다.

가족과 혼인생활에 관한 우리 사회의 가치관이 크게 변화하였고 여성의 사회 진출이 대폭 증가하였더라도 우리 사회가 취업, 임금, 자녀양육 등 사회경제의 모든 영역에서 양성평등이 실현되었다고 보기에는 아직 미흡한 것이 현실이다. 그리고 우리나라에서 이혼율이 급증하고 이혼에 대한 국민의 인식이 크게 변화한 것이 사실이더라도 이는 역설적으로 혼인과 가정생활에 대한 보호의 필요성이 그만큼 커졌다는 방증이고, 유책배우자의 이혼청구로 인하여 극심한 정신적 고통을 받거나 생계유지가 곤란한 경우가 엄연히 존재하는 현실을 외면해서도 아니 될 것이다.

(나) 이상의 논의를 종합하여 볼 때, 민법 제840조 제6호 이혼사유에 관하여 유책배우자의 이혼청구를 원칙적으로 허용하지 아니하는 종래의 대법원판례를 변경하는 것이 옳다는 주장은 아직은 받아들이기 어렵다.

유책배우자의 이혼청구를 허용하지 아니하는 것은 혼인제도가 요구하는 도덕성에 배치되고 신의성실의 원칙에 반하는 결과를 방지하려는 데 있으므로, 혼인제도가 추구하는 이상과 신의성실의 원칙에 비추어 보더라도 책임이 반드시 이혼청구를 배척해야 할 정도로 남아 있지 아니한 경우에는 그러한 배우자의 이혼청구는 혼인과 가족제도를 형해화할 우려가 없고 사회의 도덕관 · 윤리관에도 반하지 아니하므로 허용될 수 있다.

그리하여 상대방 배우자도 혼인을 계속할 의사가 없어 일방의 의사에 따른 이혼 내지 축출이혼의 염려가 없는 경우는 물론, 나아가 이혼을 청구하는 배우자의 유책성을 상쇄할 정도로 상대방 배우자 및 자녀에 대한 보호와 배려가 이루어진 경우, 세월의 경과에 따라 혼인파탄 당시 현저하였던 유책배우자의 유책성과 상대방 배우자가 받은 정신적 고통이 점차 약화되어 쌍방의 책임의 경중을 엄밀히 따지는 것이 더 이상 무의미할 정도가 된 경우 등과 같이 혼인생활의 파탄에 대한 유책성이 이혼청구를 배척해야 할 정도로 남아 있지 아니한 특별한 사정이 있는 경우에는 예외적으로 유책배우자의 이혼청구를 허용할 수 있다.

유책배우자의 이혼청구를 예외적으로 허용할 수 있는지 판단할 때에는, 유책배우자 책임의 태양 · 정도, 상대방 배우자의 혼인계속의사 및 유책배우자에 대한 감정, 당사자의 연령, 혼인생활의 기간과 혼인 후의 구체적인 생활관계, 별거기간, 부부간의 별거 후에 형성된 생활관계, 혼인생활의 파탄 후 여러 사정의 변경 여부, 이혼이 인정될 경우의 상대방 배우자의 정신적 · 사회적 · 경제적 상태와 생활보장의 정도, 미성년 자녀의 양육 · 교육 · 복지의 상황, 그 밖의 혼인관계의 여러 사정을 두루 고려하여야 한다.

2. 대법관 민일영, 대법관 김용덕, 대법관 고영한, 대법관 김창석, 대법관 김신, 대법관 김소영의 반대의견

(가) 이혼에 대한 사회 일반의 인식, 사회 · 경제적 환경의 변화와 아울러 이혼 법제 및 실무의 변화 등을 함께 종합하여 볼 때, 유책배우자의 이혼청구라는 이유만으로 민법 제840조 제6호 이혼사유에 의한 재판상 이혼청구를 제한하여야 할 필요는 상당히 감소하였다.

상대방 배우자의 혼인계속의사는 부부공동생활관계가 파탄되고 객관적으로 회복할 수 없을 정도에 이르렀는지 등을 판단할 때에 참작하여야 하는 중요한 요소라 할 수 있다. 그렇지만 그러한 의사를 참작하였음에도 부부공동생활관계가 객관적으로 회복할 수 없을 정도로 파탄되었다고 인정되는 경우에, 다시 상대방 배우자의 주관적인 의사만을 가지고 형식에 불과한 혼인관계를 해소하는 이혼청구가 불허되어야 한다고 단정하는 것은 불합리하며, 협의가 이루어지지 아니할 때의 혼인해소 절차를 규정한 재판상 이혼제도의 취지에도 부합하지 아니한다.

간통죄는 과거의 간통행위 자체에 대한 형사적인 제재인 반면 혼인파탄에 따른 이혼은 혼인의 실체가 소멸함에 따른 장래의 혼인 법률관계의 해소로서 제도의 목적과 법적 효과가 다르므로, 간통을 한 유책배우자에 대한 형사적 제재가 없어졌다고 하더라도, 민사상의 불법행위에 해당하는 간통행위로 인한 손해배상책임을 강화하는 것은 별론으로 하고, 혼인의 실체가 소멸한 법률관계를 달리 처우하여야 할 필요는 없다.

(나) 위와 같은 여러 사정들을 종합하여 보면, 혼인관계가 파탄되었음에도 유책배우자가 이혼을 청구하고 상대방이 이를 거부한다는 사정만으로 일률적으로 이혼청구를 배척하는 것은 더 이상 이혼을 둘러싼 갈등 해소에 적절하고 합리적인 해결 방안이라고 보기 어렵다.

부부공동생활관계가 회복할 수 없을 정도로 파탄된 경우에는 원칙적으로 제6호 이혼사유에 해당하지만, 이혼으로 인하여 파탄에 책임 없는 상대방 배우자가 정신적 · 사회적 · 경제적으로 심히 가혹한 상태에 놓이는 경우, 부모의 이혼이 자녀의 양육 · 교육 · 복지를 심각하게 해치는 경우, 혼인기간 중에 고의로 장기간 부양의무 및 양육의무를 저버린 경우, 이혼에 대비하여 책임재산을 은닉하는 등 재산분할, 위자료의 이행을 의도적으로 회피하여 상대방 배우자를 곤궁에 빠뜨리는 경우 등과 같이, 유책배우자의 이혼청구를 인용한다면 상대방 배우자나 자녀의 이익을 심각하게 해치는 결과를 가져와 정의 · 공평의 관념에 현저히 반하는 객관적인 사정이 있는 경우에는 헌법이 보장하는 혼인과 가족제도를 형해화할 우려가 있으므로, 그와 같은 객관적인 사정이 부존재하는 경우에 한하여 제6호 이혼사유가 있다고 해석하는 것이 혼인을 제도적으로 보장한 헌법 정신에 부합한다.

그리고 혼인파탄에 책임이 없는 배우자에 대하여 재판상 이혼을 허용할 경우에도, 혼인관계 파탄으로 입은 정신적 고통에 대한 위자료의 액수를 정할 때에 주된 책임이 있는 배우자의 유책성을 충분히 반영함으로써 혼인 해소에 대한 책임을 지우고 상대방 배우자에게 실질적인 손해 배상이 이루어질 수 있도록 하며, 재산분할의 비율·액수를 정할 때에도 혼인 중에 이룩한 재산관계의 청산뿐 아니라 부양적 요소를 충분히 반영하여 상대방 배우자가 이혼 후에도 혼인 중에 못지않은 생활을 보장받을 수 있도록 함으로써, 이혼청구 배우자의 귀책사유와 상대방 배우자를 위한 보호 및 배려 사이에 균형과 조화를 도모하여야 한다.

IV 선한 사마리아인 법(good Samaritan law)

1. 우리 형법의 규정

제5절에 유기遺棄와 학대虐待의 죄를 규정하고 있음.

의의-제271조(유기, 존속유기)

① 노유老幼, 질병 기타 사정으로 인하여 부조를 요하는 자를 보호할 법률상 또는 계약상 의무 있는 자가 유기한 때에는 3년 이하의 징역 또는 500만원 이하의 벌금에 처한다.

로마법 및 게르만법–범죄가 아니었음
중세 교회법–기독교 휴머니즘–어머니의 자식유기 사망 시 살인죄로
1813년 바이에른 형법–유기죄 주체, 객체(부조를 요하는 모든 자) 무제한
우리 형법–극단적 개인주의– 보호의무 없는 자의 유기는 불벌
–생명위험시 쉬운 구조기회를 방임한 자도 불벌

2. 외국의 입법례

일부 국가에서는 형법에 '선한 사마리아인 법' 조항을 규정해 놓고, 쉽게 조력을 할 수 있음에도 불구하고, 도움을 주지 않은 행위에 대해서 법적 제재를 가하고 있다.

프랑스 형법 제63조 2항은 "위험에 처해 있는 사람을 구조해 주어도 자기가 위험에 빠지지 않음에도 불구하고, 자의自意로 구조해 주지 않은 자는 3개월 이상 5년 이하의 징역, 혹은 360프랑 이상 15,000프랑 이하의 벌금에 처한다."고 규정하고 있고, 독일 형법도 마찬가지의 규정이 있다.

3. 착한 사마리아인 법은 성서에 나오는 착한 사마리아인의 비유에서 유래되었다. 어떤 유태인이 예루살렘에서 여리고로 가다가 강도를 만나 상처를 입고 길가에 버려졌는데, 동족인 유태인 제사장과 레위인은 못 본 척 지나가 버렸다. 그런데 유태인에게 멸시 받던 사마리아인이, 그를 보고 측은한 마음에서 구조해 주었다. 사회적으로 멸시받고 소외받던 사람이, 사회적으로 혜택을 받고 책임을 부과 받은 사람도 하지 못한 일들을 한 것이다.

우리 형법에서 타인의 부조를 요하는 자를 유기할 때에 적용되는 처벌 조항이 있다. 하지만 이 처벌조항은 보호를 받을 사람을 보호할 법적 의무가 있는 자 만을 대상으로 처벌하고 있다. 예를 들어, 호수가를 지나치던 사람이 호수가에 빠져있는 사람을 발견하였는데, 옆에 그 사락을 살릴 만큼의 충분한 로프가 있었는데도 불구하고, 길을 가던 사람은 물에 빠진 사람을 구조하지 않고, 그 사람이 죽어가는 모습을 구경하였다고 가정해 보자.

하지만, 착한 사마리안의 법을 적용하는데 있어서는 신중함으로 접근해야 한다. 법은 도덕의 최소한이라는 말처럼, 인간생활에서 최소한으로 꼭 지켜야 할 내용을 법으로 규정함으로써 강제하고 있다. 따라서 착한 사마리안의 법을 무분별하게 적용하게 되면, 도덕적 문제를 법적인 문제로 변질시키고, 모든 도덕적 문제를 강제할 수 있는 위험성이 있다. 또한 도덕적 문제와 법적 문제의 구별점이 애매하므로, 사회의 규범은 법적의무로 부과되어질 것이다. 이를 통하여 개인의 자유가 침해될 가능성이 높아지고, 법률의 도덕화를 발생시킬 위험성이 내포되어 있다. 자유주의는 도덕법을 혐오하는 경향이 있기 때문이다. 도덕법의 사례로는 간통죄, 소득강제배분, 부자세 등이 있다.

V 미란다 원칙(Miranda warning/Miranda rights)

1. 의의 및 유래

사법경찰이나 검찰이 범죄혐의자를 체포할 때 그 이유와 변호인의 도움을 받을 수 있는 권리, 진술을 거부할 수 있는 권리 등이 있음을 미리 알려 주어야 한다는 원칙으로서, 1963년 3월, 미국 애리조나주 피닉스시 경찰은 당시 21세였던 멕시코계 미국인 Ernesto Miranda를 납치 · 강간 혐의로 체포 후 기소했지만 1966년 미국 연방대법원은 미란다에게 무죄를 선고했다. 그 이유는 그가 진술거부권, 변호인선임권 등의 권리를 고지(告知)받지 못했기 때문이라는 것이었다.

무죄로 석방된 미란다는 유명인이 되어 술집에서 시비 중 칼에 찔려 사망하였고, 미란다를 죽인 범인은 미란다의 시체 앞에서 미란다 원칙을 고지 받으며 체포되었다.

2. 우리 형사소송법의 미란다룰 규정

제200조의5(체포와 피의사실 등의 고지)

검사 또는 사법경찰관은 피의자를 체포하는 경우에는 피의사실의 요지, 체포의 이유와 변호인을 선임할 수 있음을 말하고 변명할 기회를 주어야 한다.(본조신설 2007.6.1.)

제244조의3(진술거부권 등의 고지)

① 검사 또는 사법경찰관은 피의자를 신문하기 전에 다음 각 호의 사항을 알려주어야 한다.

1. 일체의 진술을 하지 아니하거나 개개의 질문에 대하여 진술을 하지 아니할 수 있다는 것
2. 진술을 하지 아니하더라도 불이익을 받지 아니한다는 것
3. 진술을 거부할 권리를 포기하고 행한 진술은 법정에서 유죄의 증거로 사용될 수 있다는 것

4. 신문을 받을 때에는 변호인을 참여하게 하는 등 변호인의 조력을 받을 수 있다는 것

② 검사 또는 사법경찰관은 제1항에 따라 알려 준 때에는 피의자가 진술을 거부할 권리와 변호인의 조력을 받을 권리를 행사할 것인지의 여부를 질문하고, 이에 대한 피의자의 답변을 조서에 기재하여야 한다. 이 경우 피의자의 답변은 피의자로 하여금 자필로 기재하게 하거나 검사 또는 사법경찰관이 피의자의 답변을 기재한 부분에 기명날인 또는 서명하게 하여야 한다.(본조신설 2007.6.1.)

Ⅵ 형법 개정으로 성범죄에 대한 처벌 강화

2012. 12. 18. 개정형법 공포 2013. 6. 19. 시행

1. 성범죄의 대상을 "부녀"에서 "사람"으로 함

제297조(강간)

폭행 또는 협박으로 사람을 강간한 자는 3년 이상의 유기징역에 처한다. 〈개정 2012.12.18〉

위 개정은 강간죄 외에도 242조 영리목적 음행매개죄, 288조 영리 등을 위한 약취, 유인, 매매 등죄, 303조 업무상 위력 등에 의한 간음죄, 305조 미성년자에 대한 간음, 추행죄, 339조 강도강간죄, 340조 해상강도강간죄 등에도 적용되었다.

참고로, 강제추행죄의 객체는 본래부터 부녀가 아닌 사람이었다.

2. 유사강간죄를 신설함

제297조의2(유사강간)

폭행 또는 협박으로 사람에 대하여 구강, 항문 등 신체(성기는 제외한다)의 내부에 성기를 넣거나 성기, 항문에 손가락 등 신체(성기는 제외한다)의 일부 또는 도구를 넣는 행위를 한 사람은 2년 이상의 유기징역에 처한다.(본조신설 2012.12.18.)

3. 성범죄에 대한 친고죄 규정을 모두 삭제함

4. 혼인빙자간음죄를 삭제함

제304조(혼인빙자 등에 의한 간음)

혼인을 빙자하거나 기타 위계로써 음행의 상습 없는 부녀를 기망하여 간음한 자는 2년 이하의 징역 또는 500만원 이하의 벌금에 처한다. 〈개정 1995.12.29〉

(단순위헌, 2008헌바58, 2009헌바191(병합), 2009. 11. 26, 형법 제304조(1953. 9. 18. 법률 제293호로 제정되고, 1995. 12. 29. 법률 제5057호로 개정된 것) 중 "혼인을 빙자하여 음행의 상습 없는 부녀를 기망하여 간음한 자" 부분은 헌법에 위반된다.)

VII 헌법재판소 위헌결정의 효력

헌법재판소법 제47조의 개정

1. 개정 후

제47조(위헌결정의 효력)

① 법률의 위헌결정은 법원과 그 밖의 국가기관 및 지방자치단체를 기속한다.

② 위헌으로 결정된 법률 또는 법률의 조항은 그 결정이 있는 날부터 효력을 상실한다. 〈개정 2014.5.20〉

③ 제2항에도 불구하고 형벌에 관한 법률 또는 법률의 조항은 소급하여 그 효력을 상실한다. 다만, 해당 법률 또는 법률의 조항에 대하여 종전에 합헌으로 결정한 사건이 있는 경우에는 그 결정이 있는 날의 다음 날로 소급하여 효력을 상실한다. 〈신설 2014.5.20〉

④ 제3항의 경우에 위헌으로 결정된 법률 또는 법률의 조항에 근거한 유죄의 확정판결에 대하여는 재심을 청구할 수 있다. 〈개정 2014.5.20〉

⑤ 제4항의 재심에 대하여는 「형사소송법」을 준용한다. 〈개정 2014.5.20〉

2. 개정 전

제47조(위헌결정의 효력)

① 법률의 위헌결정은 법원과 그 밖의 국가기관 및 지방자치단체를 기속한다.

② 위헌으로 결정된 법률 또는 법률의 조항은 그 결정이 있는 날부터 효력을 상실한다. 다만, 형벌에 관한 법률 또는 법률의 조항은 소급하여 그 효력을 상실한다.

③ 제2항 단서의 경우에 위헌으로 결정된 법률 또는 법률의 조항에 근거한 유죄의 확정판결에 대하여는 재심을 청구할 수 있다.

④ 제3항의 재심에 대하여는 「형사소송법」을 준용한다.

◇ 개정이유 및 주요내용

현행 「헌법재판소법」 제47조제2항은 형벌법규에 대한 위헌결정의 소급효를 인정하고 있으나, 위헌인 형벌법규에 대하여 일률적으로 해당 조항의 제정 시점까지 소급효를 인정할 경우, 헌법재판소가 기존에 합헌결정을 하였다가 시대 상황, 국민 법감정 등 사정변경으로 위헌결정을 한 경우에도 종전의 합헌결정에 관계없이 해당 조항이 제정 시점까지 소급하여 효력을 상실하는 문제가 있는바, 헌법재판소가 형벌법규에 대하여 위헌결정을 한 경우에 소급하여 그 효력이 상실되는 현행 규정을 유지하면서, 헌법재판소가 이미 합헌으로 결정하였던 경우에는 그 합헌결정 이후에 한하여 소급효가 미치도록 하여 종래의 합헌결정 이전의 확정판결에 대한 무분별한 재심청구를 방지하고 합헌결정에 실린 당대의 법감정과 시대상황에 대한 고려를 존중하려는 것임. 〈법제처 제공〉

VIII 보험사기 관련 강력범죄의 예방 및 처벌강화 필요성

1. 보험범죄수사국(부)을 경찰과 검찰 조직 내 혹은 별도로 설치할 필요성
2. 보험사기, 상해, 살인 등 죄에 대하여 특별법을 제정하여 엄벌할 필요성
3. 생명, 상해보험을 대상으로 보험 가입에서부터 유지, 해지 및 보험금 청구에 이르기까지 전체를 유기적으로 감시 감독할 수 있는 가칭 "생명, 상해보험 조사공단"의 설치 필요성
4. 변사체 검시 체계의 전문화 및 조직화 필요성-년 간 변사체 3만구 발생,

IX 살인죄 공소시효 폐지

형사소송법 일부개정 2015.07.31. 공포 후 즉시 시행

1. 개정 전

제249조(공소시효의 기간)

① 공소시효는 다음 기간의 경과로 완성한다. 〈개정 1973.1.25, 2007.12.21〉

1. 사형에 해당하는 범죄에는 25년
2. 무기징역 또는 무기금고에 해당하는 범죄에는 15년
3. 장기 10년 이상의 징역 또는 금고에 해당하는 범죄에는 10년
4. 장기 10년 미만의 징역 또는 금고에 해당하는 범죄에는 7년
5. 장기 5년 미만의 징역 또는 금고, 장기 10년 이상의 자격정지 또는 벌금에 해당하는 범죄에는 5년
6. 장기 5년 이상의 자격정지에 해당하는 범죄에는 3년
7. 장기 5년 미만의 자격정지, 구류, 과료 또는 몰수에 해당하는 범죄에는 1년

② 공소가 제기된 범죄는 판결의 확정이 없이 공소를 제기한 때로부터 25년을 경과하면 공소시효가 완성한 것으로 간주한다. 〈신설 1961.9.1, 2007.12.21〉

2. 개정 후

第253조의2(공소시효의 적용 배제)

사람을 살해한 범죄(종범은 제외한다)로 사형에 해당하는 범죄에 대하여는 제249조부터 제253조까지에 규정된 공소시효를 적용하지 아니한다.(본조신설 2015.7.31.)

부칙 〈제13454호, 2015.7.31〉

제1조(시행일) 이 법은 공포한 날부터 시행한다. 다만, 제471조의2의 개정규정은 공포 후 6개월이 경과한 날부터 시행한다.

제2조(공소시효의 적용 배제에 관한 경과조치) 제253조의2의 개정규정은 이 법 시행 전에 범한 범죄로 아직 공소시효가 완성되지 아니한 범죄에 대하여도 적용한다.

X 범죄행위와 불법행위와의 관계

1) 형사적 위법행위를 범죄행위라고 이름하고, 민사적 위법행위를 불법행위라고 이름한다.

2) 개인적 법익을 침해하는 범죄행위는 대부분 불법행위를 성립시킨다. 그러나 불법행위에 해당한다고 모두 범죄행위가 되는 것은 아니다.

3) 과실 재물손괴는 민사적 불법행위이지만 형사적 범죄행위는 아니다. 형법은 재물손괴 행위의 고의범만을 처벌한다.

4) 범죄의 성립요건과 불법행위 성립의 요건사실을 각 대응시켜 비교하면 아래와 같다.

<table>
<tr><th></th><th>범죄행위 성립요건</th><th>불법행위 성립요건</th></tr>
<tr><td>1</td><td>① 구성요건해당성
– 형벌법규에 규정된 정형적 행위에 해당
– 이 요건 내부에 고의, 과실, 상당인과관계를 포함함
– 고의범을 원칙으로 하고 과실범은 예외, 민사와 달리 완전히 다른 가치를 가짐</td><td>① 고의, 과실에 의한 가해행위
– 고의와 과실은 같은 가치임</td></tr>
<tr><td>2</td><td>② 위법성
– 형법 20조 사회상규 위반을 의미함</td><td>② 위법성
– 민법 103조 공서양속 위반을 의미함</td></tr>
<tr><td>3</td><td>③ 책임
– 책임능력, 위법성의 인식, 기대가능성을 포함함</td><td>③ 손해발생
④ 가해행위와 손해 사이의 상당인과관계</td></tr>
</table>

제1장 현대사회에서의 법의 기능

1. 법의 현대사회적 기능

실정법의 사회적 기능은 첫째, 판례법과 더불어 각종 법적 분쟁(민사, 형사, 헌법, 행정, 가사, 상사, 각종 특별법 분야 등)을 해결하는 준거가 된다. 또한 국가 · 사회질서의 유지는 법의 가장 중요한 기능 중의 하나이다. 인류의 사회 공동생활이 형성되면서 개인 간의 거래 질서 유지를 위하여 민사법이 출현하였고, 공동생활에 대한 범죄적 침해 행위로부터의 방어체계로서 형사법이 출현하였다. 나중에 국가 및 사법 체계가 서서히 확립되면서 헌법, 행정법, 소송법 등의 법규범과 각종 특별 분야에 대한 기술적인 법들이 필요하게 되었다. 더불어 공공복리의 추구 및 국민의 기본적 인권의 보장은 법의 적극적 기능이라고 할 수 있다.

우리 헌법 제10조는 "모든 국민은 인간으로서의 존엄과 가치를 가지며, 행복을 추구할 권리를 가진다. 국가는 개인이 가지는 불가침의 기본적 인권을 확인하고 이를 보장할 의무를 진다.", 제11조는 "① 모든 국민은 법 앞에 평등하다. 누구든지 성별 · 종교 또는 사회적 신분에 의하여 정치적 · 경제적 · 사회적 · 문화적 생활의 모든 영역에 있어서 차별을 받지 아니한다. ② 사회적 특수계급의 제도는 인정되지 아니하며, 어떠한 형태로도 이를 창설할 수 없다. ③ 훈장 등의 영전은 이를 받은 자에게만 효력이 있고, 어떠한 특권도 이에 따르지 아니한다.", 제12조는 "① 모든 국민은 신체의 자유를 가진다. 누구든지 법률에 의하지 아니하고는 체포 · 구속 · 압수 · 수색 또는 심문을 받지 아니하며, 법률과 적법한 절차에 의하지 아니하고는 처벌 · 보안처분 또는 강제노역을 받지 아니한다.", 제37조는 "① 국민의 자유와 권리는 헌법에 열거되지 아니한 이유로 경시되지 아니한다. ② 국민의 모든 자유와 권리는 국가안전보장 · 질서유지 또는 공공복리를 위하여 필요한 경우에 한하여 법률로써 제한할 수 있으며, 제한하는 경우에도 자유와 권리의 본질적인 내용을 침해할 수 없다."라고 각 규정하고 있다.

2. 법의 지배rule of law의 이념

'법치국가원리' 내지 '법치주의', '법의지배'rule of law의 이념은 전제적이고도 방만한 국가권력으로부터 국민의 자유와 권리를 지켜내기 위한 과정에서 발달하였고, 현대에 와서는 국가는 물론이고 유력한 정당, 사회단체, 기업 등으로부터의 불평 · 부당한 영향력을 배제하여 국민 생활의 자유, 평등, 정의를 실현하기 위한 원리로서 작용하고 있다. 이러한 '법의 지배' 원리가 보장되기 위해서는, 국가 권력의 집중화로부터 나올 수 있는 권력의 남용 위험을 방지하기 위한 장치로서 '견제와 균형'check and balance을 위한 권력분립제도가 요청된다고 하겠다.

소위 삼권분립이라고 하면 입법권, 사법권, 행정권의 분립 · 독립을 말한다. 입법기관으로서는 국회가 있고 국회의원과 정부는 법률안을 발의 · 제출할 수 있다. 사법기관으로서는 대법원 이하 각급 법원조직이 있으며 더불어 헌법 재판 기관으로서는 헌법재판소가 있다. 행정기관은 정부 및 각급 지방자치단체가 있다. 대통령은 국가의 원수로서 국가를 대표함과 동시에 행정권을 가진 정부의 수반이기도 하다. 헌법 제66조는 "① 대통령은 국가의 원수이며, 외국에 대하여 국가를 대표한다. ② 대통령은 국가의 독립 · 영토의 보전 · 국가의 계속성과 헌법을 수호할 책무를 진다. ③ 대통령은 조국의 평화적 통일을 위한 성실한 의무를 진다. ④ 행정권은 대통령을 수반으로 하는 정부에 속한다."라고 규정한다.

3. 법을 구분하여 보면, 법의 존재형식에 따른 구분으로서 성문법과 불문법이 있다. 성문법에는 헌법, 법률, 명령, 조례, 규칙 등과 조약 등 국제법이 있고, 불문법에는 판례법과 관습법이 있다. 규율 대상인 법률관계에 따른 분류는 공법, 사법, 사회법이 있다. 공법은 국가와 국민 사이의 법률관계를 규율하는 법규범이고, 사법은 개인과 개인 사이의 법률관계를 규율하는 법규범이다. 사회법은 공법관계와 사법관계가 혼합된 법체계로서 각종 노동 관련법, 사회보장 관련법, 공정거래 관련법 등이 있다.

법전을 구성하는 통상적 방식으로서, 일반적인 법칙을 모아 총칙으로서 앞부분에 위치시키고 특수한 개별 규칙들은 각칙으로 뒷부분에 두는 방식을 Pandekten체계라고 한다. 즉 연역적 구성으로 법전을 편찬하는 것이다. 실제로 형법은 총칙의 탐구로써 각칙의 개별 규정들을 이해하기 용이하다. 그러나 민법은 총칙의 탐구로써 각칙을 이해하기는 어렵고, 오히려 각칙을 먼저 이해한 후 총칙의 규정들을 보아야 그 전체적 이해가 쉽다. 민법은 각칙과 총칙을 오가는, 귀납적 방법을 주로 하는 연역적 탐구방법이 요구된다.

사회적 공동생활 관계는, 법적 강제가 가능한 권리와 의무를 서로 부담하는 '법률관계'와 그렇지 아니한 단순한 '호의관계'로 구분할 수 있다. 권리와 의무의 주체는 자연인이 원칙이지만 사단법인, 재단법인, 주식회사 등의 단체도 일정한 경우 주체가 될 수 있다.

4. 법률 정보 조사에 유용한 인터넷 사이트를 보면, 판례와 법령, 각종 법률 서식 등의 검색이 가능한 대법원종합법률정보 서비스를 비롯하여 국회전자도서관, 법무부홈페이지, 대한변호사협회 홈페이지, 법제처 찾기 쉬

운 생활법령정보 서비스 등이 있다.

♣ 스토킹stalking : 사랑인가 범죄인가

경범죄처벌법의 2013년 개정으로, 스토킹에 대하여 미약하나마 형사적으로 처벌하는 규정이 아래와 같이 신설되었지만, 폭증하는 스토킹 범행 및 관련 강력 범죄에 대처하기에는 많이 부족한 실정이다. 스토킹은 피해자 및 그 가족 등 관련 당사자가 되어 본 경험이 없으면 매우 가볍게 여기기 쉽다. 그러나 이 유형의 범죄의 실상은 엄청난 육체적 · 정신적 위해를 가하며, 그 죄질의 흉악함과 개인 및 사회적 위험성은 강력범죄와 비교하여 동일하거나 더하다고 할 수 있다. 종합적이고 근원적인 대책이 요청된다.

가) 관련 법규

제3조(경범죄의 종류)(경범죄 처벌법 2012. 3. 21. 전문개정)

① 다음 각 호의 어느 하나에 해당하는 사람은 10만 원 이하의 벌금, 구류 또는 과료(과료)의 형으로 처벌한다.

41. (지속적 괴롭힘) 상대방의 명시적 의사에 반하여 지속적으로 접근을 시도하여 면회 또는 교제를 요구하거나 지켜보기, 따라다니기, 잠복하여 기다리기 등의 행위를 반복하여 하는 사람

제13조(통신매체를 이용한 음란행위)(성폭력범죄의 처벌 등에 관한 특례법)

자기 또는 다른 사람의 성적 욕망을 유발하거나 만족시킬 목적으로 전화, 우편, 컴퓨터, 그 밖의 통신매체를 통하여 성적 수치심이나 혐오감을 일으키는 말, 음향, 글, 그림, 영상 또는 물건을 상대방에게 도달하게 한 사람은 2년 이하의 징역 또는 500만 원 이하의 벌금에 처한다.

제44조의7(불법정보의 유통금지 등)(정보통신망 이용촉진 및 정보보호 등에 관한 법률)

① 누구든지 정보통신망을 통하여 다음 각 호의 어느 하나에 해당하는 정보를 유통하여서는 아니 된다.

3. 공포심이나 불안감을 유발하는 부호 · 문언 · 음향 · 화상 또는 영상을 반복적으로 상대방에게 도달하도록 하는 내용의 정보

제74조(벌칙)

① 다음 각 호의 어느 하나에 해당하는 자는 1년 이하의 징역 또는 1천만원 이하의 벌금에 처한다.

3. 제44조의7제1항제3호를 위반하여 공포심이나 불안감을 유발하는 부호 · 문언 · 음향 · 화상 또는 영상을 반복적으로 상대방에게 도달하게 한 자

나) 공포감을 일으키는 글이나 영상을 계속적으로 보내는 경우의 처벌

법제처 홈페이지에 소재한 '생활법령정보 서비스' 등을 적절히 활용하면 위와 같은 경우에 대처하는 방법 등 일상적 법률문제에 대한 해결 방안을 쉽게 알 수 있다. 다음에 인용된 사례는 위 홈페이지에서 제공한 사이버스토킹에 대한 생활법령정보 서비스이다.

① 공포감을 일으키는 글이나 영상을 계속적으로 보내는 경우의 처벌 : 사이버공간에서 상대방에게 공포심이나 불안감을 유발하는 부호 · 문언 · 음향 · 화상 또는 영상 등을 계속적 · 반복적으로 도달하게 하는 행위를 사이버스토킹이라고 하는데, 이 사이버스토킹에 대해서는 「성폭력범죄의 처벌 및 피해자 보호 등에 관한 법률」상 '사이버스토킹죄'가 적용되어 징역 또는 벌금형에 처해질 수 있습니다. 그 밖에도 스토킹피해자의 명예를 훼손할 만한 사실을 공개함으로써 괴롭히는 경우에는 사이버명예훼손죄로도 처벌될 수 있으며, 그 내용에 따라 다른 법률로도 처벌이 가능합니다. 공포심이나 불안감을 유발하는 부호 · 문언 · 음향 · 화상 또는 영상을 반복적으로 상대방에게 도달하도록 한 사람은 1년 이하의 징역 또는 1천만원 이하의 벌금에 처해집니다.(정보통신망 이용촉진 및 정보보호 등에 관한 법률 제74조제1항 제3호)

② 피해자의 의사에 반(反)한 처벌 금지 : 사이버스토킹죄는 피해자가 명

시한 의사에 반해서 공소(公訴: 검사가 형사사건에 대해 법원에 재판을 청구하는 행위를 말함)를 제기할 수 없는 반의사불벌죄反意思不罰罪입니다.(위 같은 법률 제74조 제2항) 따라서 피해자 등의 고소 · 고발이 없어도 수사기관이 수사해서 처벌할 수는 있지만, 피해자가 가해자의 처벌을 원하지 않는다는 의사표시를 표명한 경우에는 처벌할 수 없습니다.

제2장 가족법 : 친족법 및 상속법

1. 약혼, 파혼 및 혼인

1 약혼

약혼은 혼인하기로 당사자 간에 약정하는 일종의 계약이다. 특별한 방식을 요하지 않으며 구두로도 가능하다. 성인들은 부모의 동의 없이 약혼할 수 있다. 약혼 중 실제 부부처럼 공동생활을 하더라도 이는 법률혼의 상태가 아니므로 사실혼으로만 인정되고 또 그 만큼만 보호된다. 약혼 중에는 당사자 간에 성행위와 관련된 권리와 의무가 없다. 형법상의 혼인빙자간음죄 규정은 헌법재판소가 2009년 11월 위헌으로 결정하였다. 이하 인용되는 법조문은 모두 특별한 표기가 없으면 관련되는 민법 규정이다.

제4조(성년)

사람은 19세로 성년에 이르게 된다.

제800조(약혼의 자유)

성년에 달한 자는 자유로 약혼할 수 있다.

제801조(약혼연령)

18세가 된 사람은 부모나 미성년후견인의 동의를 받아 약혼할 수 있다. 이 경우 제808조를 준용한다.

제855조(인지)

① 혼인외의 출생자는 그 생부나 생모가 이를 인지할 수 있다. 부모의 혼인이 무효인 때에는 출생자는 혼인외의 출생자로 본다.

② 혼인외의 출생자는 그 부모가 혼인한 때에는 그때로부터 혼인중의 출생자로 본다.

♣ 위 855조 2항의 제도를 준정準正이라고 한다.

2 파혼

약혼의 해제를 파혼이라고 한다. 파혼의 사유로는 당사자가 성병, 불치의 정신병, 그 밖의 불치의 병질이 있는 경우, 약혼 후 다른 사람과 약혼이나 혼인을 한 경우(일종의 이중계약), 약혼 후 다른 사람과 간음한 경우, 약혼 후 1년 이상 생사가 불명한 경우, 정당한 이유 없이 혼인을 거절하거나 그 시기를 늦추는 경우 등이 있다. 파혼의 책임이 있는 당사자는 상대방에게 정신적 · 재산적 손해를 배상하여야 한다.

제804조(약혼해제의 사유)

당사자 한쪽에 다음 각 호의 어느 하나에 해당하는 사유가 있는 경우에는 상대방은 약혼을 해제할 수 있다.

1. 약혼 후 자격정지 이상의 형을 선고받은 경우
2. 약혼 후 성년후견개시나 한정후견개시의 심판을 받은 경우
3. 성병, 불치의 정신병, 그 밖의 불치의 병질이 있는 경우
4. 약혼 후 다른 사람과 약혼이나 혼인을 한 경우
5. 약혼 후 다른 사람과 간음한 경우
6. 약혼 후 1년 이상 생사가 불명한 경우
7. 정당한 이유 없이 혼인을 거절하거나 그 시기를 늦추는 경우
8. 그 밖에 중대한 사유가 있는 경우

제805조(약혼해제의 방법)

약혼의 해제는 상대방에 대한 의사표시로 한다. 그러나 상대방에 대하여 의사표시를 할 수 없는 때에는 그 해제의 원인 있음을 안 때에 해제된 것으로 본다.

제806조(약혼해제와 손해배상청구권)

① 약혼을 해제한 때에는 당사자 일방은 과실 있는 상대방에 대하여 이로 인한 손해의 배상을 청구할 수 있다.

② 전항의 경우에는 재산상 손해 외에 정신상 고통에 대하여도 손해배상의 책임이 있다.

③ 정신상 고통에 대한 배상청구권은 양도 또는 승계하지 못한다. 그러나 당사자 간에 이미 그 배상에 관한 계약이 성립되거나 소를 제기한 후에는 그러하지 아니하다.

♣ 사실혼

사실혼은 혼인신고만 없는 실질적 부부관계이다. 그러므로 일정한 경우 사실혼은 법률상 보호된다. 즉 서로 동거, 부양, 협조 의무가 있고 보험, 연금, 주택임대차보호법 등에서 일정 경우 법률상 배우자와 같이 취급되며 사실혼을 부당하게 파기한 자는 상대방에게 손해를 배상할 의무가 있다. 그러나 중혼, 친족관계, 상속, 간통죄 고소 등에 있어서 법률혼과는 달리 취급된다. 즉 사실혼 배우자 서로 간에는 중혼금지가 적용되지 않고, 친족관계가 발생하지 않으며, 상속권이 없고, 간통죄의 고소권이 없다. 보통은 결혼식, 신혼여행, 친인척 인사 등을 하고 난 후에 혼인신고를 하는 경우가 많으므로 결혼한 부부는 일반적으로 누구나 일정기간 사실혼의 기간을 거친다고 할 수 있다. 소위 '첩 계약'은 선량한 풍속 기타 사회질서에 반하는, 반사회질서의 법률행위로서 그 법률효과가 부정된다. 즉 무효이다. 첩 계약을 위한 지급금, 도박자금, 성매매 영업을 위하여 여성에게 지급된 선금 등은 불법원인의 급여로서 그 반환을 청구할 수 없다.

제810조(중혼의 금지)

배우자 있는 자는 다시 혼인하지 못한다.

제103조(반사회질서의 법률행위)

선량한 풍속 기타 사회질서에 위반한 사항을 내용으로 하는 법률행위는 무효로 한다.

제746조(불법원인급여)

불법의 원인으로 인하여 재산을 급여하거나 노무를 제공한 때에는 그 이익의 반환을 청구하지 못한다. 그러나 그 불법원인이 수익자에게만 있는 때에는 그러하지 아니하다.

사실혼의 배우자는 상속권이 없어 생명보험금을 청구할 수 없다. 만약 사실혼 배우자만을 보험수익자로 지정하려면 생전에 보험수익자를 변경하여야 한다. 다만 일부 연금 및 산재보험금에 대해서는 사실혼 배우자에게 권리를 인정하고 있다.

〈보험계약 용어정리〉

① 보험계약자 = 계약체결 당사자=보험료 납부자

② 피보험자 = 보험사고 발생의 객체가 되는 사람

생명보험 = 사망자

손해보험 = 손해를 입은 사람 = 피해자

③ 보험수익자 = 보험사고 발생 경우 보험금을 받는 사람

생명보험 = 계약당시 보험수익자로 설정한 사람(특정하지 않은 경우 법정상속인)

손해보험 = 피보험자

♣ 강력범죄를 야기하는 보험사기

요즘 우리 사회에서 보험사기와 관련하여, 부부 혹은 양자입양 등으로 위장한 후 살인 · 중상해 등 강력범죄를 통하여 보험금을 편취하는 파렴치하고도 반인륜적인 사건들이 빈발하여 심대한 우려를 자아내고 있다. 이러한 범죄자에 대한 엄정하고도 단호한 응보적 형벌의 집행은 물론이거니와, 동종범죄에 대한 보다 진보된 형사정책적 내지 사법적 대척 및 보험사

기를 가려내기 위하여 보험 가입 전·중·후의 세밀한 조사 등 강력한 사전 방지 시스템의 구축이 절실히 요청된다.

♣ 임마누엘 칸트 : 정의와 형벌에 대하여

칸트는 정의와 형벌에 대하여 다음과 같이 말하였다. 물론 형벌의 평등은 비례적 평등(배분적 정의)으로서 같은 것은 같게 다른 것은 다르게 취급하는 의미이다. 그러나 탈리오 법칙 등 응보형벌 사상은 현대에 와서는 목적형벌 사상에 의하여 부정되거나 혹은 포용된 후 극복되었다.

① 정의가 무너지면 인간은 땅 위에 더 살 가치가 없다.

② 정의는 평등의 원리다. 응보 형벌이 정의의 실현이다.(탈리오 법칙 : 눈에는 눈, 이에는 이)[1)]

③ 그가 사람을 살해했다면 그는 죽어야 한다. 여기서 정의를 충족시켜줄 수 있는 대체물이란 존재하지 않는다.[2)]

④ 내일이 지구 최후의 날이라도 오늘 마지막 한명의 사형수의 형을 집행하여야 한다.(피해자의 인간의 존엄은 가해자의 존엄과 교환하지 않고는 회복될 수 없다. 인간은 사회적 동물이기에)

3 혼인의 성립, 혼인의 무효와 취소

가) 혼인의 성립

적법한 혼인의 성립 즉 법률혼이 성립하려면 당사자가 각 혼인적령에 달하여야 하고, 혼인이 금지되는 근친이 아니어야 하며, 혼인신고를 하여야 한다.

---

1) 최종고, 위 같은 책, 35면, 45면.

2) 아르투어 카우프만, 위 같은 책, 349면.

제807조(혼인적령)

만 18세가 된 사람은 혼인할 수 있다.

제808조(동의가 필요한 혼인)

① 미성년자가 혼인을 하는 경우에는 부모의 동의를 받아야 하며, 부모 중 한쪽이 동의권을 행사할 수 없을 때에는 다른 한쪽의 동의를 받아야 하고, 부모가 모두 동의권을 행사할 수 없을 때에는 미성년후견인의 동의를 받아야 한다.

② 피성년후견인은 부모나 성년후견인의 동의를 받아 혼인할 수 있다.

제809조(근친혼 등의 금지)

① 8촌 이내의 혈족(친양자의 입양 전의 혈족을 포함한다) 사이에서는 혼인하지 못한다.

② 6촌 이내의 혈족의 배우자, 배우자의 6촌 이내의 혈족, 배우자의 4촌 이내의 혈족의 배우자인 인척이거나 이러한 인척이었던 자 사이에서는 혼인하지 못한다.

③ 6촌 이내의 양부모계의 혈족이었던 자와 4촌 이내의 양부모계의 인척이었던 자 사이에서는 혼인하지 못한다.

제812조(혼인의 성립)

① 혼인은 「가족관계의 등록 등에 관한 법률」에 정한 바에 의하여 신고함으로써 그 효력이 생긴다.

② 전항의 신고는 당사자 쌍방과 성년자인 증인 2인의 연서한 서면으로 하여야 한다.

제814조(외국에서의 혼인신고)

① 외국에 있는 본국민사이의 혼인은 그 외국에 주재하는 대사, 공사 또는 영사에게 신고할 수 있다.

② 제1항의 신고를 수리한 대사, 공사 또는 영사는 지체없이 그 신고서류를 본국의 등록기준지를 관할하는 가족관계등록관서에 송부하여야 한다.

나) 혼인의 무효와 취소

당사자 간에 다른 목적을 위하여 형식적으로 혼인한 경우 즉 위장결혼을 하거나 사기 또는 강박으로 인하여 혼인의 의사표시를 한 때 등 경우에는 혼인은 무효이거나, 혼인을 취소할 수 있다.

제815조(혼인의 무효)

혼인은 다음 각 호의 어느 하나의 경우에는 무효로 한다.

1. 당사자간에 혼인의 합의가 없는 때
2. 혼인이 제809조제1항의 규정을 위반한 때
3. 당사자간에 직계인척관계가 있거나 있었던 때
4. 당사자간에 양부모계의 직계혈족관계가 있었던 때

제816조(혼인취소의 사유)

혼인은 다음 각 호의 어느 하나의 경우에는 법원에 그 취소를 청구할 수 있다.

1. 혼인이 제807조 내지 제809조(제815조의 규정에 의하여 혼인의 무효사유에 해당하는 경우를 제외한다. 이하 제817조 및 제820조에서 같다) 또는 제810조의 규정에 위반한 때
2. 혼인당시 당사자 일방에 부부생활을 계속할 수 없는 악질 기타 중대 사유 있음을 알지 못한 때
3. 사기 또는 강박으로 인하여 혼인의 의사표시를 한 때

4) 혼인의 일반적 효력

혼인의 일반적 효력으로는, 당사자 간에 친족관계가 형성되고, 동거·부양·협조의무가 발생하며, 미성년자는 성년으로 의제되고, 일상가사대리권日常家事代理權이 발생한다. 요즘 논란이 되고 있는, 부부 간에 강간죄 등 성폭력 범죄가 성립될 수 있는가의 문제는 그 행위유형, 동기, 정신병력 등 다양한 요소들을 검토하여 결정하여야 한다.

제767조(친족의 정의)

배우자, 혈족 및 인척을 친족으로 한다.

제768조(혈족의 정의)

자기의 직계존속과 직계비속을 직계혈족이라 하고 자기의 형제자매와 형제자매의 직계비속, 직계존속의 형제자매 및 그 형제자매의 직계비속을 방계혈족이라 한다.

제769조(인척의 계원)

혈족의 배우자, 배우자의 혈족, 배우자의 혈족의 배우자를 인척으로 한다.

제777조(친족의 범위)

친족관계로 인한 법률상 효력은 이 법 또는 다른 법률에 특별한 규정이 없는 한 다음 각호에 해당하는 자에 미친다.

1. 8촌 이내의 혈족
2. 4촌 이내의 인척
3. 배우자

제779조(가족의 범위)

① 다음의 자는 가족으로 한다.

1. 배우자, 직계혈족 및 형제자매
2. 직계혈족의 배우자, 배우자의 직계혈족 및 배우자의 형제자매

② 제1항 제2호의 경우에는 생계를 같이 하는 경우에 한한다.

제826조(부부간의 의무)

① 부부는 동거하며 서로 부양하고 협조하여야 한다. 그러나 정당한 이유로 일시적으로 동거하지 아니하는 경우에는 서로 인용하여야 한다.

② 부부의 동거 장소는 부부의 협의에 따라 정한다. 그러나 협의가 이루어지지 아니하는 경우에는 당사자의 청구에 의하여 가정법원이 이를 정한다.

제826조의2(성년의제)

미성년자가 혼인을 한 때에는 성년자로 본다.

제827조(부부간의 가사대리권)

① 부부는 일상의 가사에 관하여 서로 대리권이 있다.

② 전항의 대리권에 가한 제한은 선의의 제삼자에게 대항하지 못한다

♣ 재혼 후 자녀의 성과 본을 변경하려는 경우: 민법 제781조 6항

부모가 재혼한 경우, 자녀의 복리를 위하여 자녀의 성과 본을 변경할 필요가 있으므로 부, 모 또는 자의 청구에 의하여 법원의 허가를 받아 이를 변경할 수 있다. 다만, 자가 미성년자이고 법정대리인이 청구할 수 없는 경우에는 친족 또는 검사가 청구할 수 있다.

제781조(자의 성과 본)

① 자는 부의 성과 본을 따른다. 다만, 부모가 혼인신고 시 모의 성과 본을 따르기로 협의한 경우에는 모의 성과 본을 따른다.

② 부가 외국인인 경우에는 자는 모의 성과 본을 따를 수 있다.

③ 부를 알 수 없는 자는 모의 성과 본을 따른다.

④ 부모를 알 수 없는 자는 법원의 허가를 받아 성과 본을 창설한다. 다만, 성과 본을 창설한 후 부 또는 모를 알게 된 때에는 부 또는 모의 성과 본을 따를 수 있다.

⑤ 혼인 외의 출생자가 인지된 경우 자는 부모의 협의에 따라 종전의 성과 본을 계속 사용할 수 있다. 다만, 부모가 협의할 수 없거나 협의가 이루어지지 아니한 경우에는 자는 법원의 허가를 받아 종전의 성과 본을 계속 사용할 수 있다.

⑥ 자의 복리를 위하여 자의 성과 본을 변경할 필요가 있을 때에는 부, 모 또는 자의 청구에 의하여 법원의 허가를 받아 이를 변경할 수 있다. 다만, 자가 미성년자이고 법정대리인이 청구할 수 없는 경우에는 제777조의 규정에 따른 친족 또는 검사가 청구할 수 있다.

4 혼인의 재산적 효력 : 부부별산제夫婦別産制

우리 민법은 부부별산제를 원칙으로 한다. 부부별산제는 부부의 일방이 혼인 전부터 가진 고유재산과 혼인 중 자기의 명의로 취득한 재산은 그 배우자의 특유재산으로 하며, 특유재산은 각자 관리, 사용, 수익한다는 것이다. 부부의 누구에게 속한 것인지 분명하지 아니한 재산은 부부의 공유로 추정한다.

전업주부의 경우 일상 가사노동과 육아 등의 일을 하므로, 실지 부동산 명의와 무관하게 혼인 중 취득된 부동산에 대하여 브부 공유로 추정할 수 있다. 이혼할 경우 이러한 재산은 모두 재산분할청구권의 대상이 된다.

참고로, 부모가 생전에 자식에게 일찍 재산을 물려주고 홀로 되어 생활능력이 없음에도 자식이 부양하지 않을 경우 자식을 상대로 재산반환청구가 가능한가는 그 증여행위가 단순증여인지 부담부증여인지 여부에 따라 달라질 것이다.

제829조(부부재산의 약정과 그 변경)

① 부부가 혼인성립 전에 그 재산에 관하여 따로 약정을 하지 아니한 때에는 그 재산관계는 본관 중 다음 각조에 정하는 바에 의한다.

② 부부가 혼인성립 전에 그 재산에 관하여 약정한 때에는 혼인중 이를 변경하지 못한다. 그러나 정당한 사유가 있는 때에는 법원의 허가를 얻어 변경할 수 있다.

③ 전항의 약정에 의하여 부부의 일방이 다른 일방의 재산을 관리하는 경우에 부적당한 관리로 인하여 그 재산을 위태하게 한 때에는 다른 일방은 자기가 관리할 것을 법원에 청구할 수 있고 그 재산이 부부의 공유인 때에는 그 분할을 청구할 수 있다.

④ 부부가 그 재산에 관하여 따로 약정을 한 때에는 혼인성립까지에 그 등기를 하지 아니하면 이로써 부부의 승계인 또는 제삼자에게 대항하지 못한다.

⑤ 제2항, 제3항의 규정이나 약정에 의하여 관리자를 변경하거나 공유재산을

분할하였을 때에는 그 등기를 하지 아니하면 이로써 부부의 승계인 또는 제삼자에게 대항하지 못한다.

제830조(특유재산과 귀속불명재산)

① 부부의 일방이 혼인 전부터 가진 고유재산과 혼인 중 자기의 명의로 취득한 재산은 그 특유재산으로 한다.

② 부부의 누구에게 속한 것인지 분명하지 아니한 재산은 부부의 공유로 추정한다.

제831조(특유재산의 관리 등)

부부는 그 특유재산을 각자 관리, 사용, 수익한다.

제832조(가사로 인한 채무의 연대책임)

부부의 일방이 일상의 가사에 관하여 제삼자와 법률행위를 한 때에는 다른 일방은 이로 인한 채무에 대하여 연대책임이 있다. 그러나 이미 제삼자에 대하여 다른 일방의 책임없음을 명시한 때에는 그러하지 아니하다.

제833조(생활비용)

부부의 공동생활에 필요한 비용은 당사자 간에 특별한 약정이 없으면 부부가 공동으로 부담한다.

5 친생자와 혼인 외의 출생자

법률상 혼인 중에 출생한 자를 친생자라고 한다. 혼인 외의 출생자 즉 혼외자는 법률상 혼인관계 이외에서 태어난 자녀를 말한다. 혼인 전에 임신하여 혼인 중에 출생하더라도 친생자이다. 혼인 외의 출생자는 그 부모가 혼인한 때에는 그때로부터 혼인중의 출생자로 본다. 부부의 일방은 그 자가 친생자임을 부인하는 친생 부인의 소를 제기할 수 있다. 혼인 외의 출생자는 그 생부나 생모가 이를 인지認知할 수 있고, 자와 그 직계비속 또는 그 법정대리인은 부 또는 모를 상대로 하여 인지청구의 소를 제기할 수 있다. 인지는 법률상의 친자관계를 발생시킨다. 인지는 보통 생부가 행하지만, 오래전에 잃어버리거나 버려진 아이의 경우와 같이 모자관계가 불분명한 경우에는 친모의 인지가 필요하다. 부 또는 모가 사망한 때에는 그 사망을 안 날로부터 2년 내에 검사를 상대로 하여 인지에 대한 이의 또는 인지청구의 소를 제기할 수 있다.

제844조(부의 친생자의 추정)

① 처가 혼인 중에 포태한 자는 부의 자로 추정한다.

② 혼인성립의 날로부터 2백일후 또는 혼인관계 종료의 날로부터 3백일내에 출생한 자는 혼인중에 포태한 것으로 추정한다.

제846조(자의 친생부인)

부부의 일방은 제844조의 경우에 그 자가 친생자임을 부인하는 소를 제기할 수 있다.

제847조(친생부인의 소)

① 친생부인의 소는 부 또는 처가 다른 일방 또는 자를 상대로 하여 그 사유가 있음을 안 날부터 2년내에 이를 제기하여야 한다.

② 제1항의 경우에 상대방이 될 자가 모두 사망한 때에는 그 사망을 안 날부터 2년내에 검사를 상대로 하여 친생부인의 소를 제기할 수 있다.

제855조(인지)

① 혼인외의 출생자는 그 생부나 생모가 이를 인지할 수 있다. 브모의 혼인이 무효인 때에는 출생자는 혼인외의 출생자로 본다.

② 혼인외의 출생자는 그 부모가 혼인한 때에는 그때로부터 혼인중의 출생자로 본다.

제857조(사망자의 인지)

자가 사망한 후에도 그 직계비속이 있는 때에는 이를 인지할 수 있다.

제860조(인지의 소급효)

인지는 그 자의 출생 시에 소급하여 효력이 생긴다. 그러나 제삼자의 취득한 권리를 해하지 못한다.

제861조(인지의 취소)

사기, 강박 또는 중대한 착오로 인하여 인지를 한 때에는 사기나 착오를 안 날 또는 강박을 면한 날로부터 6월내에 가정법원에 그 취소를 청구할 수 있다.

제863조(인지청구의 소)

자와 그 직계비속 또는 그 법정대리인은 부 또는 모를 상대로 하여 인지청구의 소를 제기할 수 있다.

제864조(부모의 사망과 인지청구의 소)

제862조 및 제863조의 경우에 부 또는 모가 사망한 때에는 그 사망을 안 날로부터 2년내에 검사를 상대로 하여 인지에 대한 이의 또는 인지청구의 소를 제기할 수 있다.

제865조(다른 사유를 원인으로 하는 친생자관계존부확인의 소)

① 제845조, 제846조, 제848조, 제850조, 제851조, 제862조와 제863조의 규정에 의하여 소를 제기할 수 있는 자는 다른 사유를 원인으로 하여 친생자관계존부의 확인의 소를 제기할 수 있다.

② 제1항의 경우에 당사자일방이 사망한 때에는 그 사망을 안 날로부터 2년내에 검사를 상대로 하여 소를 제기할 수 있다.

♣ 태어나는 확률

동일한 사람의 정자와 난자라도 그 각각의 정자와 난자는 모두 다른 유전자 정보를 가지고 있다. 70억 인구 각자의 정자와 난자의 조합으로 태어날 수 있는, 유전자와 개성이 다른 사람 개체의 경우의 수는 이 우주에 존재하는 분자의 수보다도 많다. 70억 인구가 많다고 하더라도 태어날 수 있었던, 또 앞으로 태어날 모든 사람들의 수에 비하면 그야말로 매우 희귀한 수이며 우리들 각자는 이 우주에서 정말 희소하면서도 기적과도 같은 존재라고 하겠다.

♣ 베이비박스에 버려진 아기 : 양날의 검

사실 모든 법령의 제정 및 개정 이유는 보다 진보한 사회 안전 시스템의 구축을 위함인데 어떤 경우에는 아래와 같이 오히려 사실적 혹은 법률적으로 시행되어 오던 기존 안전 시스템이 불안해지는 경향도 있다. 일종의 부작용일 것이다. 우리의 세상, 우주인 이원적 세계에서는 모든 일이 사실 '양날의 검'으로서 역할을 행한다. 불, 자동차, 휴대폰, 티브이, 언어, 육체, 마음 등등 total하여, 문명과 문화는 곧 양날의 검이다. 장점과 단점이 공존하고, 자타를 모두 베어버릴 수 있는 가능성이 공존한다. 그러므로 '나 개인이 어떻게 살 것인가?' 라는 물음이 어느 정도 구체적이고도 원숙하게 실행되어, 좋은 면이든 싫은 면이든 불문하고 자아 정체성이라는 것이 확립된 후에는 '나 개인을 떠나(포함하여) 무엇이 진실인가?'라는 물음을 살아야 하겠다. 이것만이 양날의 검을 잘 사용하면서 이 세상을 살아가는 유일한 방법이기 때문이다.

「입양특례법」이 2011. 8. 4. 전문 개정되었다. 법제처가 제공하는 개정 이유를 보면 다음과 같다. "아동입양의 절차가 아동의 복리를 중심으로 이루어질 수 있도록 국가의 관리 · 감독을 강화하고, 최선의 아동 보호는 출신가정과 출신국가 내에서 양육되어야 한다는 것을 기본 패러다임으로 국가 입양 정책을 수립할 필요가 있음. 이를 위해, 이 법률의 제명을 「입양특례법」으로 변경하고, 국내외 입양 모두 법원의 허가를 받도록 하며, 친생부모에게 양육에 관한 충분한 상담 및 양육정보를 제공하는 등 부모의 직접 양육을 지원하고, 아동이 출생일부터 1주일이 지나고 나서 입양동의가 이루어지도록 하는 한편, 양자가 된 사람에게 자신에 대한 입양정보 접근권을 부여하고, 국내입양의 우선 추진 의무화 등을 규정함으로써 아동의 권익과 복지를 증진하려는 것임."

서울의 한 교회 앞에 설치된 '베이비박스'에 버려진 아기가 최근 3년새

184명에 이르는 것으로 나타났다. 베이비박스는 2009년 12월 서울 관악구 주사랑교회가 버려지는 아기를 관리하도록 설치한 곳이다. 14일 서울시 등에 따르면 베이비박스에 버려진 아기는 2010년 4명, 2011년 37명, 2012년 79명으로 매년 급증했다고 이날 연합뉴스가 전했다. 올해는 4월까지만 벌써 64명의 영아가 버려졌다. 버려지는 영아는 지난해 8월 개정입양특례법이 시행된 후부터 급증하기 시작했다는 설명이다. 그동안 베이비박스에 버려진 영아는 입양기관을 거쳐 국내 가정으로 입양돼 왔지만 지난해 입양특례법이 개정되면서 〈출생신고와 가족관계등록 의무 조항과 법원 허가제〉 등의 도입으로 절차가 복잡해져 이후 버려진 영아들을 보육원에서 맡아 기르고 있다는 것. 이런 사정을 모르고 전국에서 찾아와 아기를 버리고 가는 사례가 늘고 있어 시 · 구청과 교회에서는 난색을 표하고 있다. 주사랑교회의 한 관계자는 "대다수 미혼모가 편지 등을 통해 '입양특례법 시행 후 〈친모 등록을 해야 해서 입양이 어려워져〉 교회에다 버리니 어떻게든 입양해달라'고 하는데 베이비박스에 버려지는 아기는 전원 보육원에 입소한다"고 설명했다. 베이비박스에 버려진 영아는 관악구청 등을 통해 서울시립어린이병원에서 건강 검진을 거쳐 장애아는 장애시설로, 비장애아는 일반 보육시설로 보내진다.[3)]

♣ 행복한 혼인 생활의 요체

요즘 소위 4대 사회악 척결(성폭력, 학교폭력, 가정파괴범, 불량식품)이 사회적 이슈로 되고 있다. 이러한 사회적 악순환은 결국 어릴 적부터의 교육으로 해결하여야 하며, 따라서 교육자의 자질의 제고와 공교육 체계의 혁명이 요망된다고 하겠다. 가정폭력에 대하여는 가정폭력상담소, 가정폭력피해자보호시설, 여성가족부, 경찰, 검찰, 가정법원 등으로부터 지원을 받을 수

3) 매일경제, 2013. 4. 14. 참조.

있다. 혼인 중의 생활은 법적인 의무를 떠나서 서로의 인격을 완성하고 영혼을 고양할 수 있는 절호의 기회이다. 결혼은 목사 신부 수녀 스님이 되는 것보다도 더욱 자연적인 수양 내지 수행을 준다고도 할 수 있다. 부부 간에 서로 자기 식으로 바꾸려고 하지 말고, 각자 타고난 개성의 다름을 인정하고 개인적 판단 없이 '있는 그대로를 허용하는 것'이 혼인 생활의 요체라고 할 것이다.

approve, allow or accept what is.

2. 이혼

법률상 이혼의 종류로는 협의이혼과 재판상 이혼이 있다. 협의이혼에는 3개월 혹은 1개월의 이혼 숙려기간을 거쳐야 하고, 재판상 이혼에는 '조정 전치주의'가 적용되어 변론기일 전에 조정 절차를 거쳐야 한다. 이혼사유에 있어서 책임이 있는 배우자 즉 유책 배우자는 스스로 재판상 이혼을 청구할 수 없다. 대법원이 발간하는 사법연감에 따라 이혼사유 중 많은 순서로 열거하면 통상적으로 다음과 같다. 성격차이, 경제문제, 배우자 부정, 가족 간 불화, 정신적 · 육체적 학대, 건강 등이다.

이혼을 할 경우에는 미성년인 자를 양육할 양육자의 결정, 양육비용의 부담, 면접교섭권의 행사 여부 및 그 방법, 위자료, 재산분할 등에 관하여 결정하여야 한다. 정신적 피해에 대하여 유책 배우자가 지급의무를 부담하는 것이 위자료이고, 재산분할청구권은 위자료와는 별개의 개념이다. 재산분할은 혼인 중에 형성된 재산에 대하여 유책 배우자도 그 기여한 바에 따라 청구할 수 있다.

연예인 등 공인들이 협의 이혼하는 경우, 이혼 숙려기간과 재판장 확인 등의 절차를 거치지 않고 또한 각자 자신을 외부로 드러내지 않으면서 이혼을 신속히 처리하기 위하여, 각자 변호사 소송 대리인을 선임하여 가정법원에 이혼 조정신청을 하고 조정기일을 최대한 빨리 지정받아 이를 처리하는 사례도 있다.

1 협의이혼 관련 규정

제834조(협의상 이혼)

부부는 협의에 의하여 이혼할 수 있다.

제836조(이혼의 성립과 신고방식)

① 협의상 이혼은 가정법원의 확인을 받아 「가족관계의 등록 등에 관한 법률」의 정한 바에 의하여 신고함으로써 그 효력이 생긴다.

② 전항의 신고는 당사자 쌍방과 성년자인 증인 2인의 연서한 서면으로 하여야 한다.

제836조의2(이혼의 절차)

① 협의상 이혼을 하려는 자는 가정법원이 제공하는 이혼에 관한 안내를 받아야 하고, 가정법원은 필요한 경우 당사자에게 상담에 관하여 전문적인 지식과 경험을 갖춘 전문상담인의 상담을 받을 것을 권고할 수 있다.

② 가정법원에 이혼의사의 확인을 신청한 당사자는 제1항의 안내를 받은 날부터 다음 각 호의 기간이 지난 후에 이혼의사의 확인을 받을 수 있다.

1. 양육하여야 할 자(포태 중인 자를 포함한다. 이하 이 조에서 같다)가 있는 경우에는 3개월
2. 제1호에 해당하지 아니하는 경우에는 1개월

③ 가정법원은 폭력으로 인하여 당사자 일방에게 참을 수 없는 고통이 예상되는 등 이혼을 하여야 할 급박한 사정이 있는 경우에는 제2항의 기간을 단축 또는 면제할 수 있다.

제837조(이혼과 자의 양육책임)

① 당사자는 그 자의 양육에 관한 사항을 협의에 의하여 정한다.

② 제1항의 협의는 다음의 사항을 포함하여야 한다.

1. 양육자의 결정
2. 양육비용의 부담
3. 면접교섭권의 행사 여부 및 그 방법

제837조의2(면접교섭권)

① 자를 직접 양육하지 아니하는 부모의 일방과 자는 상호 면접교섭할 수 있는 권리를 가진다.

② 가정법원은 자의 복리를 위하여 필요한 때에는 당사자의 청구 또는 직권에 의하여 면접교섭을 제한하거나 배제할 수 있다.

제839조의2(재산분할청구권)

① 협의상 이혼한 자의 일방은 다른 일방에 대하여 재산분할을 청구할 수 있다.

② 제1항의 재산분할에 관하여 협의가 되지 아니하거나 협의할 수 없는 때에는 가정법원은 당사자의 청구에 의하여 당사자 쌍방의 협력으로 이룩한 재산의 액수 기타 사정을 참작하여 분할의 액수와 방법을 정한다.

③ 제1항의 재산분할청구권은 이혼한 날부터 2년을 경과한 때에는 소멸한다.

제839조의3(재산분할청구권 보전을 위한 사해행위취소권)

① 부부의 일방이 다른 일방의 재산분할청구권 행사를 해함을 알면서도 재산권을 목적으로 하는 법률행위를 한 때에는 다른 일방은 제406조 제1항을 준용하여 그 취소 및 원상회복을 가정법원에 청구할 수 있다.

② 제1항의 소는 제406조제2항의 기간 내에 제기하여야 한다.

2 재판상 이혼 관련 규정

제840조(재판상 이혼 원인)

부부의 일방은 다음 각 호의 사유가 있는 경우에는 가정법원에 이혼을 청구할 수 있다.

1. 배우자에 부정한 행위가 있었을 때
2. 배우자가 악의로 다른 일방을 유기한 때
3. 배우자 또는 그 직계존속으로부터 심히 부당한 대우를 받았을 때
4. 자기의 직계존속이 배우자로부터 심히 부당한 대우를 받았을 때
5. 배우자의 생사가 3년 이상 분명하지 아니한 때
6. 기타 혼인을 계속하기 어려운 중대한 사유가 있을 때

제841조(부정으로 인한 이혼청구권의 소멸)

전조 제1호의 사유는 다른 일방이 사전동의나 사후용서를 한 때 또는 이를 안 날로부터 6월, 그 사유 있은 날로부터 2년을 경과한 때에는 이혼을 청구하지 못한다.

제924조(친권상실의 선고)

부 또는 모가 친권을 남용하거나 현저한 비행 기타 친권을 행사시킬 수 없는 중대한 사유가 있는 때에는 법원은 제777조의 규정에 의한 자의 친족 또는 검사의 청구에 의하여 그 친권의 상실을 선고할 수 있다.

3 친양자 제도

친양자 제도는 2005. 3. 31. 민법 개정을 통하여 신설되었다. 친양자는 일반 양자와 달리 입양 전의 모든 친족관계가 소멸된다는 데에 그 특색이 있다. 따라서 이전 친생부모와 관련한 상속권, 면접교섭권 등의 권리의무가 일체 발생하지 않는다.

제908조의2(친양자 입양의 요건 등)

① 친양자(친양자)를 입양하려는 사람은 다음 각 호의 요건을 갖추어 가정법원에 친양자 입양을 청구하여야 한다.

1. 3년 이상 혼인 중인 부부로서 공동으로 입양할 것. 다만, 1년 이상 혼인 중인 부부의 한쪽이 그 배우자의 친생자를 친양자로 하는 경우에는 그러하지 아니하다.

2. 친양자가 될 사람이 미성년자일 것
3. 친양자가 될 사람의 친생부모가 친양자 입양에 동의할 것. 다간, 부모가 친권상실의 선고를 받거나 소재를 알 수 없거나 그 밖의 사유로 동의할 수 없는 경우에는 그러하지 아니하다.
4. 친양자가 될 사람이 13세 이상인 경우에는 법정대리인의 동의를 받아 입양을 승낙할 것
5. 친양자가 될 사람이 13세 미만인 경우에는 법정대리인이 그를 갈음하여 입양을 승낙할 것

제908조의3(친양자 입양의 효력)

① 친양자는 부부의 혼인중 출생자로 본다.

② 친양자의 입양 전의 친족관계는 제908조의2제1항의 청구에 의한 친양자 입양이 확정된 때에 종료한다. 다만, 부부의 일방이 그 배우자의 친생자를 단독으로 입양한 경우에 있어서의 배우자 및 그 친족과 친생자간의 친족관계는 그러하지 아니하다.

3. 유언과 상속

1 유언의 방식

유언은 법률행위로서 상대방 없는 단독행위이다. 유언은 임의의 방식으로 행할 수 없고 민법이 정하는 5가지의 방식으로 하여야만 법률적 효력이 있다. 즉 자필증서, 녹음, 공정증서, 비밀증서와 구수증서의 방식이다. 미성년자라도 만 17세 이상이면 유언능력이 있다.

제1060조(유언의 요식성)

유언은 본법의 정한 방식에 의하지 아니하면 효력이 생하지 아니한다.

제1061조(유언적령)

만 17세에 달하지 못한 자는 유언을 하지 못한다.

제1065조(유언의 보통방식)

유언의 방식은 자필증서, 녹음, 공정증서, 비밀증서와 구수증서의 5종으로 한다.

제1066조(자필증서에 의한 유언)

① 자필증서에 의한 유언은 유언자가 그 전문과 연월일, 주소, 성명을 자서하고 날인하여야 한다.

② 전항의 증서에 문자의 삽입, 삭제 또는 변경을 함에는 유언자가 이를 자서하고 날인하여야 한다.

제1067조(녹음에 의한 유언)

녹음에 의한 유언은 유언자가 유언의 취지, 그 성명과 연월일을 구술하고 이에 참여한 증인이 유언의 정확함과 그 성명을 구술하여야 한다.

제1068조(공정증서에 의한 유언)

공정증서에 의한 유언은 유언자가 증인 2인이 참여한 공증인의 면전에서 유언의 취지를 구수하고 공증인이 이를 필기낭독하여 유언자와 증인이 그 정확함을 승인한 후 각자 서명 또는 기명날인 하여야 한다.

제1069조(비밀증서에 의한 유언)

① 비밀증서에 의한 유언은 유언자가 필자의 성명을 기입한 증서를 엄봉날인하고 이를 2인 이상의 증인의 면전에 제출하여 자기의 유언서임을 표시한 후 그 봉서표면에 제출 연월일을 기재하고 유언자와 증인이 각자 서명 또는 기명날인 하여야 한다.

② 전항의 방식에 의한 유언봉서는 그 표면에 기재된 날로부터 5일내에 공증인 또는 법원서기에게 제출하여 그 봉인상에 확정일자인을 받아야 한다.

제1070조(구수증서에 의한 유언)

① 구수증서에 의한 유언은 질병 기타 급박한 사유로 인하여 전4조의 방식에 의할 수 없는 경우에 유언자가 2인이상의 증인의 참여로 그 1인에게 유언의 취지를 구수하고 그 구수를 받은 자가 이를 필기낭독하여 유언자의 증인이 그 정확함을 승인한 후 각자 서명 또는 기명날인하여야 한다.

② 전항의 방식에 의한 유언은 그 증인 또는 이해관계인이 급박한 사유의 종료한 날로부터 7일내에 법원에 그 검인을 신청하여야 한다.
③ 제1063조제2항의 규정은 구수증서에 의한 유언에 적용하지 아니한다.

제1071조(비밀증서에 의한 유언의 전환)
비밀증서에 의한 유언이 그 방식에 흠결이 있는 경우에 그 증서가 자필증서의 방식에 적합한 때에는 자필증서에 의한 유언으로 본다.

제1072조(증인의 결격사유)
① 다음 각 호의 어느 하나에 해당하는 사람은 유언에 참여하는 증인이 되지 못한다.
1. 미성년자
2. 피성년후견인과 피한정후견인
3. 유언으로 이익을 받을 사람, 그의 배우자와 직계혈족
② 공정증서에 의한 유언에는 「공증인법」에 따른 결격자는 증인이 되지 못한다.

2 상속

상속인의 순위는 피상속인의 직계비속, 직계존속, 형제자매, 4촌 이내의 방계혈족의 순이다. 법정상속분은 동순위의 상속인이 수인인 때에는 그 상속분은 균분으로 하고, 피상속인의 배우자의 상속분은 직계비속과 공동으로 상속하는 때에는 직계비속의 상속분의 5할을 가산하고, 직계존속과 공동으로 상속하는 때에는 직계존속의 상속분의 5할을 가산한다.

공동상속인 중에 상당한 기간 동거 · 간호 그 밖의 방법으로 피상속인을 특별히 부양하거나 피상속인의 재산의 유지 또는 증가에 특별히 기여한 자가 있을 때에는 기여분을 가산할 수 있는 기여분 제도가 있다.

상속권을 주장하는 자가 없는 때에는 가정법원은 피상속인과 생계를 같이 하고 있던 자, 피상속인의 요양간호를 한 자 기타 피상속인과 특별한 연

고가 있던 자의 청구에 의하여 상속재산의 전부 또는 일부를 분여할 수 있다. 이마도 대표적인 특별연고자는 사실혼의 배우자일 것이다.

제1000조(상속의 순위)

① 상속에 있어서는 다음 순위로 상속인이 된다. 〈개정 1990.1.13〉

1. 피상속인의 직계비속
2. 피상속인의 직계존속
3. 피상속인의 형제자매
4. 피상속인의 4촌 이내의 방계혈족

② 전항의 경우에 동순위의 상속인이 수인인 때에는 최근친을 선순위로 하고 동친 등의 상속인이 수인인 때에는 공동상속인이 된다.

③ 태아는 상속순위에 관하여는 이미 출생한 것으로 본다.

제1001조(대습상속)

전조 제1항제1호와 제3호의 규정에 의하여 상속인이 될 직계비속 또는 형제자매가 상속개시전에 사망하거나 결격자가 된 경우에 그 직계비속이 있는 때에는 그 직계비속이 사망하거나 결격된 자의 순위에 가름하여 상속인이 된다.

제1003조(배우자의 상속순위)

① 피상속인의 배우자는 제1000조제1항제1호와 제2호의 규정에 의한 상속인이 있는 경우에는 그 상속인과 동순위로 공동상속인이 되고 그 상속인이 없는 때에는 단독상속인이 된다. 〈개정 1990.1.13〉

② 제1001조의 경우에 상속개시전에 사망 또는 결격된 자의 배우자는 동조의 규정에 의한 상속인과 동순위로 공동상속인이 되고 그 상속인이 없는 때에는 단독상속인이 된다. 〈개정 1990.1.13〉

제1009조(법정상속분)

① 동순위의 상속인이 수인인 때에는 그 상속분은 균분으로 한다. 〈개정 1977.12.31, 1990.1.13〉

② 피상속인의 배우자의 상속분은 직계비속과 공동으로 상속하는 때에는 직계비속의 상속분의 5할을 가산하고, 직계존속과 공동으로 상속하는 때에

는 직계존속의 상속분의 5할을 가산한다. 〈개정 1990.1.13〉

제1008조의2(기여분)

① 공동상속인 중에 상당한 기간 동거 · 간호 그 밖의 방법으로 피상속인을 특별히 부양하거나 피상속인의 재산의 유지 또는 증가에 특별히 기여한 자가 있을 때에는 상속개시 당시의 피상속인의 재산가액에서 공동상속인의 협의로 정한 그 자의 기여분을 공제한 것을 상속재산으로 보고 제1009조 및 제1010조에 의하여 산정한 상속분에 기여분을 가산한 액으로써 그 자의 상속분으로 한다. 〈개정 2005.3.31〉

② 제1항의 협의가 되지 아니하거나 협의할 수 없는 때에는 가정법원은 제1항에 규정된 기여자의 청구에 의하여 기여의 시기 · 방법 및 정도와 상속재산의 액 기타의 사정을 참작하여 기여분을 정한다.

제1057조의2(특별연고자에 대한 분여)

① 제1057조의 기간 내에 상속권을 주장하는 자가 없는 때에는 가정법원은 피상속인과 생계를 같이 하고 있던 자, 피상속인의 요양간호를 한 자 기타 피상속인과 특별한 연고가 있던 자의 청구에 의하여 상속재산의 전부 또는 일부를 분여할 수 있다. 〈개정 2005.3.31〉

♣ 정당한 상속 지분

법무부는 최근 민법 상속 편 개정안을 검토 중이다. 상속 지분에 대한 현재의 규정과 개정안의 규정을 비교하면서 정의로운 상속제도에 대하여 숙고해 볼 필요성이 있다.

① 상속 지분 CASE 문제

노모와 배우자, 외아들을 둔 아버지가, 아들과 같이 등산을 갔다가 아버지가 실족하여 먼저 사망하였고, 뒤이어 그 아들도 아버지를 구하려다가 실족으로 사망했다면, 아버지의 재산을 누가 얼마만큼 상속할 것인가. 혹은 아버지와 아들이 동시에 사망하거나 혹은 사망의 시각이 명확하지 않을 경우에는 어떠한가. 상속재산에 대한 유언은 없었음을 전제한다.

상속에 대한 현재의 민법 규정은 다음과 같다. 상속인의 순위는 피상속인의 직계비속, 직계존속, 형제자매, 4촌 이내의 방계혈족의 순이다. 법정 상속분은 동순위의 상속인이 수인인 때에는 그 상속분은 균분으로 하고, 피상속인의 배우자의 상속분은 직계비속과 공동으로 상속하는 때에는 직계비속의 상속분의 5할을 가산하고, 직계존속과 공동으로 상속하는 때에는 직계존속의 상속분의 5할을 가산한다.

따라서 사례의 경우에는 먼저 배우자가 아들과 같이 공동상속인이 되었다가 연이어 아들의 사망과 동시에 배우자가 단독 상속인이 된다. 그러나 아버지와 아들이 동시에 사망하거나 혹은 사망의 시각이 명확하지 않을 경우에는 동시사망이 추정되어 배우자는 노모와 같이 1.5:1의 상속분 비율로 공동상속인이 된다. 다음은 민법 동시사망 규정이다.

제30조(동시사망)

2인 이상이 동일한 위난으로 사망한 경우에는 동시에 사망한 것으로 추정한다.

② 법무부 민법(상속 편) 개정안

각종 법령의 입법예고, 개정, 제정에 대한 정보 및 의견 제출과 게재된 무죄재판서 열람 등은, 인터넷 법무부 홈페이지 법무정보 · 뉴스 란을 참조하면 유용하다.

법무부는 최근 민법(상속 편)개정 특별분과위원회로부터 개정 최종안을 제출받아 검토 중인 것으로 알려졌다. 혼인 이후 시점부터 부부가 공동으로 형성한 재산의 경우 최대 50%까지 선취분으로 인정받게 된다. 이는 가사노동 등을 통해 재산 형성에 기여한 배우자의 몫을 인정하는 이혼 재산 분할과 같은 취지로 볼 수 있다. 다만 법원이 배우자의 혼인 기간, 별거 기간, 사유 등에 따라 선취분을 감액할 수 있도록 관련 조항을 새로 뒀다. 현재 자녀가 1명이면 배우자와 자녀가 각각 1.5:1, 자녀가 2명이면 1.5:1:1, 자녀가 3명이면 1.5:1:1:1의 비율로 재산을 분할하는 방식에서 앞으로는 혼인 기간동안 형성한 재산의 최대 50%까지 우선적으로 배우자에게 배분하고 나머지 재산을 배우자와 자녀가 각각 1.5:1로 나눈다. 피상속인(사망자)이 자녀에게 모든 재산을 증여한다고 유언해도 생존 배우자의 몫인 선취분은 영향을 받지 않는 것이다. 법무부는 개정특위가 제출한 개정안에 대해 내부 검토를 마치는 대로 이달 말이나 내달 초 입법예고한 뒤 의견 수렴을 거쳐 시행할 예정이다.[1)]

상속법 개정안으로 자산가들의 머릿속이 복잡해지고 있다. 홀로 남게 되는 배우자의 경제적 부담을 덜어주자는 좋은 취지이지만, 세금 부담이 가중되거나 가족 간 분쟁을 야기할 가능성이 생겼기 때문이다. 전문가들은 세금 부담 가중이나 가족 간 분쟁이 우려되는 자산가의 경우 금융회사의 유언대용신탁을 활용하면 좋다고 권하고 있다. 유언대용신탁은 금융회사에 예금 채권 부동산 등 재산운용을 맡기는 걸 말한다. 피상속인이 사망하면 계약에 따라 금융회사가 재산 상속 절차를 진행해 준다. 유언대용신탁은 신탁법에 따라 생전에 금융회사와 맺는 계약이기 때문에 피상속자의 사망 후 적용되는 민법상 상속 재산 분할 비율(배우자에게 50% 먼저 할당한 뒤 배우자와 자녀가 1.5 대 1 비율로 배분)을 적용받지 않는다.[2)] 신탁법의 유언대용신탁 관련 법조항은 다음과 같다.

제2조(신탁의 정의)

이 법에서 "신탁"이란 신탁을 설정하는 자(이하 "위탁자"라 한다)와 신탁을 인수하는 자(이하 "수탁자"라 한다) 간의 신임관계에 기하여 위탁자가 수탁자에게 특정의 재산(영업이나 저작재산권의 일부를 포함한다)을 이전하거나 담보권의 설정 또는 그 밖의 처분을 하고 수탁자로 하여금 일정한 자(이하 "수익자"라 한다)의 이익 또는 특정의 목적을 위하여 그 재산의 관리, 처분, 운용, 개발, 그 밖에 신탁

1) http://www.newsis.com, 2014. 1. 16. 참조.

2) 한국경제, 2014. 1. 17. 참조.

목적의 달성을 위하여 필요한 행위를 하게 하는 법률관계를 말한다.

제59조(유언대용신탁)

① 다음 각 호의 어느 하나에 해당하는 신탁의 경우에는 위탁자가 수익자를 변경할 권리를 갖는다. 다만, 신탁행위로 달리 정한 경우에는 그에 따른다.

1. 수익자가 될 자로 지정된 자가 위탁자의 사망 시에 수익권을 취득하는 신탁
2. 수익자가 위탁자의 사망 이후에 신탁재산에 기한 급부를 받는 신탁

② 제1항 제2호의 수익자는 위탁자가 사망할 때까지 수익자로서의 권리를 행사하지 못한다. 다만, 신탁행위로 달리 정한 경우에는 그에 따른다.

3 유류분 제도

유류분 제도는 피상속인의 무리한 재산의 증여 혹은 유증에 대하여 상속인의 적당한 지분을 보장해 주기 위하여 마련되었다. 유류분은 피상속인의 직계비속과 배우자는 각 그 법정상속분의 2분의 1이고, 피상속인의 직계존속과 형제자매는 각 그 법정상속분의 3분의 1이다.

제1112조(유류분의 권리자와 유류분)

상속인의 유류분은 다음 각호에 의한다.

1. 피상속인의 직계비속은 그 법정상속분의 2분의 1
2. 피상속인의 배우자는 그 법정상속분의 2분의 1
3. 피상속인의 직계존속은 그 법정상속분의 3분의 1
4. 피상속인의 형제자매는 그 법정상속분의 3분의 1

제1113조(유류분의 산정)

① 유류분은 피상속인의 상속개시시에 있어서 가진 재산의 가액에 증여재산의 가액을 가산하고 채무의 전액을 공제하여 이를 산정한다.

② 조건부의 권리 또는 존속기간이 불확정한 권리는 가정법원이 선임한 감정인의 평가에 의하여 그 가격을 정한다.

제1114조(산입될 증여)

증여는 상속개시전의 1년간에 행한 것에 한하여 제1113조의 규정에 의하여 그 가액을 산정한다. 당사자쌍방이 유류분권리자에 손해를 가할 것을 알고 증여를 한 때에는 1년 전에 한 것도 같다.

♣ 유증과 사인증여

사인증여는 생전에 증여계약을 체결해 두고 그 효력이 증여자의 사망시부터 발생하는 것으로 정한 증여를 말한다. 민법에서는 유증과 비슷하다고 하여 유증에 관한 규정을 준용하는데, 유증은 단독행위이기 때문에 상대방의 승낙이 불필요하나, 사인증여는 생전의 계약이므로 승낙이 필요하다. 그러나 유증의 경우에도 수증자는 이것을 포기할 수 있으므로 실제 별 차이가 없다. 그러나 유언의 방법이나 유언능력이 만17세에 달한 자라고 한 규정은 사인증여에는 적용되지 않는다.[3)]

4 상속의 승인 및 포기

피상속인의 재산 뿐만 아니라 빚도 상속이 된다. 그러므로 빚과 재산을 비교하여 빚이 재산보다 더 많으면 상속을 포기하고, 빚과 재산이 비슷하면 한정승인을 하고, 재산이 빚보다 많으면 가만히 있음으로써 단순승인을 하게 된다.

제1019조(승인, 포기의 기간)

① 상속인은 상속개시 있음을 안 날로부터 3월내에 단순승인이나 한정승인 또는 포기를 할 수 있다. 그러나 그 기간은 이해관계인 또는 검사의 청구에 의하여 가정법원이 이를 연장할 수 있다.

② 상속인은 제1항의 승인 또는 포기를 하기 전에 상속재산을 조사할 수 있다.

③ 제1항의 규정에 불구하고 상속인은 상속채무가 상속재산을 초과하는 사실

3) 법률용어사전, 현암사, 2001, 499면.

을 중대한 과실 없이 제1항의 기간 내에 알지 못하고 단순승인(제1026조제1호 및 제2호의 규정에 의하여 단순승인 한 것으로 보는 경우를 포함한다)을 한 경우에는 그 사실을 안 날부터 3월내에 한정승인을 할 수 있다. 〈신설 2002.1.14〉

제1028조(한정승인의 효과)

상속인은 상속으로 인하여 취득할 재산의 한도에서 피상속인의 채무와 유증을 변제할 것을 조건으로 상속을 승인할 수 있다.

제1029조(공동상속인의 한정승인)

상속인이 수인인 때에는 각 상속인은 그 상속분에 응하여 취득할 재산의 한도에서 그 상속분에 의한 피상속인의 채무와 유증을 변제할 것을 조건으로 상속을 승인할 수 있다.

제1030조(한정승인의 방식)

① 상속인이 한정승인을 함에는 제1019조제1항 또는 제3항의 기간 내에 상속재산의 목록을 첨부하여 법원에 한정승인의 신고를 하여야 한다.

② 제1019조제3항의 규정에 의하여 한정승인을 한 경우 상속재산 중 이미 처분한 재산이 있는 때에는 그 목록과 가액을 함께 제출하여야 한다.

제1041조(포기의 방식)

상속인이 상속을 포기할 때에는 제1019조제1항의 기간 내에 가정법원에 포기의 신고를 하여야 한다.

제1043조(포기한 상속재산의 귀속)

상속인이 수인인 경우에 어느 상속인이 상속을 포기한 때에는 그 상속분은 다른 상속인의 상속분의 비율로 그 상속인에게 귀속된다.

제3장 형법 : 범죄행위와 그 법률효과로서의 형벌

1. 현대 형사법계의 중요 문제

현대 사회에 있어서 형사법의 주요 이슈를 보면, 간통죄와 혼인빙자간음죄의 위헌 여부, 안락사 및 존엄사를 인정할 것인가의 여부, 사형제도 존폐론, 거의 사문화 된 낙태죄, 병역 대체복무 제도 등이 있다.

1 간통죄 및 혼인빙자간음죄

형법상 혼인빙자간음죄는 2009년 11월 헌법재판소에서 위헌 규정으로 결정되었다. 이 결정의 취지는 남성의 혼인 약속에 속아 성관계를 맺은 여성을 국가가 형벌로 보호한다는 것은 여성을 열등한 존재로 보는 것이라는 데 있다.

한편 간통죄는 이미 네 차례나 헌법재판소의 판단을 받은 바 있고 이제 다섯 번째의 판단을 기다리고 있다. 헌법재판소는 재판관 9명 가운데, 3분의 2인 6명 이상이 찬성해야 위헌이라는 결정을 할 수 있다. 1990년, 1993년, 2001년, 2008년의 네 차례의 결정에서는 각1, 2차 6:3 합헌, 3차 8:1 합헌, 4차 4:5 합헌으로 모두 합헌으로 결정되었었다. 마지막 결정에서는 헌법재판관 과반 수 이상인 5명이 간통죄를 위헌이라고 하였지만 1명의 차이로 결국 합헌으로 결정되었다. 전통적 도덕규범과 사회 · 문화적 요소가 많이 결부된 간통죄 위헌 여부와 같은 사건의 결정에는 각 헌법재판관의 개성과 가치관이 많은 영향을 미친다는 것을 알 수 있다.

간통죄에 대한 다섯 번째의 위헌법률심판 제청의 경위는 다음과 같다. 경기 의정부지법 형사합의1부가 간통죄를 2년 이하의 징역에 처하도록 한 형법 제241조의 위헌 여부를 가려 달라며 직권으로 헌법재판소에 위헌법률심판을 제청했다. 8일 의정부지법 형사합의1부는 지난 5월 간통 혐의로 기소돼 징역 8개월에 집행유예 2년을 선고받은 심모(48 · 여)씨가 낸 항소심 결정문에서 "간통죄는 성도덕에 맡겨 사회 스스로 자율적으로 질서를 잡아야 할 성생활의 영역을 국가가 사생활의 비밀과 자유를 침해하는 것"이라고 밝혔다. 재판부는 또 "일부일처제에 터 잡은 혼인제도와 부부 간 성적 성실의무 보호라는 공익이 더는 법률을 통해 달성되기 어려운 반면, 개인 성생활의 영역을 형사처벌 대상으로 삼아 제한하는 것이므로 법익의 균형성을 상실했다."고 덧붙였다. 이번 간통죄 위헌 제청은 2008년 간통 혐의로 불구속 기소된 탤런트 ○○○씨 사건에 대해 헌법재판소가 합헌 결정한 이후 첫 사례다.[4)]

혼인빙자간음죄가 없어지면서 가까스로 합헌결정이 내려진 간통죄에 대한 존치 여부도 주목받고 있다. 간통죄는 당시 혼인빙자간음죄와 함께 헌법소원이 제청됐지만 재판관 6(합헌)대3(위헌)으로 합헌이 유지됐다. 간통죄(형법 제241조)로 재판에 넘겨질 경우 6개월 이상, 2년 이하의 징역형을 받을 수 있다. 두 범죄는 남녀 사이의 성적 사생활을 국가가 처벌하는 유사한 성격의 법조항으로 언급돼 왔다. 다만 간통죄는 혼인빙자간음죄와 달리 가족생활을 유지하도록 국가의 의무를 규정하고 있다는 측면에서 공익성이 크다는 의견도 만만치 않다. 간통죄는 범죄 발생 건수는 수년째 비슷한 수

4) 서울신문, 2011. 8. 9. 참조.

치를 유지하고 있다. 지난해 발생한 간통 범죄가 약 1700건으로 1997~2006년 평균 1900명에 비해 크게 변하지 않았다. 반면 혼인빙자간음죄는 같은 기간(1997~2006년) 연평균 27명에 불과했다. 간통죄의 범죄 패턴을 보면 1년 이내 재범률이 50%를 넘어선다. 대검찰청이 매년 발간하는 범죄분석 자료에 따르면 지난해 간통으로 적발된 1697명 중 1년 이내에 다시 간통으로 걸린 경우가 52.6%에 달했다. 두 명 중에 한 명꼴로 1년을 넘지 않고 다시 '바람'을 피웠던 셈이다. 간통보다 1년 이내 재범률이 높은 범죄는 절도(63.2%), 방화(54.1%) 뿐이었다. 또 흔히 생각하는 간통범죄에 대한 고정관념'을 깨는 통계도 있다. 간통범죄가 발생하는 시간대도 밤 시간대와 낮 시간대가 비슷했다. 44.5%가 밤8시부터 새벽 4시 사이에 발생했고, 오전 9시부터 오후6시까지 낮 시간에도 42.5%가 발생했다. 발생 장소도 숙박업소(30.4%)보다 주거지(33.7%)에서 더 많이 발생했다. 간통죄 피해자 연령을 살펴보면 남성은 50대가 46%, 여성 40대가 39%로 가장 많았다. 간통죄에 대한 발생 빈도 등은 과거에 비해 크게 달라지지 않았다. 하지만 간통죄가 위헌이라는 학계와 여론의 지적이 잇따르면서 검찰의 수사 방식도 과거와 달라지고 있다. 지난 1997년에는 검찰은 구속수사가 원칙인 간통죄 사범에 대해 '이중결혼 생활을 하거나 가정이 파괴되는 등 죄질이 무거울 때'를 제외하고는 불구속 수사를 원칙으로 하는 '인신구속에 관한 업무처리 지침 개선안'을 발표하기도 했다. 한 법조계 관계자는 "간통죄는 배우자를 처벌하는 형사사건으로 이혼사유인 배우자의 부정행위보다 더욱 구체적인 증거가 있어야 한다"며 "사진자료나 체액이 묻은 옷가지 등이 필요하다"고 밝혔다.[5)]

5) 아시아경제, 2012. 12. 16. 참조.

2 안락사 및 존엄사

가) 뇌사, 식물인간, 혼수상태, 무의식 상태의 구별

안락사 및 존엄사의 문제를 논하기 전에 먼저 뇌사, 식물인간, 혼수상태, 무의식 상태 등에 대한 의학적 정의 및 관련 법규를 알아볼 필요가 있다. 서울대학교병원 신경과에서 정의하는 뇌사, 식물인간, 혼수상태, 무의식 상태 등에 대한 의학적 정의는 다음과 같다.

① 식물인간상태는 용어 자체를 생각해보면 이해하기 쉽다. 식물이라는 생명체는 나름의 생활 주기를 가지고 돌아가는 생명체의 일종임은 맞으나 주변을 인식하지는 못한다. 이처럼 식물인간상태란 각성 자체는 가능하나 인지능력(인식)은 없는 상태를 말한다. 즉, 혼자 눈을 뜨기도 하고 잠을 자기도 하고(식물인간상태에서 수면 주기는 유지될 수 있다.) 밥을 혼자 삼키기도 하고 때때로 하품을 하고 눈물을 흘리기도 하지만, 주변 환경에 대한 인지능력은 없는 상태다. 보통 뇌 손상이 있어도'뇌줄기'부분은 보존되면서 대뇌 반구의 미만성 손상이 있을 때 나타난다. 식물인간상태를 뇌사와 구분하는 것이 필요하다. 식물인간상태는 뇌 중에서 대뇌의 전반적인 손상에 의해 발생한다고 알려져 있다.

② 뇌사는 대뇌를 포함하여 뇌간(숨골, 뇌줄기)까지 비가역적인 손상을 받아서 발생한다. 따라서 식물인간상태에 놓인 환자는 인공호흡기를 필요로 하지 않는 경우가 많고(호흡중추는 뇌간에 있기 때문), 적절한 음식물을 공급하고 욕창, 요로감염 등의 합병증이 발병하지 않도록 주의하면 비교적 장기간 생존하는 경우가 많다. 따라서 식물인간 상태에 있는 환자에게서 장기를 적출하는 것은 법으로 금지되어 있다. 간혹 장기간 식물인간상태에 있다가 회복하는 환자에 대한 보고가 발표되고 있다. 의학적으로는 대략 1~3개월 이상 경과하면 식물인간상태에서 회복하기 어렵다고 간주되고 있다. 이와 같은 환자들이 회복하는 기전과 회복을 촉진시킬 수 있는 약물에 대해서는 아직 알려진 바가 없다. 아직 식물인간상태에서 회복을 도울

수 있는 치료 방법은 알려져 있지 않다. 식물인간상태에 놓인 환자는 스스로 움직일 수 없기 때문에 욕창을 방지하기 위하여 일정한 시간마다 간병인이 자세를 바꾸어 주어야 한다. 또한 흡인성 폐렴, 요로감염 등의 합병증이 발생하기 쉽기 때문에 이에 대한 주의가 필요하다.

③ 혼수상태는 각성 자체가 불가능한 상태다. 식물인간상태에서 더 진행된 상태라고 이야기 할 수 있다. 혼수상태는 무의식상태의 일종으로, 환자는 전혀 눈을 뜨거나 소리를 내거나 주변 자극에 반응하지 못한다. 혼수상태의 정도를 평가하는 지표에 따라 통증 자극에 약간의 움직임을 보이는 경우도 포함되기는 하나 기본적인 개념은 위와 같다. 그 원인에 따라 가역적으로 회복될 수도 있고 식물인간상태로 진행할 수도 있다.

④ 무의식상태는 용어 그대로 의식이 없는 상태를 의미하는데 이는 주변 자극에 대한 반응이 사라진 상태라고 생각할 수 있다. 혼수상태는 무의식상태에 포함될 수 있으며 일시적으로 기절을 해서 쓰러져 불러도 대답도 없고 꼬집고 때리는 등 통증을 줘도 반응이 없는 상태 등도 일시적인 무의식상태라고 이야기 할 수 있다. 하지만, 의미 없는 말이라 할지라도 센 통증 자극을 줬을 때 웅얼거린다든지 눈을 뜨려고 하는 것 같다든지 할 때는 무의식상태라고 이야기 할 수 없다.

뇌사상태는 비가역적인 상황으로, 뇌줄기의 기능마저 모두 손상된 상태다. 환자는 외부 자극에 대해 그 어떤 반응도 보이지 않으며 기본적인 '뇌줄기 반사' 소견이나 자발 호흡도 없는 상태다. 최근에는 많은 나라에서 뇌사상태를 인정하면서 죽음과 동일하게 보고 있으며 장기 이식의 대상이 될 수 있다.[6]

---

6) http://health.naver.com/medical/disease, 서울대학교병원 신경과, 2011. 4. 29. 참조.

♣「장기 등 이식에 관한 법률」: 뇌사와 관련한 법률

이 법률은 장기 등의 기증에 관한 사항과 사람의 장기 등을 다른 사람의 장기 등의 기능회복을 위하여 적출하고 이식하는 데에 필요한 사항을 규정하여 장기 등의 적출 및 이식을 적정하게 하고 국민보건을 향상시키는 데에 이바지하는 것을 목적으로 한다. 뇌사판정업무를 하려는 의료기관은 보건복지부령으로 정하는 시설 · 장비 · 인력 등을 갖추고, 해당 의료기관에 뇌사판정위원회를 설치하여야 한다. 뇌사판정위원회는 대통령령으로 정하는 바에 따라 전문 의사 2명 이상과「의료법」제2조 제1항에 따른 의료인이 아닌 위원 1명 이상을 포함한 4명 이상 6명 이하의 위원으로 구성한다. 아래는「장기 등 이식에 관한 법률」의 뇌사판정 관련 규정이다.

제16조(뇌사판정의료기관 및 뇌사판정위원회)

① 장기 등의 적출 및 이식을 위한 뇌사판정업무를 하려는 의료기관은 보건복지부령으로 정하는 바에 따라 국립장기이식관리기관의 장에게 알려야 한다.

② 뇌사판정업무를 하려는 의료기관은 제1항에 따른 통보 전까지 보건복지부령으로 정하는 시설 · 장비 · 인력 등을 갖추고, 해당 의료기관에 뇌사판정위원회를 설치하여야 한다.

③ 제2항에 따른 뇌사판정위원회는 대통령령으로 정하는 바에 따라 전문의사 2명 이상과「의료법」제2조제1항에 따른 의료인(이하 "의료인"이라 한다)이 아닌 위원 1명 이상을 포함한 4명 이상 6명 이하의 위원으로 구성한다.

④ 제1항에 따라 통보한 의료기관(이하 "뇌사판정기관"이라 한다)이 아니면 장기 등의 적출 및 이식을 위한 뇌사판정업무를 할 수 없다. 다만, 뇌사판정기관이 아닌 의료기관에서 뇌사판정을 수행하고자 할 때는 제2항에 따른 뇌사판정위원회를 활용하여 업무를 수행할 수 있다.

⑤ 제4항 단서에 따라 뇌사판정기관이 아닌 의료기관에서 뇌사판정을 수행하기 위하여 제2항에 따른 뇌사판정위원회를 활용하는 경우 뇌사조사서 작성 및 뇌사판정서, 회의록 제출 등 뇌사판정 절차에 관한 구체적 사항은 대

통령령으로 정한다.

⑥ 뇌사판정위원회의 운영 등에 관하여 필요한 사항은 대통령령으로 정한다.

(장기 등 이식에 관한 법률)

나) 대법원 판례

대법원은 아래와 같은 판결로써, 적극적 살해에 해당하는 적극적 안락사는 위법 · 불법으로 규정하였고, 다른 한편, 일정 요건 하에서 무의미한 연명치료를 중단하는 소극적 안락사에 대하여는 존엄사로서 이를 허용하였다.

생각해 보면, well-being 권리가 당연하다고 여기듯이 사실은 well-dying 권리도 분명히 천부인권이다. 그러므로 비록 불가피하게 적극적인 생명단축이 얼마쯤 수반된다고 할지라도 일정한 사회제도적 · 의학적 · 법적 요건 하에서, 건강한 방법에 의하여 이루어지는 건전한 적극적 안락사(쾌락사) 내지 고통 없이 죽을 권리는 마땅히 인정되어야만 한다. 영원의 철학의 올더스 헉슬리도 초월의식을 드러나게 하는 약물 등에 의한 쾌락사를 사회제도적으로 대중화하기 위하여 노력하였지만 당시 사회의식은 헉슬리의 의식을 따라가지 못했으므로 그 뜻을 이루지는 못하였다.

안락사 및 존엄사와 관련한 대법원 판례로는 ① 보라매 병원 사건과, ② 김 할머니 사건이 있다.

① 보라매 병원 사건

사건보호자의 간청에 따라 〈치료를 요하는 환자〉에 대하여 치료중단 및 퇴원을 허용하는 조치를 취함으로써 환자를 사망에 이르게 한 담당 전문의와 주치의에게 살인방조죄가 성립한다.(대법원 2002도995 판결【살인(인정된 죄명 : 살인방조) · 살인】)

② 김 할머니 사건

담당 주치의, 진료기록 감정의, 신체 감정의 등의 견해에 따르면 환자는 현재 지속적 〈식물인간상태〉로서 자발호흡이 없어 인공호흡기에 의하여 생명이 유지되는 상태로서 회복 불가능한 사망의 단계에 진입하였고, 환자의 일상생활에서의 대화 및 현 상태 등에 비추어 볼 때 환자가 현재의 상황에 관한 정보를 충분히 제공받았을 경우 현재 시행되고 있는 연명치료를 중단하고자 하는 의사를 추정할 수 있다.(대법원 2009다17417 전원합의체 판결【무의미한연명치료장치제거등】)

▶ 그러나 뜻밖에도 김 할머니는 인공호흡기 제거 후에도 100일 이상 생존하였다.

위 두 가지 판례는 안락사 및 존엄사와 관련하여 매우 중요하고도 의미 있는 판결들이므로 이하에서 각 판결의 판시사항과 판결요지 전문을 수록한다. 특기할 점은 보라매 병원 사건에 있어서, 적극적 안락사를 행한 의사들에게 하급심인 서울지법 남부지원은 부작위에 의한 살인죄를 인정한 반면, 대법원은 이들에게 살인방조죄를 인정하였다.

❶ 보라매 병원 사건

【판시사항】

(대법원 2002도995 판결【살인(인정된 죄명: 살인방조)·살인】)

[1] 살인죄에 있어서 범의의 인정 기준

[2] 공동정범의 성립요건

[3] 보호자의 간청에 따라 치료를 요하는 환자에 대하여 치료중단 및 퇴원을 허용하는 조치를 취함으로써 환자를 사망에 이르게 한 담당 전문의와 주치의

에게 살인방조죄가 성립한다고 한 사례

【판결요지】

[1] 살인죄에 있어서의 고의는 반드시 살해의 목적이나 계획적인 살해의 의도가 있어야 하는 것은 아니고 자기의 행위로 인하여 타인의 사망의 결과를 발생시킬 만한 가능 또는 위험이 있음을 인식하거나 예견하면 족한 것이고 그 인식 또는 예견은 확정적인 것은 물론 불확정적인 것이더라도 소위 미필적 고의로서 살인의 범의가 인정된다.

[2] 형법 제30조의 공동정범이 성립하기 위하여는 주관적 요건인 공동가공의 의사와 객관적 요건으로서 그 공동의사에 기한 기능적 행위지배를 통하여 범죄를 실행하였을 것이 필요하고, 여기서 공동가공의 의사란 타인의 범행을 인식하면서도 이를 제지함이 없이 용인하는 것만으로는 부족하고 공동의 의사로 특정한 범죄행위를 하기 위하여 일체가 되어 서로 다른 사람의 행위를 이용하여 자기의 의사를 실행에 옮기는 것을 내용으로 하는 것이어야 한다.

[3] 보호자가 의학적 권고에도 불구하고 치료를 요하는 환자의 퇴원을 간청하여 담당 전문의와 주치의가 치료중단 및 퇴원을 허용하는 조치를 취함으로써 환자를 사망에 이르게 한 행위에 대하여 보호자, 담당 전문의 및 주치의가 부작위에 의한 살인죄의 공동정범으로 기소된 사안에서, 담당 전문의와 주치의에게 환자의 사망이라는 결과 발생에 대한 정범의 고의는 인정되나 환자의 사망이라는 결과나 그에 이르는 사태의 핵심적 경과를 계획적으로 조종하거나 저지 · 촉진하는 등으로 지배하고 있었다고 보기는 어려워 공동정범의 객관적 요건인 이른바 기능적 행위지배가 흠결되어 있다는 이유로 작위에 의한 살인방조죄만 성립한다고 한 사례.

【판시사항】

(서울지법 남부지원 98고합9 판결: 항소【살인】)

[1] 과다한 치료비로 인한 치료 중지 행위가 사회상규에 위배되지 않는 정당한 행위로 인정되기 위한 요건

[2] 의료행위의 중지가 환자의 사망을 초래하는 경우, 퇴원을 요구받은 의사의 의무

[3] 의사가 치료를 중단할 경우 사망에 이르게 된다는 사실을 알고서도 회복 가능성이 있는 환자를 그 처의 요구에 따라 퇴원시켜 사망케 한 경우, 부작위에 의한 살인죄를 인정한 사례

【판시요지】

[1] 배우자에 대한 치료비가 자신과 가족의 경제적 능력에 비추어 지나치게 과다하여 더 이상 부담할 수 없어 치료를 중지할 수밖에 없는 경우, 그 치료 중지 행위가 사회상규에 위배되지 아니하는 정당한 행위라고 인정되기 위하여서는 적어도 환자의 병의 상태, 그에 대한 치료 내용, 앞으로의 치료 경과와 환자의 예후에 대하여 담당의사 등을 통하여 충분한 설명을 듣고 정보를 얻음으로써 그에 대한 정확한 인식을 가지는 것이 요구되고, 또한 환자에 대한 현재까지의 치료비와 향후의 치료비가 어느 정도가 될 것인지에 대하여도 병원의 관계자를 통하여 충분한 정보를 얻고 그에 대한 정확한 인식을 가져야 할 것이며, 그런 연후에 더 이상의 치료비 부담이 배우자 자신과 가족의 경제적 능력에 비추어 도저히 불가능한 것인지 여부를 판단하여야 할 것이고, 나아가 객관적으로도 더 이상의 치료비 부담이 배우자와 가족의 부양의무의 한계를 벗어나는 정도에 이르러서야 비로소 사회상규에 반하지 아니한다 할 것인데, 이러한 판단에 있어서도 치료의 중지가 곧 환자의 사망을 초래하는 경우에는 생명의 존엄성을 최우선적인 가치로 고려하여야 하는 점에서 더욱 더 신중한 자세가 요구된다 할 것이다.

[2] 의료행위의 중지가 곧바로 환자의 사망이라는 중대한 결과를 초래하는 경우에 있어서는 의료행위의 중지, 즉 퇴원을 요구받은 의사로서는 환자의 생명을 보호하기 위하여 의료행위를 계속하여야 할 의무와 환자의 요구에 따

라 환자를 퇴원시킬 의무와의 사이에 충돌이 일어나게 되는바, 그러한 의무의 충돌이 있는 경우 의사로서는 더 높은 가치인 환자의 생명을 보호할 의무가 우선하여 환자의 퇴원 요구에도 불구하고 환자를 보호하여야 할 지위나 의무가 종료되지는 아니한다고 할 것이고, 이는 의료행위의 중지가 곧바로 환자의 사망이라는 결과를 초래하는 경우 부작위에 의한 살인이라는 결과에 이를 수 있고, 우리 형법이 일반적인 살인행위뿐만 아니라 촉탁, 승낙에 의한 살인행위와 자살을 방조하는 행위에 대하여도 처벌을 하고 있는 점에 비추어서도 그러한바, 위와 같은 경우 의사로서는 의료행위를 중지할 시점에 있어 환자의 자기결정권에 기한 진정한 의료행위의 중지 요구가 있었는지 여부와 환자의 상태, 회복가능성 등에 대하여 진지하게 고려하고, 그것이 법률상 허용되는 것인가 여부에 대한 검토를 하여야 할 것이며, 환자를 보호하여야 할 지위나 의무가 종료되지 아니하였음에도 불구하고 회복가능성이 높은 환자에 대하여 환자의 자기결정권만을 존중하여 의로행위를 중지하거나, 의료행위의 중지 요구가 환자의 자기결정권에 기한 진정한 의사표시라고 보기 어려움에도 이를 오인하여 의료행위를 중지하고, 그것이 직접적인 원인이 되어 환자를 사망케 한 경우에는 특별한 사정이 없는 한 그 행위는 위법하다고 할 것이다.

[3] 의사가 치료를 중단할 경우 사망에 이르게 된다는 사실을 알고서도 회복 가능성이 있는 환자를 그 처의 요구에 따라 퇴원시켜 사망케 한 경우, 부작위에 의한 살인죄를 인정한 사례.

❷ 김 할머니 사건

【판시사항】

(대법원 2009다17417 전원합의체 판결【무의미한연명치료장치제거등】)

[1] 의료계약에 따른 진료의무의 내용

[2] 연명치료 중단의 허용 기준

[3] 연명치료 중단의 요건으로서 환자가 회복 불가능한 사망의 단계에 진입하였고 연명치료 중단을 구하는 환자의 의사를 추정할 수 있다고 한 사례

【판결요지】

[1] 환자가 의사 또는 의료기관(이하 '의료인'이라 한다)에게 진료를 의뢰하고 의료인이 그 요청에 응하여 치료행위를 개시하는 경우에 의료인과 환자 사이에는 의료계약이 성립된다. 의료계약에 따라 의료인은 질병의 치료 등을 위하여 모든 의료지식과 의료기술을 동원하여 환자를 진찰하고 치료할 의무를 부담하며 이에 대하여 환자 측은 보수를 지급할 의무를 부담한다. 질병의 진행과 환자 상태의 변화에 대응하여 이루어지는 가변적인 의료의 성질로 인하여, 계약 당시에는 진료의 내용 및 범위가 개괄적이고 추상적이지만, 이후 질병의 확인, 환자의 상태와 자연적 변화, 진료행위에 의한 생체반응 등에 따라 제공되는 진료의 내용이 구체화되므로, 의료인은 환자의 건강상태 등과 당시의 의료수준 그리고 자기의 지식경험에 따라 적절하다고 판단되는 진료방법을 선택할 수 있는 상당한 범위의 재량을 가진다. 그렇지만 환자의 수술과 같이 신체를 침해하는 진료행위를 하는 경우에는 질병의 증상, 치료방법의 내용 및 필요성, 발생이 예상되는 위험 등에 관하여 당시의 의료수준에 비추어 상당하다고 생각되는 사항을 설명하여, 당해 환자가 그 필요성이나 위험성을 충분히 비교해 보고 그 진료행위를 받을 것인지의 여부를 선택하도록 함으로써 그 진료행위에 대한 동의를 받아야 한다. 환자의 동의는 헌법 제10조에서 규정한 개인의 인격권과 행복추구권에 의하여 보호되는 자기결정권을 보장하기 위한 것으로서, 환자가 생명과 신체의 기능을 어떻게 유지할 것인지에 대하여 스스로 결정하고 진료행위를 선택하게 되므로, 의료계약에 의하여 제공되는 진료의 내용은 의료인의 설명과 환자의 동의에 의하여 구체화된다.

[2] [다수의견] (가) 의학적으로 환자가 의식의 회복가능성이 없고 생명과 관련된 중요한 생체기능의 상실을 회복할 수 없으며 환자의 신체 상태에 비추어 짧은 시간 내에 사망에 이를 수 있음이 명백한 경우(이하 '회복 불가능한 사망의 단계'라 한다)에 이루어지는 진료행위(이하 '연명치료'라 한다)는, 원인이 되는 질병의 호전을 목적으로 하는 것이 아니라 질병의 호전을 사실상 포기한 상태에서 오로지 현 상태를 유지하기 위하여 이루어지는 치료에 불과하므로, 그에 이르지 아니한 경우와는 다른 기준으로 진료중단 허용 가능성을 판단하여야 한다. 이미 의식의 회복가능성을 상실하여 더 이상 인격체로서의 활동을 기대할 수 없고 자연적으로는 이미 죽음의 과정이 시작되었다고 볼 수 있는 회복 불가능한 사망의 단계에 이른 후에는, 의학적으로 무의미한 신체 침해 행위에 해당하는 연명치료를 환자에게 강요하는 것이 오히려 인간의 존엄과 가치를 해하게 되므로, 이와 같은 예외적인 상황에서 죽음을 맞이하려는 환자의 의사결정을 존중하여 환자의 인간으로서의 존엄과 가치 및 행복추구권을 보호하는 것이 사회상규에 부합되고 헌법정신에도 어긋나지 아니한다. 그러므로 회복 불가능한 사망의 단계에 이른 후에 환자가 인간으로서의 존엄과 가치 및 행복추구권에 기초하여 자기결정권을 행사하는 것으로 인정되는 경우에는 특별한 사정이 없는 한 연명치료의 중단이 허용될 수 있다. 한편, 환자가 회복 불가능한 사망의 단계에 이르렀는지 여부는 주치의의 소견뿐 아니라 사실조회, 진료기록 감정 등에 나타난 다른 전문의사의 의학적 소견을 종합하여 신중하게 판단하여야 한다.

(나) 환자가 회복 불가능한 사망의 단계에 이르렀을 경우에 대비하여 미리 의료인에게 자신의 연명치료 거부 내지 중단에 관한 의사를 밝힌 경우(이하 '사전의료지시'라 한다)에는, 비록 진료 중단 시점에서 자기결정권을 행사한 것은 아니지만 사전의료지시를 한 후 환자의 의사가 바뀌었다고 볼 만한 특별한 사정이 없는 한 사전의료지시에 의하여 자기결정권을 행사한 것으로 인정할 수 있다. 다만, 이러한 사전의료지시는 진정한 자기결정권 행사로 볼 수 있을 정도의 요건을 갖추어야 하므로 의사결정능력이 있는 환자가 의료

인으로부터 직접 충분한 의학적 정보를 제공받은 후 그 의학적 정보를 바탕으로 자신의 고유한 가치관에 따라 진지하게 구체적인 진료행위에 관한 의사를 결정하여야 하며, 이와 같은 의사결정 과정이 환자 자신이 직접 의료인을 상대방으로 하여 작성한 서면이나 의료인이 환자를 진료하는 과정에서 위와 같은 의사결정 내용을 기재한 진료기록 등에 의하여 진료 중단 시점에서 명확하게 입증될 수 있어야 비로소 사전의료지시로서의 효력을 인정할 수 있다.

(다) 한편, 환자의 사전의료지시가 없는 상태에서 회복 불가능한 사망의 단계에 진입한 경우에는 환자에게 의식의 회복가능성이 없으므로 더 이상 환자 자신이 자기결정권을 행사하여 진료행위의 내용 변경이나 중단을 요구하는 의사를 표시할 것을 기대할 수 없다. 그러나 환자의 평소 가치관이나 신념 등에 비추어 연명치료를 중단하는 것이 객관적으로 환자의 최선의 이익에 부합한다고 인정되어 환자에게 자기결정권을 행사할 수 있는 기회가 주어지더라도 연명치료의 중단을 선택하였을 것이라고 볼 수 있는 경우에는, 그 연명치료 중단에 관한 환자의 의사를 추정할 수 있다고 인정하는 것이 합리적이고 사회상규에 부합된다. 이러한 환자의 의사 추정은 객관적으로 이루어져야 한다. 따라서 환자의 의사를 확인할 수 있는 객관적인 자료가 있는 경우에는 반드시 이를 참고하여야 하고, 환자가 평소 일상생활을 통하여 가족, 친구 등에 대하여 한 의사표현, 타인에 대한 치료를 보고 환자가 보인 반응, 환자의 종교, 평소의 생활 태도 등을 환자의 나이, 치료의 부작용, 환자가 고통을 겪을 가능성, 회복 불가능한 사망의 단계에 이르기까지의 치료 과정, 질병의 정도, 현재의 환자 상태 등 객관적인 사정과 종합하여, 환자가 현재의 신체상태에서 의학적으로 충분한 정보를 제공받는 경우 연명치료 중단을 선택하였을 것이라고 인정되는 경우라야 그 의사를 추정할 수 있다.

(라) 환자 측이 직접 법원에 소를 제기한 경우가 아니라면, 환자가 회복 불가능한 사망의 단계에 이르렀는지 여부에 관하여는 전문 의사 등으로 구성

된 위원회 등의 판단을 거치는 것이 바람직하다.

[대법관 이홍훈, 김능환의 반대의견] 생명에 직결되는 진료에서 환자의 자기결정권은 소극적으로 그 진료 내지 치료를 거부하는 방법으로는 행사될 수 있어도 이미 환자의 신체에 삽입, 장착되어 있는 인공호흡기 등의 생명유지장치를 제거하는 방법으로 치료를 중단하는 것과 같이 적극적인 방법으로 행사되는 것은 허용되지 아니한다. 환자가 인위적으로 생명을 유지, 연장하기 위한 생명유지장치의 삽입 또는 장착을 거부하는 경우, 특별한 사정이 없는 한, 비록 환자의 결정이 일반인의 관점에서는 비합리적인 것으로 보이더라도 의료인은 환자의 결정에 따라야 하고 일반적인 가치평가를 이유로 환자의 자기결정에 따른 명시적인 선택에 후견적으로 간섭하거나 개입하여서는 아니 된다. 그러나 이와는 달리, 이미 생명유지장치가 삽입 또는 장착되어 있는 환자로부터 생명유지장치를 제거하고 그 장치에 의한 치료를 중단하는 것은 환자의 현재 상태에 인위적인 변경을 가하여 사망을 초래하거나 사망시간을 앞당기는 것이므로, 이미 삽입 또는 장착되어 있는 생명유지장치를 제거하거나 그 장치에 의한 치료를 중단하라는 환자의 요구는 특별한 사정이 없는 한 자살로 평가되어야 하고, 이와 같은 환자의 요구에 응하여 생명유지장치를 제거하고 치료를 중단하는 것은 자살에 관여하는 것으로서 원칙적으로 허용되지 않는다. 다만, 생명유지장치가 삽입, 장착되어 있는 상태에서도 환자가 몇 시간 또는 며칠 내와 같이 비교적 아주 짧은 기간 내에 사망할 것으로 예측, 판단되는 경우에는, 환자가 이미 돌이킬 수 없는 사망의 과정에 진입하였고 생명유지장치에 의한 치료는 더 이상 의학적으로 의미가 없으며 생명의 유지, 보전에 아무런 도움도 주지 못하는 것이므로, 이때에는 생명유지장치를 제거하고 치료를 중단하는 것이 허용된다.

[대법관 김지형, 박일환의 별개의견] 환자의 사전의료지시가 없는 상태에서 회복 불가능한 사망의 단계에 진입한 경우, 이러한 상태에 있는 환자는 법

적으로 심신상실의 상태에 있는 자로 보아야 한다. 민법상 심신상실의 상태에 있는 자에 대하여는 금치산을 선고할 수 있으며 금치산이 선고된 경우에는 후견인을 두게 되는데, 그 후견인은 금치산자의 법정대리인이 되며 금치산자의 재산관리에 관한 사무를 처리하는 외에 금치산자의 요양, 감호에 관하여 일상의 주의를 기울여야 하는 의무를 부담한다. 따라서 후견인은 금치산자의 요양을 위하여 금치산자를 대리하여 의사와 의료계약을 체결할 수 있음은 당연하며, 그 의료계약 과정에서 이루어지는 수술 등 신체를 침해하는 행위에 관하여는 의사로부터 설명을 듣고 금치산자를 위한 동의 여부에 관한 의사를 표시할 수 있고, 마찬가지로 진료행위가 개시된 후라도 금치산자의 최선의 이익을 위하여 필요하다고 인정되는 범위 내에서는 그 진료행위의 중단 등 의료계약 내용의 변경을 요구하는 행위를 할 수 있다. 다만, 진료행위가 금치산자 본인의 생명과 직결되는 경우에는 그 중단에 관한 환자 본인의 자기결정권이 제한되는 것과 마찬가지로 후견인의 행위는 제한되어야 하고, 환자의 자기결정권에 의한 연명치료 중단이 허용될 수 있는 경우라고 하더라도 후견인이 금치산자의 생명에 관한 자기결정권 자체를 대리할 수는 없으므로 후견인의 의사만으로 그 연명치료의 중단이 허용된다고 할 수 없다. 그렇다면 회복 불가능한 사망의 단계에 이른 경우에 이루어지는 연명치료의 계속이 금치산자인 환자 본인에게 무익하고 오히려 인간으로서의 존엄과 가치를 해칠 염려가 있어 이를 중단하는 것이 환자 본인의 이익을 보호하는 것이라고 하더라도, 이는 항상 금치산자인 환자 본인의 생명 보호에 관한 법익 제한의 문제를 낳을 우려가 있으므로, 민법 제947조 제2항을 유추적용하여 후견인은 의료인에게 연명치료의 중단을 요구하는 것이 금치산자의 자기결정권을 실질적으로 보장할 수 있는 최선의 판단인지 여부에 관하여 법원의 허가를 받아야 하고, 이에 관하여는 가사소송법, 가사소송규칙, 비송사건절차법 등의 규정에 따라 가사비송절차에 의하여 심리 · 판단을 받을 수 있다. 한편, 이와 같이 비송절차에 의하여 연명치료 중단에 관한 법원의 허가를 받는 것이 가능하다고 하더라도, 환자 측이 반드시 비송절차에 따른 허가를 받아야 하는 것은 아니고 소송절차에 의하여 기판력 있는 판결을 구하는 것도 가능하다.

[3] [다수의견] 담당 주치의, 진료기록 감정의, 신체 감정의 등의 견해에 따르면 환자는 현재 지속적 식물인간상태로서 자발호흡이 없어 인공호흡기에 의하여 생명이 유지되는 상태로서 회복 불가능한 사망의 단계에 진입하였고, 환자의 일상생활에서의 대화 및 현 상태 등에 비추어 볼 때 환자가 현재의 상황에 관한 정보를 충분히 제공받았을 경우 현재 시행되고 있는 연명치료를 중단하고자 하는 의사를 추정할 수 있다.

[대법관 안대희, 양창수의 반대의견] 환자가 회복 불가능한 사망의 단계에 이르렀는지를 판단할 때 환자를 계속적으로 진료하여 옴으로써 환자의 상태를 직접적으로 얻은 자료에 의하여 가장 잘 알고 있을 담당 주치의의 의견은 단지 의료기록만을 통하여 환자의 상태에 접근한 다른 전문가의 견해에 비교하여 그에 일정한 무게를 두지 않을 수 없는바, 담당 주치의의 의견에 의하면 환자가 회복 불가능한 사망의 단계에 진입했다고 단정할 수 없고, 연명치료의 중단을 환자의 자기결정권에 의하여 정당화하는 한, 그 '추정적 의사'란 환자가 현실적으로 가지는 의사가 객관적인 정황으로부터 추단될 수 있는 경우에만 긍정될 수 있으며 다수의견이 갈하는 바와 같은 '가정적 의사' 그 자체만으로 이를 인정할 수 없는바, 연명치료 중단에 관한 환자의 추정적 의사를 인정할 근거가 부족하다.

[대법관 이홍훈, 김능환의 반대의견] 환자가 생명유지장치인 인공호흡기가 이미 삽입, 장착되어 있는 상태에서 그 장치의 제거를 구하는 것이 정당하려면 생명유지장치가 삽입, 장착되어 있는 상태에서도 환자가 비교적 아주 짧은 기간 내에 사망할 것으로 예측, 판단되는 돌이킬 수 없는 사망의 과정에 진입하였다는 점이 전제되어야 하는데, 환자가 아직 뇌사 상태에는 이르지

아니한 지속적 식물인간 상태이고 기대여명이 적어도 4개월 이상이므로, 이러한 경우 환자가 돌이킬 수 없는 사망의 과정에 진입하였다고 할 수는 없다.

3 사형 존폐론

사형은 정의롭지 못한 형벌인가. 이탈리아의 형법학자 Beccaria(1738~1794)가 사형폐지론을 주창한 이래, 우리 실정 형법에 형벌의 종류로서 제일 먼저 규정되어 있는 사형 제도에 대하여는 지금도 논란이 많다. 사형 제도는 그 유효성이 매우 크므로 여전히 유지되고 실행되어야 한다는 '사형 존치론'과 사형은 종교적, 도덕적 이유 등으로 조속히 폐지되어야 한다는 '사형 폐지론'이 팽팽히 대립하고 있다. 이 주제에 대하여 각자 어느 입장에 동의하는지, 또 동의하는 입장의 논거들에 대하여 숙고해 보자.

사형의 방법은 교수 · 총살 · 참수 · 전기살 · 가스살 · 석살 · 교살 · 주사살 등이 있고, 형법, 군형법, 형사특별법 등에 규정된 사형범죄로는 내란 · 외환 · 여적[7] · 간첩 · 살인 · 약취[8]유인 · 도주차량 · 통화위조 등이 있다.

우리나라는 사형 제도를 법률상 유지하고 있으나, 1997년 이후 사형 집행이 이루어지지 않아 실질적 사형 폐지국에 해당한다. 다음은 형법의 사형 등 형벌의 종류 및 집행에 관한 규정이다. 형무소는 식민시대 용어이다. 교도소가 바른 용어다.

제41조(형의 종류)

형의 종류는 다음과 같다.

1. 사형
2. 징역
3. 금고

---

7) 여적죄(與敵罪): 與더불 여/줄 여 1. 더불다 2. 같이하다 3. 참여하다

8) 약취(略取): 〈법률〉 폭행이나 협박 따위의 수단으로 타인을 자기의 실력적 지배 아래 둠. 또는 그런 행위.

4. 자격상실
5. 자격정지
6. 벌금
7. 구류
8. 과료
9. 몰수

제66조(사형)
사형은 형무소내에서 교수하여 집행한다.

제67조(징역)
징역은 형무소내에서 구치하여 정역에 복무하게 한다.

제68조(금고와 구류)
금고와 구류는 형무소에 구치한다.

군형법 제3조(사형 집행)
사형은 소속 군 참모총장 또는 군사법원의 관할관이 지정한 장소에서 총살로써 집행한다.

사형제도의 현황을 보면, 대한민국은 사형 제도를 법률상 유지하고 있으나, 1997년 12월 30일, 사형수 23명에게 사형이 집행된 이래 더 이상 사형 집행이 이루어지지 않고 있다. 국제사면위원회는 10년 이상 사형을 집행하지 않으면 '실질적 사형폐지국'으로 분류하는데 대한민국은 2007년 10월 10일, 세계사형폐지의 날을 맞아 일부단체에 의해 사형폐지국가선포식을 가졌다. 국제엠네스티에서는 2007년 12월 한국을 '실질적 사형폐지국'으로 분류하였다. 이 단체에 따르면 전 세계적으로 실질적 폐지국은 140개 정도로 집계되고 있다. 위의 마지막 사형집행 날짜는 김영삼 정권 말기에 해당되며 김대중이 대통령이 된 이후에는 김대중 대통령 자신이 사형 제도를 반대하는 입장이었기 때문에 사형집행을 계속 거절하고 있는 상태로

퇴임하였으며 그 이후 사형판결은 꾸준히 내려지고 있지만 사형집행은 계속 이루어지지 않고 있다. 1996년 헌법재판소는 사형제도 위헌제청 건에 대해 7대2로 합헌임을 인정함과 동시에 "시대상황이 바뀌어 생명을 빼앗는 사형이 가진 위하에 의한 범죄예방의 필요성이 거의 없게 된다거나 국민의 법 감정이 그렇다고 인식하는 시기에 이르게 되면 사형은 곧바로 폐지되어야 한다."고 판시하였다. 이런 상황에서 종교단체, 인권단체에서는 완전한 사형폐지를 주장하고 있다. 지난 15대 국회 때부터 사형제도는 이미 사문화된 조항이라며 의원발의 형태로 사형폐지 법안이 제출되었지만 법사위 계류에서 회기만료로 법안은 자동 폐기되었다. 하지만 김길태 사건, 유영철 사건, 안양 초등학생 납치 살해 사건, 조두순 사건 등 아동대상 성범죄와 비인간적인 강력범죄들이 연속적으로 발생하면서 사형제도의 완전한 폐지에 반대하는 국민정서도 높다. 17대 국회에서 유인태 의원이 대표 발의한 법률안은 당시 국회의원 299명의 3분의 2에 가까운 175명의 의원이 법안 발의에 동의하기도 했다. 18대 국회 박선영 의원(2008년) 의원의 「사형폐지에 관한 특별법안」발의 제안이유를 보면, "생각건대 사형제도가 존속하는 우리 사회에서 범죄의 폭력성 · 잔인성 · 무차별성이 날이 갈수록 극심해지고 있다는 사실은 사형이 범죄자들에게 더 이상의 위하력이 없다는 것을 보여주고 있음. 또한 우리나라는 1997년 12월 30일에 마지막 사형집행이 있은 이후, 10년이 넘도록 사형을 집행하지 않고 있어 국제인권단체인 엠네스티로부터 '실질적 사형폐지국가'로 분류되었음. 따라서 사형제도가 사문화(死文化)되고 있다고 보여짐. 더 근본적으로는 인간의 생명은 더 이상 인간의 보복심을 충족시키거나 제도적 살인을 정당화하는 도구로 취급되어서는 아니 되며, 인간의 존엄과 가치를 보장하기 위한 전제요건으로 보호되어야 함."이라고 하고 있다. 사형수 현황은 2010년 6월 현재 사형수로 최종 판결을 받은 사람은 64명이었으나 2007년 12월 노무현 전 대통령의 특별사면으로 6명이 무기징역으로 감형되어 사형수는 58

명이다. 2010년 대법원은 관광객 4명을 바다에 빠뜨려 살해한 혐의로 기소된 이른바 보성어부 연쇄살인 사건의 범인 오모(72)씨에게 사형을 선고한 원심을 확정했다. 1심에서 사형을 선고받았던 오씨는 항소심 재판을 받다가 사형제가 생명권을 침해해 위헌이라고 주장하며 헌법재판소에 위헌법률심판 제청신청을 했지만 헌재는 합헌 결정을 내렸다. 사형집행 사례는, 2009년 법무부 자료에 따르면 정부는 1949년 살인죄로 사형에 처한 이후, 1997년까지 모두 920명에게 사형을 집행하였다. 2010년 4월 한국사형폐지운동협의회는 서울 프레스센터에서 '헌법재판소 결정 분석 및 사형제도와 범죄억지력의 관계'라는 주제로 사형제도 토론회를 열고 사형제도에 대한 반대 입장을 표명하고 '가석방 없는 절대적 종신형'을 대안으로 제시했다.[9]

♣ 가석방 없는 절대적 종신형

① 사형의 대안으로서 가석방의 기대가 전혀 없는 절대적 종신형은 오히려 사형보다 더 비인도적인 형벌일 수 있다. 왜냐하면 전혀 아무런 낙樂이 없는, 정신적 육체적으로 고역스럽고 모진 자유형의 영원한-왜 영원한지는 다음 항을 참조-집행이라는 형벌은, 수형자가 저지른 흉악범죄와 비례하여 고려해보아도, 한 순간에 자아自我가 사라지는 사형에 비하여 훨씬 더 가혹한 형벌일 수 있기 때문이다.

② 개인은 탄생을 경험한 적이 없다. 그리고 죽음도 결코 경험할 수 없다. 왜냐하면 죽음의 바로 그 순간에는 삶 · 죽음이라는 이원적 경험을 하는'나'의 사고체계 자체가 무너져 내리기 때문이다. 그러므로 한 개인의 삶은 시작도 없고 끝도 없다. 원인도 없고 결과도 없다. 그래서 삶 그 자체가 수단이자 목표이며 또한 영원하다.

---

9) http://ko.wikipedia.org, '대한민국의 사형제도' 참조.

개인이라는 몸과 자아가 태어나기 이전의 영겁 동안의 시간에 대하여 지금 바로 숙고해 보라. 새삼스럽게 그 어떤 종류의 두려움과 공포가 느껴지는가? 그렇지 않을 것이다. 모양을 가지고 태어나고 나타난 존재는 반드시 사라지고 사라져야만 하는 것이 필연이다. 이러한 개별 존재의 필멸성은 몹시 자연스러운 상태natural state로서 사람이 생각하는 선악 진위 미추와는 전혀 무관하다. 어찌 보면 자연의 엄밀한 물리법칙, 생물화학 법칙이다. 실상이 이러한데, 즉 잠시 존재하다가 사라지는 것은 누구도 피할 수 없는 운명이고 명백한 사실이며, 더 중요한 것은 자아의 탄생 이전 영겁의 시간에 대한 숙고조차도 나에게 전혀 두려움을 야기하지 않는데, 왜 나 자아의 소멸 이후의 동질同質의 영겁의 시간에 대하여는 그리도 비합리적으로 공포를 느껴야만 하는가?

4 낙태죄

형법은 낙태를 한 임신부 및 낙태행위를 한 사람을 징역형 내지 벌금형으로 처벌한다. 예외적으로 모자보건법상 허용되는 경우에는 낙태죄로 처벌하지 않는다.

낙태죄는 태아를 자연 분만기에 앞서서 인위적으로 모체 밖으로 배출하거나 모체 안에서 살해함으로써 성립하고, 그 결과 태아가 사망하였는지 여부는 낙태죄의 성립에 영향이 없다.(대법원 2003도2780 판결)

낙태죄에 대한 처벌은 여러 가지 이유로 거의 이루어지지 않고 있고 간혹 낙태죄로 입건되어 기소되는 경우에도 벌금형에 그치고 있다.

낙태는 범죄 행위이지만 1950년대와 1960년대에는 한국전쟁 등의 여파로 실제 집행되지 않았다. 이후에도 대한민국 정부는 1970년대부터 1990년대 초까지 강력한 산아 제한 정책을 펴는 과정에서 그 정책적 목적을 달성하기 위하여 낙태행위를 거의 규제하지 않았다. 이로 인해 1980년대에는 낙태가 급증하였고, 1994년 한국 갤럽의 조사에 따르면, 1990년대 초에는 매년 150만여 건의 낙태가 이루어진 것으로 추산된다. 이는 1994년의 출생아수 72만8천여 명의 2배다. 1990년대 초에 정점을 이룬 낙태는 이후 지속적으로 감소하여 2005년에는 34만2천여 건의 낙태가 이루어졌으며, 2010년에는 16만9천여 건으로 감소하였다. 같은 시기 출생아수는 2005년에 43만8천여 명, 2010년에 47만여 명이었다.[10)]

5 병역 대체복무 제도

여호와의 증인 등 종교적 이유나 양심적, 도덕적 신념을 이유로 병역을 거부하고 스스로 형사적 처벌을 달게 받는 사례가 다수 있다. 이제는 우리나라도 이미 구미의 여러 선진국에서 오래전부터 실시하고 있는 양심적 병역거부자들에 대한 병역 대체복무 제도를 더 이상 미루지 말고 실시할 필요성이 너무나 크다고 할 것이다. 이러한 병역거부자들의 인력을 필요로 하는 다종다양한 사회 각 분야에서의 대체복무를 할 수 있도록 허용함으로써 군대 조직과 인력의 효율성을 제고함과 동시에 더 이상 젊은이들을 전과자로 만들지 않음으로써 우리사회에서 이들을 이방인으로 만들지 않고 포용하여 사회발전과 공동선의 실현에 이바지할 수 있게 하여야 한다.

종교적 신념을 이유로 병역을 기피한 여호와의 증인 신도에게 법원이 잇달아 징역 1년6개월을 선고했다. 서울북부지법은 서울지방병무청장의 입영통지서를 받고도 입영하지 않은 혐의(병역법 위반)로 기소된 배 모씨(21)와 오모씨(21)에게 징역 1년6개월을 선고했다고 21일 밝혔다. 형사7단독은 판결문에서 "병역의무는 궁극적으로 국민 전체의 인간으로서의 존엄과 가치를 보장하기 위한 것"이라며 배씨가 "종교적 신념에 따라 범행에 이

10) http://ko.wikipedia.org, '낙태' 참조.

르게 된 점, 양심적 병역거부자에 대한 대체 복무제도가 마련돼 있지 않아 배씨가 형사처벌을 받을 수밖에 없는 점을 참작해 병역 면제의 요건에 해당하는 최저한의 형을 선고한다."고 밝혔다. 재판부는 "양심적 병역 거부자의 양심의 자유가 헌법적 법익보다 우월한 가치라고 할 수 없다"고 덧붙였다. 형사2단독도 이날 같은 혐의로 기소된 오씨에 대해 같은 형을 선고했다. 배씨는 작년 10월 이메일로 32사단 훈련소로 입영하라는 현역병입영통지서를 받고 입영일에서 3일이 지나도록 입영하지 않은 혐의로 기소됐다. 법원이 종교적 신념을 이유로 병역을 기피한 여호와의 증인 신도에게 징역 1년 6개월을 선고한 것은 이번만의 일이 아니다. 광주지법은 올해 1월 종교에 따른 양심적 자유를 이유로 입영을 거부한 혐의로 기소된 서모씨(23)에게 징역 1년 6월을 선고했고, 작년 9월에는 여호와의 증인 신도 노모씨(20)에게 같은 형을 선고했다. 2011년에도 현직 변호사가 종교적 신념에 반한다며 입영을 거부해 징역 1년6개월을 선고받았다. 여호와의 증인 신도인 백변호사는 2011년 2월 공익법무관 소집통지서를 받고 정당한 사유 없이 응하지 않은 혐의로 기소됐다. 백변호사는 서울중앙지법에 위헌법률심판 제청을 했으나 기각됐다. 백변호사는 현재 서울중앙지법에서 항소심을 진행 중이다.[11] 여호와의 증인인 양심적 병역거부 변호사에게 항소심에서도 징역 1년6월이 선고되었다. 다만 재판부는 "헌법재판소에 관련 사건들이 계류 중인 점 등을 고려해 법정 구속치는 않는다"고 덧붙였다. 이와 관련해 헌법재판소에는 양심적 병역거부자를 처벌하는 병역법 조항에 대한 위헌법률심판제청과 헌법소원 사건들이 계류 중이다.[12]

---

11) 한국경제, 2013. 4. 21. 참조.

12) 세계일보, 2014. 1. 23. 참조.

2. 형사소송법 : 형사절차법

형사소송법은 범죄에 대한 수사와 형사재판 절차에 대하여 규정한 법률이다. 형사소송의 주체로는 법원, 검사, 피고인, 변호인이 있다.

1 수사

가) 수사권

수사권은 아직 검찰에 집중되어 있다. 수사기관에는 검사와 사법경찰관리가 있다. 검사는 수사의 주재자이고, 사법경찰관리의 수사는 검사의 지휘를 받는다. 일반사법경찰관에는 수사관, 경무관, 총경, 경정, 경감, 경위가 있고 일반사법경찰리에는 경사, 경장, 순경이 있다. 특별사법경찰관리는 〈사법경찰관리의 직무를 수행할 자와 그 직무범위에 관한 법률〉에 의거하여 국정원 직원, 세무직원, 교도 직원, 삼림공무원 등 다수가 존재한다. 이하 인용되는 법조문은 별도의 표기가 없으면 형사소송법이다.

제195조(검사의 수사)

검사는 범죄의 혐의 있다고 사료하는 때에는 범인, 범죄사실과 증거를 수사하여야 한다.

제196조(사법경찰관리)

① 수사관, 경무관, 총경, 경정, 경감, 경위는 사법경찰관으로서 모든 수사에 관하여 검사의 지휘를 받는다.

② 사법경찰관은 범죄의 혐의가 있다고 인식하는 때에는 범인, 범죄사실과 증거에 관하여 수사를 개시 · 진행하여야 한다.

③ 사법경찰관리는 검사의 지휘가 있는 때에는 이에 따라야 한다. 검사의 지휘에 관한 구체적 사항은 대통령령으로 정한다.

④ 사법경찰관은 범죄를 수사한 때에는 관계 서류와 증거물을 지체 없이 검사에게 송부하여야 한다.

⑤ 경사, 경장, 순경은 사법경찰리로서 수사의 보조를 하여야 한다.

⑥ 제1항 또는 제5항에 규정한 자 이외에 법률로써 사법경찰관리를 정할 수 있다.

제197조(특별사법경찰관리)

삼림, 해사, 전매, 세무, 군수사기관 기타 특별한 사항에 관하여 사법경찰관리의 직무를 행할 자와 그 직무의 범위는 법률로써 정한다.

나) 수사의 단서

수사를 개시하게 되는 단서로는 변사자 검시, 현행범인 체포, 불심검문, 뉴스보도, 기사, 풍문 및 고소, 고발, 진정, 범죄신고, 자수 등이 있다. 수사가 개시되면 범죄 혐의자는 피의자의 신분을 가진다.

제222조(변사자의 검시)

① 변사자 또는 변사의 의심있는 사체가 있는 때에는 그 소재지를 관할하는 지방검찰청 검사가 검시하여야 한다.

② 전항의 검시로 범죄의 혐의를 인정하고 긴급을 요할 때에는 영장없이 검증할 수 있다.

③ 검사는 사법경찰관에게 전2항의 처분을 명할 수 있다.

제223조(고소권자)

범죄로 인한 피해자는 고소할 수 있다.

제224조(고소의 제한)

자기 또는 배우자의 직계존속을 고소하지 못한다.

제225조(비피해자인 고소권자)

① 피해자의 법정대리인은 독립하여 고소할 수 있다.

② 피해자가 사망한 때에는 그 배우자, 직계친족 또는 형제자매는 고소할 수 있다. 단, 피해자의 명시한 의사에 반하지 못한다.

제257조(고소등에 의한 사건의 처리)

검사가 고소 또는 고발에 의하여 범죄를 수사할 때에는 고소 또는 고발을 수리한 날로부터 3월 이내에 수사를 완료하여 공소제기여부를 결정하여야 한다.

다) 수사의 방법

수사의 방법으로는 임의수사와 강제수사가 있다. 임의수사의 방법은 피의자신문, 피의자 이외의 자의 조사, 사실조회 등이 있다. 강제수사의 방법으로는 체포(긴급체포, 현행범인의 체포), 구속, 압수 · 수색, 검증(신체검사 포함), 감정유치(정신, 신체 감정) 등이 있다. 피의자를 구속할 경우에는 법원은 영장실질심사를 하여야 한다. 체포나 구속된 피의자는 법원에 체포 · 구속의 적부에 대한 심사를 청구할 수 있다. 이 경우에 법원은 구속된 피의자(심사청구 후 공소제기 된 자를 포함한다)에 대하여 피의자의 출석을 보증할 만한 보증금의 납입을 조건으로 하여 결정으로 피의자의 석방을 명할 수 있다. 이와 같이 보증금의 납입을 조건으로 피의자를 구속적부심 절차에서 석방할 수 있는 제도는 1995년에 신설되었다. 소위 '기소 전 보석' 제도이다. 또한 피고인, 피고인의 변호인 · 법정대리인 · 배우자 · 직계친족 · 형제자매 · 가족 · 동거인 또는 고용주는 법원에 구속된 피고인의 보석을 청구할 수 있다.

(1) 체포와 구속 관련 규정

제200조의3(긴급체포)

① 검사 또는 사법경찰관은 피의자가 사형 · 무기 또는 장기 3년 이상의 징역이나 금고에 해당하는 죄를 범하였다고 의심할 만한 상당한 이유가 있고, 다음 각 호의 어느 하나에 해당하는 사유가 있는 경우에 긴급을 요하여 지방법원판사의 체포영장을 받을 수 없는 때에는 그 사유를 알리고 영장 없이 피의자를 체포할 수 있다. 이 경우 긴급을 요한다 함은 피의자를 우연히 발견한 경우 등과 같이 체포영장을 받을 시간적 여유가 없는 때를 말한다.

〈개정 2007.6.1〉

1. 피의자가 증거를 인멸할 염려가 있는 때
2. 피의자가 도망하거나 도망할 우려가 있는 때

② 사법경찰관이 제1항의 규정에 의하여 피의자를 체포한 경우에는 즉시 검사의 승인을 얻어야 한다.

③ 검사 또는 사법경찰관은 제1항의 규정에 의하여 피의자를 체포한 경우에는 즉시 긴급체포서를 작성하여야 한다.

④ 제3항의 규정에 의한 긴급체포서에는 범죄사실의 요지, 긴급체포의 사유등을 기재하여야 한다.

제200조의4(긴급체포와 영장청구기간)

① 검사 또는 사법경찰관이 제200조의3의 규정에 의하여 피의자를 체포한 경우 피의자를 구속하고자 할 때에는 지체 없이 검사는 관할지방법원판사에게 구속영장을 청구하여야 하고, 사법경찰관은 검사에게 신청하여 검사의 청구로 관할지방법원판사에게 구속영장을 청구하여야 한다. 이 경우 구속영장은 피의자를 체포한 때부터 48시간 이내에 청구하여야 하며, 제200조의3제3항에 따른 긴급체포서를 첨부하여야 한다. 〈개정 2007.6.1〉

② 제1항의 규정에 의하여 구속영장을 청구하지 아니하거나 발부받지 못한 때에는 피의자를 즉시 석방하여야 한다.

제200조의5(체포와 피의사실 등의 고지)

검사 또는 사법경찰관은 피의자를 체포하는 경우에는 피의사실의 요지, 체포의 이유와 변호인을 선임할 수 있음을 말하고 변명할 기회를 주어야 한다.

제211조(현행범인과 준현행범인)

① 범죄의 실행중이거나 실행의 즉후인 자를 현행범인이라 한다.

② 다음 각호의 1에 해당하는 자는 현행범인으로 간주한다.

1. 범인으로 호창되어 추적되고 있는 때
2. 장물이나 범죄에 사용되었다고 인정함에 충분한 흉기 기타의 물건을 소지하고 있는 때

3. 신체 또는 의복류에 현저한 증적이 있는 때

4. 누구임을 물음에 대하여 도망하려 하는 때

제212조(현행범인의 체포)

현행범인은 누구든지 영장 없이 체포할 수 있다.

제214조(경미사건과 현행범인의 체포)

다액 50만원 이하의 벌금, 구류 또는 과료에 해당하는 죄의 현행범인에 대하여는 범인의 주거가 분명하지 아니한 때에 한하여 제212조 내지 제213조의 규정을 적용한다.

제70조(구속의 사유)

① 법원은 피고인이 죄를 범하였다고 의심할 만한 상당한 이유가 있고 다음 각호의 1에 해당하는 사유가 있는 경우에는 피고인을 구속할 수 있다.

1. 피고인이 일정한 주거가 없는 때

2. 피고인이 증거를 인멸할 염려가 있는 때

3. 피고인이 도망하거나 도망할 염려가 있는 때

제201조(구속)

① 피의자가 죄를 범하였다고 의심할 만한 상당한 이유가 있고 제70조제1항 각호의 1에 해당하는 사유가 있을 때에는 검사는 관할지방법원판사에게 청구하여 구속영장을 받아 피의자를 구속할 수 있고 사법경찰관은 검사에게 신청하여 검사의 청구로 관할지방법원판사의 구속영장을 받아 피의자를 구속할 수 있다. 다만, 다액 50만 원 이하의 벌금, 구류 또는 과료에 해당하는 범죄에 관하여는 피의자가 일정한 주거가 없는 경우에 한한다.

제201조의2(구속영장 청구와 피의자 심문)

① 제200조의2 · 제200조의3 또는 제212조에 따라 체포된 피의자에 대하여 구속영장을 청구 받은 판사는 지체 없이 피의자를 심문하여야 한다. 이 경우 특별한 사정이 없는 한 구속영장이 청구된 날의 다음날까지 심문하여야 한다.

② 제1항 외의 피의자에 대하여 구속영장을 청구 받은 판사는 피의자가 죄를

범하였다고 의심할 만한 이유가 있는 경우에 구인을 위한 구속영장을 발부하여 피의자를 구인한 후 심문하여야 한다. 다만, 피의자가 도망하는 등의 사유로 심문할 수 없는 경우에는 그러하지 아니하다.

제202조(사법경찰관의 구속기간)

사법경찰관이 피의자를 구속한 때에는 10일 이내에 피의자를 검사에게 인치하지 아니하면 석방하여야 한다.

제203조(검사의 구속기간)

검사가 피의자를 구속한 때 또는 사법경찰관으로부터 피의자의 인치를 받은 때에는 10일 이내에 공소를 제기하지 아니하면 석방하여야 한다.

제205조(구속기간의 연장)

① 지방법원판사는 검사의 신청에 의하여 수사를 계속함에 상당한 이유가 있다고 인정한 때에는 10일을 초과하지 아니하는 한도에서 제203조의 구속기간의 연장을 1차에 한하여 허가할 수 있다.

② 전항의 신청에는 구속기간의 연장의 필요를 인정할 수 있는 자료를 제출하여야 한다.

♣ 현행범 체포의 요건

수사업무를 담당하는 공무원이 아닌 사인私人이라도 현행범은 누구든지 영장 없이 체포할 수 있다. 그러나 당해 범죄의 법정형과 판례 등에 의한 제한 요건이 있다. 현행범 체포가 위법할 경우에는 그에 대한 정당방위가 가능하며, 정당방위 행위는 위법성을 조각하므로 공무집행방해죄 등을 구성하지 아니한다. 다음은 관련 형사소송법 규정과 판례이다.

제212조(현행범인의 체포)

현행범인은 누구든지 영장 없이 체포할 수 있다.

제214조(경미사건과 현행범인의 체포)

다액 50만 원 이하의 벌금, 구류 또는 과료에 해당하는 죄의 현행범인에 대하여는 범인의 주거가 분명하지 아니한 때에 한하여 제212조 내지 제213조의 규정을 적용한다.

【판결요지】

현행범인은 누구든지 영장 없이 체포할 수 있는데(형사소송법 제212조), 현행범인으로 체포하기 위하여는 행위의 가벌성, 범죄의 현행성 · 시간적 접착성, 범인 · 범죄의 명백성 이외에 체포의 필요성 즉, 도망 또는 증거인멸의 염려가 있어야 하고, 이러한 요건을 갖추지 못한 현행범인 체포는 법적 근거에 의하지 아니한 영장 없는 체포로서 위법한 체포에 해당한다. 여기서 현행범인 체포의 요건을 갖추었는지는 체포 당시 상황을 기초로 판단하여야 하고, 이에 관한 검사나 사법경찰관 등 수사주체의 판단에는 상당한 재량 여지가 있으나, 체포 당시 상황으로 보아도 요건 충족 여부에 관한 검사나 사법경찰관 등의 판단이 경험칙에 비추어 현저히 합리성을 잃은 경우에는 그 체포는 위법하다고 보아야 한다.(대법원 2011도3682 판결[상해 · 공무집행방해])

♣ 함정수사

함정수사agent provocateur, entrapment라 함은 본래 범의를 가지지 아니한 자에 대하여 수사기관이 사술이나 계략 등을 써서 범죄를 유발하게 하여 범죄인을 검거하는 수사방법을 말하는 것으로, 위법한 수사다. 범죄를 유발시킨 자는 교사범으로 처벌될 수 있다. 또한 위법한 함정수사에 기한 공소제기의 효력은 무효다. 그러나 이미 범행 의도를 가진 자에 대하여 범행의 기회를 주거나 단순히 사술이나 계략 등을 써서 범죄인을 검거하는 데 불과한 경우에는 이를 함정수사라고 할 수 없다. 이하는 관련 판례들이다.

① 함정수사라 함은 본래 범의를 가지지 아니한 자에 대하여 수사기관이 사술이나 계략 등을 써서 범죄를 유발하게 하여 범죄인을 검거하는 수

사방법을 말하는 것이므로, 범의를 가진 자에 대하여 범행의 기회를 주거나 단순히 사술이나 계략 등을 써서 범죄인을 검거하는 데 불과한 경우에는 이를 함정수사라고 할 수 없다.(대법원 2007도4532 판결[마약류관리에관한법률위반(향정)])

② 본래 범의를 가지지 아니한 자에 대하여 수사기관이 사술이나 계략 등을 써서 범의를 유발하게 하여 범죄인을 검거하는 함정수사는 위법한바, 구체적인 사건에 있어서 위법한 함정수사에 해당하는지 여부는 해당 범죄의 종류와 성질, 유인자의 지위와 역할, 유인의 경위와 방법, 유인에 따른 피유인자의 반응, 피유인자의 처벌 전력 및 유인행위 자체의 위법성 등을 종합하여 판단하여야 한다. 수사기관과 직접 관련이 있는 유인자가 피유인자와의 개인적인 친밀관계를 이용하여 피유인자의 동정심이나 감정에 호소하거나, 금전적 · 심리적 압박이나 위협 등을 가하거나, 거절하기 힘든 유혹을 하거나, 또는 범행방법을 구체적으로 제시하고 범행에 사용될 금전까지 제공하는 등으로 과도하게 개입함으로써 피유인자로 하여금 범의를 일으키게 하는 것은 위법한 함정수사에 해당하여 허용되지 않지만, 유인자가 수사기관과 직접적인 관련을 맺지 아니한 상태에서 피유인자를 상대로 단순히 수차례 반복적으로 범행을 부탁하였을 뿐 수사기관이 사술이나 계략 등을 사용하였다고 볼 수 없는 경우는, 설령 그로 인하여 피유인자의 범의가 유발되었다 하더라도 위법한 함정수사에 해당하지 아니한다.(대법원 2013도1473 판결[마약류관리에관한법률위반(향정))

③ (판시사항)

[1] 위법한 함정수사에 기한 공소제기의 효력(무효)

[2] 경찰관이 노래방의 도우미 알선 영업 단속 실적을 올리기 위하여 그에 대한 제보나 첩보가 없는데도 손님을 가장하고 들어가 도우미를 불러낸 사안에서, 위법한 함정수사로서 공소제기가 무효라고 한 사례

(이　유) 범의를 가진 자에 대하여 단순히 범행의 기회를 제공하거나 범

행을 용이하게 하는 것에 불과한 수사방법이 경우에 따라 허용될 수 있음은 별론으로 하고, 본래 범의를 가지지 아니한 자에 대하여 수사기관이 사술이나 계략 등을 써서 범의를 유발케 하여 범죄인을 검거하는 함정수사는 위법함을 면할 수 없고, 이러한 함정수사에 기한 공소제기는 그 절차가 법률의 규정에 위반하여 무효인 때에 해당한다고 볼 것이다.(대법원 2008도7362 판결[음악산업진흥에관한법률위반])

(2) 체포 · 구속의 적부심사, 보석의 청구 관련 규정

제214조의2(체포와 구속의 적부심사)

① 체포 또는 구속된 피의자 또는 그 변호인, 법정대리인, 배우자, 직계친족, 형제자매나 가족, 동거인 또는 고용주는 관할법원에 체포 또는 구속의 적부심사를 청구할 수 있다.

② 피의자를 체포 또는 구속한 검사 또는 사법경찰관은 체포 또는 구속된 피의자와 제1항에 규정된 자 중에서 피의자가 지정하는 자에게 제1항에 따른 적부심사를 청구할 수 있음을 알려야 한다. 〈신설 2007.6.1〉

③ 법원은 제1항에 따른 청구가 다음 각 호의 어느 하나에 해당하는 때에는 제4항에 따른 심문 없이 결정으로 청구를 기각할 수 있다.

1. 청구권자 아닌 자가 청구하거나 동일한 체포영장 또는 구속영장의 발부에 대하여 재청구한 때
2. 공범 또는 공동피의자의 순차청구가 수사방해의 목적임이 명백한 때

④ 제1항의 청구를 받은 법원은 청구서가 접수된 때부터 48시간 이내에 체포 또는 구속된 피의자를 심문하고 수사관계서류와 증거물을 조사하여 그 청구가 이유 없다고 인정한 때에는 결정으로 이를 기각하고, 이유 있다고 인정한 때에는 결정으로 체포 또는 구속된 피의자의 석방을 명하여야 한다. 심사청구 후 피의자에 대하여 공소제기가 있는 경우에도 또한 같다.

⑤ 법원은 구속된 피의자(심사청구 후 공소제기 된 자를 포함한다)에 대하여 피의자의 출석을 보증할 만한 보증금의 납입을 조건으로 하여 결정으로 제4항의

석방을 명할 수 있다. 다만, 다음 각 호에 해당하는 경우에는 그러하지 아니하다. 〈신설 1995.12.29, 2004.10.16, 2007.6.1〉

1. 죄증을 인멸할 염려가 있다고 믿을만한 충분한 이유가 있는 때
2. 피해자, 당해 사건의 재판에 필요한 사실을 알고 있다고 인정되는 자 또는 그 친족의 생명 · 신체나 재산에 해를 가하거나 가할 염려가 있다고 믿을만한 충분한 이유가 있는 때

제94조(보석의 청구)

피고인, 피고인의 변호인 · 법정대리인 · 배우자 · 직계친족 · 형제자매 · 가족 · 동거인 또는 고용주는 법원에 구속된 피고인의 보석을 청구할 수 있다.

제95조(필요적 보석)

보석의 청구가 있는 때에는 다음 이외의 경우에는 보석을 허가하여야 한다.

1. 피고인이 사형, 무기 또는 장기 10년이 넘는 징역이나 금고에 해당하는 죄를 범한 때
2. 피고인이 누범에 해당하거나 상습범인 죄를 범한 때
3. 피고인이 죄증을 인멸하거나 인멸할 염려가 있다고 믿을 만한 충분한 이유가 있는 때
4. 피고인이 도망하거나 도망할 염려가 있다고 믿을 만한 충분한 이유가 있는 때
5. 피고인의 주거가 분명하지 아니한 때
6. 피고인이 피해자, 당해 사건의 재판에 필요한 사실을 알고 있다고 인정되는 자 또는 그 친족의 생명 · 신체나 재산에 해를 가하거나 가할 염려가 있다고 믿을만한 충분한 이유가 있는 때

제96조(임의적 보석)

법원은 제95조의 규정에 불구하고 상당한 이유가 있는 때에는 직권 또는 제94조에 규정한 자의 청구에 의하여 결정으로 보석을 허가할 수 있다.

제100조(보석집행의 절차)

② 법원은 보석청구자 이외의 자에게 보증금의 납입을 허가할 수 있다.

③ 법원은 유가증권 또는 피고인 외의 자가 제출한 보증서로써 보증금에 갈음

함을 허가할 수 있다.

라) 수사의 종결

수사가 종결된 후 모든 사법경찰관은 기소 · 불기소 · 기소중지 등 송치 의견을 붙여 사건을 검찰에 송치하여야 한다. 사건에 대하여 공소제기를 할 권한은 오로지 검사에게 독점되어 있다. 이를 '기소독점주의'라고 한다. 기소독점주의에 대한 예외로는 경찰서장에 의한 즉결심판의 청구와 법원이 법정질서유지를 위하여 행하는 감치 및 과태료의 처분이 있다. 또한 범죄혐의가 인정되더라도 불기소 처분 즉 기소유예를 할 수 있는 것을 기소법정주의에 대하여 '기소편의주의'라고 한다. 검사의 불기소처분에는 혐의 없음, 공소권 없음, 죄가 안 됨, 기소중지, 참고인 중지, 기소유예, 각하 등이 있다. 강간 등 친고죄나 폭행, 명예훼손 등 반의사불벌죄反意思不罰罪에 있어서 고소가 취소되거나 피해자의 처벌불원의 의사가 확인된 경우에는 공소권 없음의 불기소 처분을 한다. 기소유예를 포함한 검사의 불기소 처분에 대하여, 고소인은 관할 고등검찰청 검사장에게 항고를 할 수 있고, 항고 절차를 거친 후에는 법원에 그 당부에 관한 재정신청을 할 수 있다.

제246조(국가소추주의)

공소는 검사가 제기하여 수행한다.

제247조(기소편의주의)

검사는 「형법」 제51조의 사항을 참작하여 공소를 제기하지 아니할 수 있다.

제249조(공소시효의 기간)

① 공소시효는 다음 기간의 경과로 완성한다.

1. 사형에 해당하는 범죄에는 25년
2. 무기징역 또는 무기금고에 해당하는 범죄에는 15년

3. 장기 10년 이상의 징역 또는 금고에 해당하는 범죄에는 10년
4. 장기 10년 미만의 징역 또는 금고에 해당하는 범죄에는 7년
5. 장기 5년 미만의 징역 또는 금고, 장기10년 이상의 자격정지 또는 벌금에 해당하는 범죄에는 5년
6. 장기 5년 이상의 자격정지에 해당하는 범죄에는 3년
7. 장기 5년 미만의 자격정지, 구류, 과료 또는 몰수에 해당하는 범죄에는 1년

② 공소가 제기된 범죄는 판결의 확정이 없이 공소를 제기한 때로부터 25년을 경과하면 공소시효가 완성한 것으로 간주한다.

제260조(재정신청)

① 고소권자로서 고소를 한 자(「형법」 제123조부터 제126조까지의 죄에 대하여는 고발을 한 자를 포함한다. 이하 이 조에서 같다)는 검사로부터 공소를 제기하지 아니한다는 통지를 받은 때에는 그 검사 소속의 지방검찰청 소재지를 관할하는 고등법원(이하 "관할 고등법원"이라 한다)에 그 당부에 관한 재정을 신청할 수 있다. 다만, 「형법」 제126조의 죄에 대하여는 피공표자의 명시한 의사에 반하여 재정을 신청할 수 없다. 〈개정 2011.7.18〉

② 제1항에 따른 재정신청을 하려면 「검찰청법」 제10조에 따른 항고를 거쳐야 한다. 다만, 다음 각 호의 어느 하나에 해당하는 경우에는 그러하지 아니하다.

♣ 형사시효와 전과사실의 말소

형사시효에는 두 종류가 있다. ① 판결로 확정된 형벌집행권을 소멸시키는 형의 시효 및 ② 미확정 형벌권인 공소권을 소멸시키는 공소시효가 그것이다.

형의 시효는 판결 확정 후 피고인의 도주, 소재불명 등으로 일정 기간 형의 집행이 이루어지지 않은 경우에 그 집행을 면제하는 제도를 말한다. 공소시효는 피의자의 범행 후 일정 기간 기소가 이루어지지 않은 경우에 공소권을 소멸시키는 제도이다. 형사시효 제도는 일정 기간 계속된 평온 상

태를 존중하는 취지로서 법의 이념 중 법적 안정성을 정의에 우선시킨 결과이다. 칸트라면 이러한 형사시효를 인정하지 않을 것이다. 이 형사시효 제도는 민사시효 제도인 소멸시효·취득시효와 대비 된다.

형의 시효는 전과사실의 말소를 의미하는 형의 실효와 구분하여야 한다. 형의 실효에는, 본인의 신청에 의한 재판상의 실효(형법 규정) 및 법률에 의한 자동실효(형의 실효 등에 관한 법률 규정)의 두 종류가 있다. 다음은 관련 법 규정들이다.

제78조(시효의 기간)(형법)

시효는 형을 선고하는 재판이 확정된 후 그 집행을 받음이 없이 다음의 기간을 경과함으로 인하여 완성된다.

1. 사형은 30년
2. 무기의 징역 또는 금고는 20년
3. 10년 이상의 징역 또는 금고는 15년
4. 3년 이상의 징역이나 금고 또는 10년 이상의 자격정지는 10년
5. 3년 미만의 징역이나 금고 또는 5년 이상의 자격정지는 5년
6. 5년 미만의 자격정지, 벌금, 몰수 또는 추징은 3년
7. 구류 또는 과료는 1년

제249조(공소시효의 기간)(형사소송법)

① 공소시효는 다음 기간의 경과로 완성한다. 〈개정 1973.1.25, 2007.12.21〉

1. 사형에 해당하는 범죄에는 25년
2. 무기징역 또는 무기금고에 해당하는 범죄에는 15년
3. 장기 10년 이상의 징역 또는 금고에 해당하는 범죄에는 10년
4. 장기 10년 미만의 징역 또는 금고에 해당하는 범죄에는 7년
5. 장기 5년 미만의 징역 또는 금고, 장기10년 이상의 자격정지 또는 벌금에 해당하는 범죄에는 5년
6. 장기 5년 이상의 자격정지에 해당하는 범죄에는 3년
7. 장기 5년 미만의 자격정지, 구류, 과료 또는 몰수에 해당하는 범죄에는 1년

② 공소가 제기된 범죄는 판결의 확정이 없이 공소를 제기한 때로부터 25년을 경과하면 공소시효가 완성한 것으로 간주한다. 〈신설 1961.9.1, 2007.12.21〉

제251조(형의 가중, 감경과 시효기간)

「형법」에 의하여 형을 가중 또는 감경한 경우에는 가중 또는 감경하지 아니한 형에 의하여 제249조의 규정을 적용한다. 〈개정 2007.6.1〉

제252조(시효의 기산점)

① 시효는 범죄행위의 종료한 때로부터 진행한다.

② 공범에는 최종행위의 종료한 때로부터 전 공범에 대한 시효기간을 기산한다.

제253조(시효의 정지와 효력)

① 시효는 공소의 제기로 진행이 정지되고 공소기각 또는 관할위반의 재판이 확정된 때로부터 진행한다. 〈개정 1961.9.1〉

② 공범의 1인에 대한 전항의 시효정지는 다른 공범자에게 대하여 효력이 미치고 당해사건의 재판이 확정된 때로부터 진행한다. 〈개정 1961.9.1〉

③ 범인이 형사처분을 면할 목적으로 국외에 있는 경우 그 기간 동안 공소시효는 정지된다. 〈신설 1995.12.29〉

제2조(정의)(형의 실효 등에 관한 법률 규정)

이 법에서 사용하는 용어의 뜻은 다음과 같다.

1. "수형인"이란 「형법」 제41조에 규정된 형을 받은 자를 말한다.
2. "수형인명부"란 자격정지 이상의 형을 받은 수형인을 기재한 명부로서 검찰청 및 군검찰부에서 관리하는 것을 말한다.
3. "수형인명표"란 자격정지 이상의 형을 받은 수형인을 기재한 명표로서 수형인의 등록기준지 시 · 구 · 읍 · 면 사무소에서 관리하는 것을 말한다.
4. "수사자료표"란 수사기관이 피의자의 지문을 채취하고 피의자의 인적사항과 죄명 등을 기재한 표(전산입력되어 관리되거나 자기테이프, 마이크로필름, 그 밖에 이와 유사한 매체에 기록 · 저장된 표를 포함한다)로서 경찰청에서 관리하는 것을 말한다.

5. “범죄경력자료”란 수사자료표 중 다음 각 목에 해당하는 사항에 관한 자료를 말한다.

6. “수사경력자료”란 수사자료표 중 벌금 미만의 형의 선고 및 검사의 불기소처분에 관한 자료 등 범죄경력자료를 제외한 나머지 자료를 말한다.

7. “전과기록”이란 수형인명부, 수형인명표 및 범죄경력자료를 말한다.

제8조(수형인명부 및 수형인명표의 정리)

① 다음 각 호의 어느 하나에 해당하는 경우에는 수형인명부의 해당란을 삭제하고 수형인명표를 폐기한다.

1. 제7조 또는 「형법」 제81조에 따라 형이 실효되었을 때

제8조의2(수사경력자료의 정리)

① 다음 각 호의 어느 하나에 해당하는 경우에는 제2항 및 제3항 각 호의 구분에 따른 보존기간이 지나면 전산입력된 수사경력자료의 해당 사항을 삭제한다.

1. 검사의 혐의없음, 공소권없음, 죄가안됨 또는 기소유예의 불기소처분이 있는 경우

2. 법원의 무죄, 면소 또는 공소기각의 판결이 확정된 경우

3. 법원의 공소기각 결정이 확정된 경우

② 제1항 각 호의 경우에 대한 수사경력자료의 보존기간은 다음 각 호의 구분에 따른다. 이 경우 그 기간은 해당 처분이 있거나 결정 또는 판결이 확정된 날부터 기산한다.

1. 법정형이 사형, 무기징역, 무기금고, 장기 10년 이상의 징역 · 금고에 해당하는 죄: 10년

2. 법정형이 장기 2년 이상의 징역 · 금고에 해당하는 죄: 5년

3. 법정형이 장기 2년 미만의 징역 · 금고, 자격상실, 자격정지, 벌금, 구류 또는 과료에 해당하는 죄: 즉시 삭제. 다만, 제1항제1호의 기소유예 처분이나 제1항제2호 · 제3호의 판결 또는 결정이 있는 경우는 5년간 보존한다.

2 공판절차

검사에 의하여 공소가 제기된 이후에는 법원에 의하여 형사 공판절차가 개시된다. 피고인 혹은 변호인은 사건 기록을 등사하여 사건 기록을 검토하고 검찰이 제시할 증거에 대한 동의 여부를 미리 결정해 둔다. 피고인과 변호인은 소송계속 중의 관계 서류 또는 증거물을 열람하거나 등사할 수 있고, 공소제기 후 검사가 보관하고 있는 서류 등의 열람 · 등사 또는 서면의 교부를 신청할 수 있다. 법원은 공판기일의 지정에 앞서 임의적으로 공판준비절차를 거칠 수 있다.

가) 사건 기록과 증거물의 열람 및 등사

제35조(서류 · 증거물의 열람 · 등사)

① 피고인과 변호인은 소송계속 중의 관계 서류 또는 증거물을 열람하거나 등사할 수 있다.

제266조의3(공소제기 후 검사가 보관하고 있는 서류 등의 열람 · 등사)

① 피고인 또는 변호인은 검사에게 공소 제기된 사건에 관한 서류 또는 물건(이하 "서류등"이라 한다)의 목록과 공소사실의 인정 또는 양형에 영향을 미칠 수 있는 다음 서류 등의 열람 · 등사 또는 서면의 교부를 신청할 수 있다. 다만, 피고인에게 변호인이 있는 경우에는 피고인은 열람만을 신청할 수 있다.

1. 검사가 증거로 신청할 서류등
2. 검사가 증인으로 신청할 사람의 성명 · 사건과의 관계 등을 기재한 서면 또는 그 사람이 공판기일 전에 행한 진술을 기재한 서류등
3. 제1호 또는 제2호의 서면 또는 서류등의 증명력과 관련된 서류등
4. 피고인 또는 변호인이 행한 법률상 · 사실상 주장과 관련된 서류등(관련 형사재판확정기록, 불기소처분기록 등을 포함한다)

제266조의5(공판준비절차)

① 재판장은 효율적이고 집중적인 심리를 위하여 사건을 공판준비절차에 부칠 수 있다.

② 공판준비절차는 주장 및 입증계획 등을 서면으로 준비하게 하거나 공판준비기일을 열어 진행한다.

③ 검사, 피고인 또는 변호인은 증거를 미리 수집 · 정리하는 등 공판준비절차가 원활하게 진행될 수 있도록 협력하여야 한다.

제275조의2(피고인의 무죄추정)

피고인은 유죄의 판결이 확정될 때까지는 무죄로 추정된다.

나) 공판절차의 개괄

일반적인 공판절차를 개괄하여 보면 아래와 같다. (임)이라고 표시한 절차는 필수적이 아닌 임의적인 절차이다. 법조문의 표현 방식이 '~하여야 한다.'는 재량권이 없는 강제적 규정이고, '~할 수 있다.'는 재량권이 있는 임의적 규정이다. 제1심 판결에 승복할 수 없는 경우, 피고인과 검사는 상소(항소 및 상고)할 수 있다.

① 재판장의 피고인에 대한 진술거부권 고지

② 재판장의 인정신문

③ 검사의 모두진술

④ 피고인의 모두진술

⑤ 간이공판절차의 결정(임)

⑥ 재판장의 쟁점정리 및 검사 · 변호인의 증거관계 등에 대한 진술(임)

⑦ 증거조사

⑧ 검사, 변호인, 재판장의 피고인 신문

⑨ 검사의 의견진술

⑩ 피고인의 최후진술

⑪ 판결의 선고

제283조의2(피고인의 진술거부권)

① 피고인은 진술하지 아니하거나 개개의 질문에 대하여 진술을 거부할 수 있다.

② 재판장은 피고인에게 제1항과 같이 진술을 거부할 수 있음을 고지하여야 한다.

제284조(인정신문)

재판장은 피고인의 성명, 연령, 등록기준지, 주거와 직업을 물어서 피고인임에 틀림없음을 확인하여야 한다.

제285조(검사의 모두진술)

검사는 공소장에 의하여 공소사실 · 죄명 및 적용법조를 낭독하여야 한다. 다만, 재판장은 필요하다고 인정하는 때에는 검사에게 공소의 요지를 진술하게 할 수 있다.

제286조(피고인의 모두진술)

① 피고인은 검사의 모두진술이 끝난 뒤에 공소사실의 인정 여부를 진술하여야 한다. 다만, 피고인이 진술거부권을 행사하는 경우에는 그러하지 아니하다.

② 피고인 및 변호인은 이익이 되는 사실 등을 진술할 수 있다.

제286조의2(간이공판절차의 결정)

피고인이 공판정에서 공소사실에 대하여 자백한 때에는 법원은 그 공소사실에 한하여 간이공판절차에 의하여 심판할 것을 결정할 수 있다.

제287조(재판장의 쟁점정리 및 검사 · 변호인의 증거관계 등에 대한 진술)

① 재판장은 피고인의 모두진술이 끝난 다음에 피고인 또는 변호인에게 쟁점의 정리를 위하여 필요한 질문을 할 수 있다.

② 재판장은 증거조사를 하기에 앞서 검사 및 변호인으로 하여금 공소사실 등의 증명과 관련된 주장 및 입증계획 등을 진술하게 할 수 있다. 다만, 증거로 할 수 없거나 증거로 신청할 의사가 없는 자료에 기초하여 법원에 사건에 대한 예단 또는 편견을 발생하게 할 염려가 있는 사항은 진술할 수 없다.

제290조(증거조사)

증거조사는 제287조에 따른 절차가 끝난 후에 실시한다.

제291조(동전)

① 소송관계인이 증거로 제출한 서류나 물건 또는 제272조, 제273조의 규정에 의하여 작성 또는 송부된 서류는 검사, 변호인 또는 피고인이 공판정에서 개별적으로 지시 설명하여 조사하여야 한다.

② 재판장은 직권으로 전항의 서류나 물건을 공판정에서 조사할 수 있다.

제296조의2(피고인신문)

① 검사 또는 변호인은 증거조사 종료 후에 순차로 피고인에게 공소사실 및 정상에 관하여 필요한 사항을 신문할 수 있다. 다만, 재판장은 필요하다고 인정하는 때에는 증거조사가 완료되기 전이라도 이를 허가할 수 있다.

② 재판장은 필요하다고 인정하는 때에는 피고인을 신문할 수 있다.

③ 제161조의2제1항부터 제3항까지 및 제5항은 제1항의 신문에 관하여 준용한다.

제302조(증거조사후의 검사의 의견진술)

피고인 신문과 증거조사가 종료한 때에는 검사는 사실과 법률적용에 관하여 의견을 진술하여야 한다. 단, 제278조의 경우에는 공소장의 기재사항에 의하여 검사의 의견진술이 있는 것으로 간주한다.

제303조(피고인의 최후진술)

재판장은 검사의 의견을 들은 후 피고인과 변호인에게 최종의 의견을 진술할 기회를 주어야 한다.

제318조의4(판결 선고기일)

① 판결의 선고는 변론을 종결한 기일에 하여야 한다. 다만, 특별한 사정이 있는 때에는 따로 선고기일을 지정할 수 있다.

제305조(변론의 재개)

법원은 필요하다고 인정한 때에는 직권 또는 검사, 피고인이나 변호인의 신청에 의하여 결정으로 종결한 변론을 재개할 수 있다.

위와 같은 형사공판절차 피고인에게는 진술거부권이 소송법적 권리로서 주어져 있다. 그러나 형법은 또한 선고유예의 실효와 집행유예의 취소 사유로써 전과사실의 발각을 규정하고 있다. 이 부분들은 합하여 살펴보면, 일사부재리의 원칙, 검찰의 입증책임주의, 진술거부권의 보장 등에 비추어 비정합非整合이 발견된다. 왜냐하면 피고인이 장차 있을지도 모르는 집행 · 선고유예의 취소 · 실효를 면하려면, 검찰이 실수로 피고인의 전과사실에 대한 입증을 누락했을지라도, 자신의 전과사실에 대하여 적극적으로 공판절차에서 피고인 스스로 밝혀야만 할 것을 결과적으로 강요하기 때문이다. 따라서 사후 전과사실 발각을 이유로 하는 선고유예의 실효와 집행유예의 취소 규정은, 피고인의 진술거부권 보장이라는 실질적 · 절차적 정의와 연관하여 정당하게 풀어져야만 하는 비정합적 규정들이라고 할 수 있다. 다음은 형사소송법과 형법의 연관 규정들이다.

제283조의2(피고인의 진술거부권)

① 피고인은 진술하지 아니하거나 개개의 질문에 대하여 진술을 거부할 수 있다.

② 재판장은 피고인에게 제1항과 같이 진술을 거부할 수 있음을 고지하여야 한다.

제61조(선고유예의 실효)

① 형의 선고유예를 받은 자가 유예기간 중 자격정지 이상의 형에 처한 판결이 확정되거나 자격정지 이상의 형에 처한 전과가 발견된 때에는 유예한 형을 선고한다.

제64조(집행유예의 취소)

① 집행유예의 선고를 받은 후 제62조 단행의 사유가 발각된 때에는 집행유예의 선고를 취소한다.

다) 국민 참여 재판

「국민의 형사재판 참여에 관한 법률」이 제정되어, 우리나라에서도 2008년부터 영미의 배심재판과 유사한 국민 참여 재판이 시행되고 있다. 이 법률은, 사법의 민주적 정당성과 신뢰를 높이기 위하여 국민이 형사재판에 참여하는 제도를 시행함에 있어서 참여에 따른 권한과 책임을 명확히 하고, 재판절차의 특례와 그 밖에 필요한 사항에 관하여 규정함을 목적으로 한다.

국민 참여 재판은 피고인이 원하는 경우, 살인죄, 강도강간죄 등 위 법률이 정하는 중대 강력범죄에 한하여 실시한다. 배심원들은 법원에 유·무죄의 여부와 양형에 대한 의견을 제시할 권한이 있다. 그러나 배심원들이 제시하는 의견은 법원을 기속하지 않고 권고적 효력이 있을 뿐이다.

2013년 12월 31일 법무부는 위 법률 개정안 입법예고를 공고하였다. 다음은 개정이유와 개정안의 주요내용이다.

♣ 국민의 형사재판 참여에 관한 법률 일부개정법률(안) 입법예고

법무부 공고 제2013-288호

국민의 형사재판 참여에 관한 법률을 일부 개정함에 있어 국민 여러분께 미리 알려 이에 대한 의견을 듣고자 그 개정이유와 주요내용을 행정절차법 제41조의 규정에 따라 다음과 같이 공고합니다.

2013년 12월 31일

법 무 부 장 관

국민의 형사재판 참여에 관한 법률 일부개정법률(안) 입법예고

1. 개정이유

지난 2008. 1. 1. 사법의 민주적 정당성과 신뢰를 높이기 위해 국민참여재판 제도를 처음 도입한 이후 현재까지 약 5년이 경과하였음. 그 동안 국

민참여재판 접수 건수는 2008년 233건에서 2012년 737건으로, 국민참여재판 진행 건수는 2008년 64건에서 2012년 274건으로 매년 지속적으로 증가하고 있는 추세임. 이와 같이 국민참여재판 제도가 도입된 후 상당 기간이 경과함에 따라 그간 시행경과에 대한 분석 등을 통하여 국민참여재판의 최종 형태를 결정할 필요가 있으며, 이를 위해「국민의 형사재판 참여에 관한 법률」제55조에 따라 구성된 국민사법참여위원회 등 사회 각계 각층의 의견을 폭넓게 수렴하는 등으로 그간의 시행경과를 면밀히 분석하였음. 이에 따라 판사는 원칙적으로 배심원의 평결을 존중하도록 하고 재판에 참여한 배심원의 의견을 판결서에 반드시 기재하도록 하는 등 국민참여재판 제도의 최종 형태를 결정하기 위하여 본 법률안을 제안하고자 함.

2. 주요내용

가. 피고인의 신청이 없는 경우에도 사법의 민주적 정당성과 투명성을 증진하기 위하여 필요하다고 인정되는 경우에는 재판부가 검사의 신청에 따른 결정으로 국민참여재판에 회부할 수 있음. 다만 결정을 하기 전에 피고인에게 의견진술 기회를 주어야 하고, 회부결정 또는 회부신청기각결정에 대하여는 불복할 수 없음(안 제5조제2항, 제3항, 제4항).

나. 국민참여재판 대상사건 중에서 '법원조직법 제32조제1항제6호에 따라 지방법원 합의부의 권한에 속하는 사건'을 제외함(안 제5조제1항제1호)

다. 검사의 신청에 따라 법원이 국민참여재판 배제결정을 할 수 있도록 하고, 범죄의 성질 기타 사정으로 국민참여재판으로 진행하는 것이 불공평한 판단을 초래할 우려가 있는 경우 등을 배제결정 사유에 추가함(안 제9조제1항)

라. 5인의 배심원이 참여하는 국민참여재판 제도를 폐지하고 7인 또는 9인의 배심원이 참여하는 국민참여재판 제도만 유지함(안 제13조제1항, 제30조제1항제3호).

마. 배심원 및 배심원후보예정자의 연령을 만 19세 이상으로 함(안 제16조, 제22조제1항).

바. 피고인과 변호인이 최후 진술 과정에서 새로운 쟁점이나 사실관계에 관한 의견을 진술한 경우 재판장은 검사에게 이에 대한 의견을 진술할 기회를 주도록 하고, 피고인과 변호인도 재판장의 허가를 얻어 다시 이에 대한 의견을 진술할 수 있도록 함(안 제45조의2).

사. 재판장의 설명사항에 검사 주장의 요지를 추가함(안 제46조제1항).

아. 유무죄의 평결은 배심원 4분의 3 이상의 찬성에 의하고, 배심원 4분의 3 이상의 찬성에 이르지 못한 경우(평결 불성립) 배심원의 평결 없이 판결을 선고하되 배심원의 의견을 참고할 수 있음(안 제46조제3항·제2문, 제6항).

자. 판사는 피고인의 유 · 무죄를 판단함에 있어서 원칙적으로 배심원의 평결을 존중하되, 평의 · 평결의 절차 또는 내용이 헌법 · 법률 · 명령 · 규칙 또는 대법원 판례에 위반되는 경우, 평결의 내용이 논리법칙 · 경험법칙에 위반되는 경우, 그 밖에 평의 · 평결의 절차 또는 내용이 부당하다고 인정할 만한 사유가 있는 경우에는 배심원의 평결과 다른 판결을 할 수 있음(안 제46조제5항).

차. 재판에 참여한 배심원의 수, 유무죄 및 양형에 관한 배심원의 의견을 판결서에 필수적으로 기재하도록 함(안 제49조제1항).

3. 의견제출

국민의 형사재판 참여에 관한 법률 일부개정법률(안)에 대하여 의견이 있는 단체 또는 개인은 2014. 1. 20.까지 다음 사항을 기재한 의견서를 법무부장관(참조 형사법제과장)에게 제출하여 주시기 바라며, 법률(안)의 전문을 보고 싶으신 분은 법무부 홈페이지 입법예고란(http://www.moj.go.kr 법무정보-법령정보-입법예고)을 참고하여 주시기 바랍니다.

가. 예고사항에 관한 의견(찬성 또는 반대의견과 그 이유)

나. 성명(법인 기타 단체인 경우에는 명칭과 대표자), 주소 및 전화번호

다. 보내실 곳 : 법무부 형사법제과(주소 : 과천시 관문로 47.)

3 형벌의 종류와 경중

형벌의 종류로는 생명형, 자유형, 재산형, 명예형(자격형)으로 나눌 수 있다. 형법 제41조 이하에서는 형의 종류, 형의 선고유예, 형의 집행유예, 형의 실효 등에 대하여 상세히 규정하고 있다.

제41조(형의 종류)

형의 종류는 다음과 같다.

1. 사형
2. 징역
3. 금고
4. 자격상실
5. 자격정지
6. 벌금
7. 구류
8. 과료
9. 몰수

제42조(징역 또는 금고의 기간)

징역 또는 금고는 무기 또는 유기로 하고 유기는 1개월 이상 30년 이하로 한다. 단, 유기징역 또는 유기금고에 대하여 형을 가중하는 때에는 50년까지로 한다. 〈개정 2010.4.15〉

제43조(형의 선고와 자격상실, 자격정지)

① 사형, 무기징역 또는 무기금고의 판결을 받은 자는 다음에 기재한 자격을 상실한다.

1. 공무원이 되는 자격
2. 공법상의 선거권과 피선거권
3. 법률로 요건을 정한 공법상의 업무에 관한 자격
4. 법인의 이사, 감사 또는 지배인 기타 법인의 업무에 관한 검사역이나 재산관리인이 되는 자격

② 유기징역 또는 유기금고의 판결을 받은 자는 그 형의 집행이 종료하거나 면제될 때까지 전항 제1호 내지 제3호에 기재된 자격이 정지된다.

제45조(벌금)

벌금은 5만원 이상으로 한다. 다만, 감경하는 경우에는 5만원 미만으로 할 수 있다.

제46조(구류)

구류는 1일 이상 30일 미만으로 한다.

제47조(과료)

과료는 2천원 이상 5만원 미만으로 한다. 〈개정 1995.12.29〉

제48조(몰수의 대상과 추징)

① 범인 이외의 자의 소유에 속하지 아니하거나 범죄 후 범인 이외의 자가 정을 알면서 취득한 다음 기재의 물건은 전부 또는 일부를 몰수할 수 있다.

1. 범죄행위에 제공하였거나 제공하려고 한 물건.
2. 범죄행위로 인하여 생하였거나 이로 인하여 취득한 물건.
3. 전 2호의 대가로 취득한 물건.

② 전항에 기재한 물건을 몰수하기 불능한 때에는 그 가액을 추징한다.

③ 문서, 도화, 전자기록등 특수매체기록 또는 유가증권의 일부가 몰수에 해당하는 때에는 그 부분을 폐기한다.

제59조(선고유예의 요건)

① 1년 이하의 징역이나 금고, 자격정지 또는 벌금의 형을 선고할 경우에 제51조의 사항을 참작하여 개전의 정상이 현저한 때에는 그 선고를 유예할 수 있다. 단, 자격정지 이상의 형을 받은 전과가 있는 자에 대하여는 예외로 한다.

② 형을 병과할 경우에도 형의 전부 또는 일부에 대하여 그 선고를 유예할 수 있다.

제60조(선고유예의 효과)

형의 선고유예를 받은 날로부터 2년을 경과한 때에는 면소된 것으로 간주한다.

제59조의2(보호관찰)

① 형의 선고를 유예하는 경우에 재범방지를 위하여 지도 및 원호가 필요한 때에는 보호관찰을 받을 것을 명할 수 있다.

② 제1항의 규정에 의한 보호관찰의 기간은 1년으로 한다.

제62조(집행유예의 요건)

① 3년 이하의 징역 또는 금고의 형을 선고할 경우에 제51조의 사항을 참작하여 그 정상에 참작할 만한 사유가 있는 때에는 1년 이상 5년 이하의 기간 형의 집행을 유예할 수 있다. 다만, 금고 이상의 형을 선고한 판결이 확정된 때부터 그 집행을 종료하거나 면제된 후 3년까지의 기간에 범한 죄에 대하여 형을 선고하는 경우에는 그러하지 아니하다. 〈개정 2005.7.29〉

② 형을 병과할 경우에는 그 형의 일부에 대하여 집행을 유예할 수 있다.

제62조의2(보호관찰, 사회봉사 · 수강명령)

① 형의 집행을 유예하는 경우에는 보호관찰을 받을 것을 명하거나 사회봉사 또는 수강을 명할 수 있다.

② 제1항의 규정에 의한 보호관찰의 기간은 집행을 유예한 기간으로 한다. 다만, 법원은 유예기간의 범위 내에서 보호관찰기간을 정할 수 있다.

③ 사회봉사명령 또는 수강명령은 집행유예 기간 내에 이를 집행한다.

제65조(집행유예의 효과)

집행유예의 선고를 받은 후 그 선고의 실효 또는 취소됨이 없이 유예기간을 경과한 때에는 형의 선고는 효력을 잃는다.

제86조(석방일)

석방은 형기종료일에 하여야 한다.

제81조(형의 실효)

징역 또는 금고의 집행을 종료하거나 집행이 면제된 자가 피해자의 손해를 보상하고 자격정지 이상의 형을 받음이 없이 7년을 경과한 때에는 본인 또는 검사의 신청에 의하여 그 재판의 실효를 선고할 수 있다.

제7조(형의 실효)(형의 실효 등에 관한 법률)

① 수형인이 자격정지 이상의 형을 받지 아니하고 형의 집행을 종료하거나 그 집행이 면제된 날부터 다음 각 호의 구분에 따른 기간이 경과한 때에 그 형은 실효된다. 다만, 구류(구류)와 과료(과료)는 형의 집행을 종료하거나 그 집행이 면제된 때에 그 형이 실효된다.

1. 3년을 초과하는 징역 · 금고: 10년
2. 3년 이하의 징역 · 금고: 5년
3. 벌금: 2년

♣ 형의 실효에는, 본인의 신청에 의한 재판상의 실효(형법 규정) 및 법률에 의한 자동실효(형의 실효 등에 관한 법률 규정)의 두 종류가 있다. 형의 실효와 형의 시효는 구분하여야 한다. 형의 시효는 확정된 형벌집행권이 소멸하는 형사시효의 하나이다.

♣ 형벌의 정의正義

형벌은 범죄행위 및 책임과 비례하여, 형평의 원칙에 합치하여야 정의에 부합한다고 할 수 있다. 또한 비인도적이고 지나치게 잔혹한 형벌, 예컨대 고대 형벌로서 끓는 기름 솥 안에 죄수를 집어넣어 집행하는 사형의 방법 등은 부정의한 형벌에 속한다. 실정 형벌의 종류로는 생명형, 자유형, 재산형, 명예형(자격형)으로 나눌 수 있다. 형법 제41조 이하에서는 형의 종류, 형의 선고유예, 형의 집행유예, 형의 실효 등에 대하여 상세히 규정하고 있다. 조선시대의 형벌로는 사형死刑, 유형流刑, 도형徒刑, 장형杖刑, 태형笞刑 등 오형五刑이 있었다.

가) 벌금대체 사회봉사 제도

「벌금 미납자의 사회봉사 집행에 관한 특례법」이 2009년 제정되어, 벌금을 납입할 수 없는 경제적 약자들을 위하여 사회봉사로써 벌금을 대체할 수 있는 제도가 시행되고 있다. 이 법률은, 형법 제69조 제2항의 벌금 미납자에 대한 노역장 유치를 사회봉사로 대신하여 집행할 수 있는 특례와 절차를 규정함으로써 경제적인 이유로 벌금을 낼 수 없는 사람의 노역장 유치로 인한 구금을 최소화하여 그 편익을 도모함을 목적으로 한다. 다음은 「벌금 미납자의 사회봉사 집행에 관한 특례법 시행령」 및 형법의 관련 규정이다.

제2조(사회봉사의 신청과 벌금액)

「벌금 미납자의 사회봉사 집행에 관한 특례법」 제4조제1항 본문에 따른 벌금형의 금액은 300만원으로 한다.

제69조(벌금과 과료)

① 벌금과 과료는 판결 확정일로부터 30일 내에 납입하여야 한다. 단, 벌금을 선고할 때에는 동시에 그 금액을 완납할 때까지 노역장에 유치할 것을 명할 수 있다.

② 벌금을 납입하지 아니한 자는 1일 이상 3년 이하, 과료를 납입하지 아니한 자는 1일 이상 30일 미만의 기간 노역장에 유치하여 작업에 복무하게 한다.

나) 위치추적 전자장치 부착 제도

2008년 9월 1일부터 「특정 범죄자에 대한 보호관찰 및 전자장치 부착 등에 관한 법률」이 시행되고 있다. 이 법률은 특정범죄를 저지른 사람의 재범방지를 위하여 형기를 마친 뒤에 보호관찰 등을 통하여 지도하고 보살피며 도움으로써 건전한 사회복귀를 촉진하고 위치추적 전자장치를 신체에 부착하게 하는 부가적인 조치를 취함으로써 특정범죄로부터 국민을 보호함을 목적으로 제정되었다. '특정범죄'란 성폭력, 미성년자 대상 유괴,

살인 및 강도 범행을 말한다.

3. 교통사고, 음주운전, 뺑소니 사고 등에 대한 형사법적 규제

차량의 운전자가 교통사고로 인하여 형법 제268조에 정한 업무상 과실·중과실 치사상죄를 범하였을 경우 교통사고처리 특례법에 의하여 규율되고 있다. 운전자의 교통사고로 인하여 피해자가 치사에 이르지 아니한 경우에 신호위반, 중앙선침범, 음주운전 등 아래 11개 조항에도 해당되지 않고, 당해 사고 차량이 자동차 종합보험에 가입되어 있을 경우에는 운전자에 대하여 '공소권 없음'의 결정을 한다. 즉 운전자는 형사처벌이 면제된다.

음주운전의 경우에는 혈중 알콜 농도가 0.05% 이상인 자는 형사 처벌된다. 혈중 알콜 농도가 0.10% 이상인 자는 운전면허가 1년간 취소되며 다시 운전면허를 취득하여야 한다. 운전면허 취소 처분에 대하여는 행정심판을 거친 후 행정소송을 통하여 구제받을 수 있다. 그러나 음주운전자가 운전면허 취소 처분의 집행 또는 절차의 속행으로 생길 중대한 손해를 예방하여야 할 긴급한 필요가 있는 때 등 정당한 사유가 있는 때에는 행정심판을 거치지 아니하고 곧바로 행정소송을 제기할 수도 있다.

교통사고 상해사건을 일으킨 운전자의 뺑소니 행위는 특히 엄중하게 처벌되므로 각별한 주의를 요한다. 설사 음주운전을 하다가 교통사고를 냈다고 하더라도, 운전자는 절대 현장을 이탈하거나 도주하여서는 안 된다. 음주운전에 대하여는 벌금형을 받고 경미한 상해에 대하여는 피해자와 얼마든지 합의하여 처리할 수 있었음에도, 당황하거나 겁을 먹고 이를 모면하려고 잠시라도 도주하는 행위를 한다면 운전자의 평생을 그르치는 처벌을 받을 수 있다. 사고 운전자가 매우 다급한 사무를 처리하여야 한다면 최소한 피해자에게 운전자의 실제 연락처와 주소 등 인적사항을 남겨야만 하고, 중상자 등 구호조치를 필요로 하는 피해자가 있을 경우에는 반드시 구호조치를 취하고 운전자의 인적사항을 남겨야만 뺑소니 책임을 면할 수 있다.

1 일반 교통사고 처벌 관련 규정 : 교통사고처리특례법

제3조(처벌의 특례)

① 차의 운전자가 교통사고로 인하여 「형법」 제268조의 죄를 범한 경우에는 5년 이하의 금고 또는 2천만원 이하의 벌금에 처한다.

② 차의 교통으로 제1항의 죄 중 업무상과실치상죄 또는 중과실치상죄와 「도로교통법」 제151조의 죄를 범한 운전자에 대하여는 피해자의 명시적인 의사에 반하여 공소를 제기할 수 없다. 다만, 차의 운전자가 제1항의 죄 중 업무상과실치상죄 또는 중과실치상죄를 범하고도 피해자를 구호하는 등 「도로교통법」 제54조제1항에 따른 조치를 하지 아니하고 도주하거나 피해자를 사고 장소로부터 옮겨 유기하고 도주한 경우, 같은 죄를 범하고 「도로교통법」 제44조제2항을 위반하여 음주측정 요구에 따르지 아니한 경우(운전자가 채혈 측정을 요청하거나 동의한 경우는 제외한다)와 다음 각 호의 어느 하나에 해당하는 행위로 인하여 같은 죄를 범한 경우에는 그러하지 아니하다.

1. 「도로교통법」 제5조에 따른 신호기가 표시하는 신호 또는 교통정리를 하는 경찰공무원등의 신호를 위반하거나 통행금지 또는 일시정지를 내용으로 하는 안전표지가 표시하는 지시를 위반하여 운전한 경우
2. 「도로교통법」 제13조제3항을 위반하여 중앙선을 침범하거나 같은 법 제62조를 위반하여 횡단, 유턴 또는 후진한 경우
3. 「도로교통법」 제17조제1항 또는 제2항에 따른 제한속도를 시속 20킬로미터 초과하여 운전한 경우

4. 「도로교통법」 제21조제1항, 제22조, 제23조에 따른 앞지르기의 방법 · 금지시기 · 금지장소 또는 끼어들기의 금지를 위반하거나 같은 법 제60조제2항에 따른 고속도로에서의 앞지르기 방법을 위반하여 운전한 경우
5. 「도로교통법」 제24조에 따른 철길건널목 통과방법을 위반하여 운전한 경우
6. 「도로교통법」 제27조제1항에 따른 횡단보도에서의 보행자 보호의무를 위반하여 운전한 경우
7. 「도로교통법」 제43조, 「건설기계관리법」 제26조 또는 「도로교통법」 제96조를 위반하여 운전면허 또는 건설기계조종사면허를 받지 아니하거나 국제운전면허증을 소지하지 아니하고 운전한 경우. 이 경우 운전면허 또는 건설기계조종사면허의 효력이 정지 중이거나 운전의 금지 중인 때에는 운전면허 또는 건설기계조종사면허를 받지 아니하거나 국제운전면허증을 소지하지 아니한 것으로 본다.
8. 「도로교통법」 제44조제1항을 위반하여 술에 취한 상태에서 운전을 하거나 같은 법 제45조를 위반하여 약물의 영향으로 정상적으로 운전하지 못할 우려가 있는 상태에서 운전한 경우
9. 「도로교통법」 제13조제1항을 위반하여 보도가 설치된 도로의 보도를 침범하거나 같은 법 제13조제2항에 따른 보도 횡단방법을 위반하여 운전한 경우
10. 「도로교통법」 제39조제2항에 따른 승객의 추락 방지의무를 위반하여 운전한 경우
11. 「도로교통법」 제12조제3항에 따른 어린이 보호구역에서 같은 조 제1항에 따른 조치를 준수하고 어린이의 안전에 유의하면서 운전하여야 할 의무를 위반하여 어린이의 신체를 상해에 이르게 한 경우

제4조(보험 등에 가입된 경우의 특례)

① 교통사고를 일으킨 차가 「보험업법」 제4조, 제126조, 제127조 및 제128조, 「여객자동차 운수사업법」 제60조, 제61조 또는 「화물자동차 운수사업법」 제51조에 따른 보험 또는 공제에 가입된 경우에는 제3조제2항 본문에 규정된 죄를 범한 차의 운전자에 대하여 공소를 제기할 수 없다. 다만, 다음 각

호의 어느 하나에 해당하는 경우에는 그러하지 아니하다.

1. 제3조제2항 단서에 해당하는 경우
2. 피해자가 신체의 상해로 인하여 생명에 대한 위험이 발생하거나 불구가 되거나 불치 또는 난치의 질병이 생긴 경우
3. 보험계약 또는 공제계약이 무효로 되거나 해지되거나 계약상의 면책 규정 등으로 인하여 보험회사, 공제조합 또는 공제사업자의 보험금 또는 공제금 지급의무가 없어진 경우

② 제1항에서 "보험 또는 공제"란 교통사고의 경우 「보험업법」에 따른 보험회사나 「여객자동차 운수사업법」 또는 「화물자동차 운수사업법」에 따른 공제조합 또는 공제사업자가 인가된 보험약관 또는 승인된 공제약관에 따라 피보험자와 피해자 간 또는 공제조합원과 피해자 간의 손해배상에 관한 합의 여부와 상관없이 피보험자나 공제조합원을 갈음하여 피해자의 치료비에 관하여는 통상비용의 전액을, 그 밖의 손해에 관하여는 보험약관이나 공제약관으로 정한 지급기준금액을 대통령령으로 정하는 바에 따라 우선 지급하되, 종국적으로는 확정판결이나 그 밖에 이에 준하는 집행권원상 피보험자 또는 공제조합원의 교통사고로 인한 손해배상금 전액을 보상하는 보험 또는 공제를 말한다.

③ 제1항의 보험 또는 공제에 가입된 사실은 보험회사, 공제조합 또는 공제사업자가 제2항의 취지를 적은 서면에 의하여 증명되어야 한다.

2 음주운전에 대한 처벌 관련 규정 : 도로교통법, 행정소송법

제44조 (술에 취한 상태에서의 운전 금지)(도로교통법)

① 누구든지 술에 취한 상태에서 자동차등(「건설기계관리법」 제26조제1항 단서에 따른 건설기계 외의 건설기계를 포함한다. 이하 이 조, 제45조, 제47조, 제93조제1항제1호부터 제4호까지 및 제148조의2에서 같다)을 운전하여서는 아니 된다.

② 경찰공무원(자치경찰공무원은 제외한다. 이하 이 항에서 같다)은 교통의 안전과 위험방지를 위하여 필요하다고 인정하거나 제1항을 위반하여 술에 취한

상태에서 자동차등을 운전하였다고 인정할 만한 상당한 이유가 있는 경우에는 운전자가 술에 취하였는지를 호흡조사로 측정할 수 있다. 이 경우 운전자는 경찰공무원의 측정에 응하여야 한다.

③ 제2항에 따른 측정 결과에 불복하는 운전자에 대하여는 그 운전자의 동의를 받아 혈액 채취 등의 방법으로 다시 측정할 수 있다.

④ 제1항에 따라 운전이 금지되는 술에 취한 상태의 기준은 운전자의 혈중알코올농도가 0. 05퍼센트 이상인 경우로 한다.

제93조(운전면허의 취소 · 정지)

① 지방경찰청장은 운전면허(연습운전면허는 제외한다. 이하 이 조에서 같다)를 받은 사람이 다음 각 호의 어느 하나에 해당하면 안전행정부령으로 정하는 기준에 따라 운전면허를 취소하거나 1년 이내의 범위에서 운전면허의 효력을 정지시킬 수 있다. 다만, 제2호, 제3호, 제7호부터 제9호까지(정기 적성검사 기간이 지난 경우는 제외한다), 제12호, 제14호, 제16호부터 제18호까지의 규정에 해당하는 경우에는 운전면허를 취소하여야 한다. <개정 2013.3.23>

1. 제44조제1항을 위반하여 술에 취한 상태에서 자동차등을 운전한 경우
2. 제44조제1항 또는 제2항 후단을 2회 이상 위반한 사람이 다시 같은 조 제1항을 위반하여 운전면허 정지 사유에 해당된 경우
3. 제44조제2항 후단을 위반하여 술에 취한 상태에 있다고 인정할 만한 상당한 이유가 있음에도 불구하고 경찰공무원의 측정에 응하지 아니한 경우

제148조의2(벌칙)

① 다음 각 호의 어느 하나에 해당하는 사람은 1년 이상 3년 이하의 징역이나 500만원 이상 1천만원 이하의 벌금에 처한다.

1. 제44조제1항을 2회 이상 위반한 사람으로서 다시 같은 조 제1항을 위반하여 술에 취한 상태에서 자동차등을 운전한 사람
2. 술에 취한 상태에 있다고 인정할 만한 상당한 이유가 있는 사람으로서 제44조제2항에 따른 경찰공무원의 측정에 응하지 아니한 사람

② 제44조제1항을 위반하여 술에 취한 상태에서 자동차등을 운전한 사람은 다음 각 호의 구분에 따라 처벌한다.

1. 혈중알콜농도가 0. 2퍼센트 이상인 사람은 1년 이상 3년 이하의 징역이나 500만원 이상 1천만원 이하의 벌금
2. 혈중알콜농도가 0. 1퍼센트 이상 0.2퍼센트 미만인 사람은 6개월 이상 1년 이하의 징역이나 300만원 이상 500만원 이하의 벌금
3. 혈중알콜농도가 0. 05퍼센트 이상 0.1퍼센트 미만인 사람은 6개월 이하의 징역이나 300만원 이하의 벌금

제142조 (행정소송과의 관계)

이 법에 따른 처분으로서 해당 처분에 대한 행정소송은 행정심판의 재결을 거치지 아니하면 제기할 수 없다.

제18조 (행정심판과의 관계)(행정소송법)

① 취소소송은 법령의 규정에 의하여 당해 처분에 대한 행정심판을 제기할 수 있는 경우에도 이를 거치지 아니하고 제기할 수 있다. 다만, 다른 법률에 당해 처분에 대한 행정심판의 재결을 거치지 아니하면 취소소송을 제기할 수 없다는 규정이 있는 때에는 그러하지 아니하다.

② 제1항 단서의 경우에도 다음 각호의 1에 해당하는 사유가 있는 때에는 행정심판의 재결을 거치지 아니하고 취소소송을 제기할 수 있다.

1. 행정심판청구가 있은 날로부터 60일이 지나도 재결이 없는 때
2. 처분의 집행 또는 절차의 속행으로 생길 중대한 손해를 예방하여야 할 긴급한 필요가 있는 때
3. 법령의 규정에 의한 행정심판기관이 의결 또는 재결을 하지 못할 사유가 있는 때
4. 그 밖의 정당한 사유가 있는 때

3 뺑소니 사고 운전자 처벌 관련 규정 : 특정범죄 가중처벌 등에 관한 법률(특가법 도주차량), 도로교통법(손괴 후 도주)

제5조의3(도주차량 운전자의 가중처벌)(특정범죄 가중처벌 등에 관한 법률)

①「도로교통법」 제2조에 규정된 자동차 · 원동기장치자전거의 교통으로 인

하여 「형법」 제268조의 죄를 범한 해당 차량의 운전자(이하 "사고운전자"라 한다)가 피해자를 구호하는 등 「도로교통법」 제54조제1항에 따른 조치를 하지 아니하고 도주한 경우에는 다음 각 호의 구분에 따라 가중 처벌한다.

1. 피해자를 사망에 이르게 하고 도주하거나, 도주 후에 피해자가 사망한 경우에는 무기 또는 5년 이상의 징역에 처한다.
2. 피해자를 상해에 이르게 한 경우에는 1년 이상의 유기징역 또는 500만원 이상 3천만원 이하의 벌금에 처한다.

② 사고운전자가 피해자를 사고 장소로부터 옮겨 유기하고 도주한 경우에는 다음 각 호의 구분에 따라 가중 처벌한다.

1. 피해자를 사망에 이르게 하고 도주하거나, 도주 후에 피해자가 사망한 경우에는 사형, 무기 또는 5년 이상의 징역에 처한다.
2. 피해자를 상해에 이르게 한 경우에는 3년 이상의 유기징역에 처한다.

제54조(사고발생 시의 조치)(도로교통법)

① 차의 운전 등 교통으로 인하여 사람을 사상하거나 물건을 손괴(이하 "교통사고"라 한다)한 경우에는 그 차의 운전자나 그 밖의 승무원(이하 "운전자등"이라 한다)은 즉시 정차하여 사상자를 구호하는 등 필요한 조치를 하여야 한다.

제148조(벌칙)

제54조제1항에 따른 교통사고 발생 시의 조치를 하지 아니한 사람은 5년 이하의 징역이나 1천500만원 이하의 벌금에 처한다.

4. 보복범죄의 가중처벌 및 특정범죄신고자 등에 대한 보호제도

1 보복범죄의 가중처벌

법치국가에서 엄격한 중요 법집행 작용의 하나인 국가 형벌권 행사 작용을 가볍게 여기면서 국가 법질서를 재차 침범하는, 보복범죄는 매우 엄하게 다루어 져야만 한다. 따라서 아래 「특정범죄가중처벌등에관한법률」은 범죄 피해자가 고소·고발하였다는 등의 이유로 보복하는 형태의 범죄를 매우 무겁게 가중 처벌하고 있다. 보복범죄로 인하여 중복적으로 피해를 당한 피해자는, 다음 항에서 서술하는 「특정범죄신고자등보호법」에 의거하여, 마약, 강력, 보복 범죄 등 특정 범죄의 신고자에 대하여 경찰, 검찰, 법원 등 국가가 보좌인의 지정, 신변안전조치, 구조금의 지급 등 일정 범위에서 보호조치를 취할 수 있는 제도를 이용할 수 있다. 특히 보복범죄의 가중처벌 조항 중에는 협박행위(형법 283조1항), 면담 강요행위 등도 보복범죄의 유형으로 규정하고 있다.

제5조의9(보복범죄의 가중처벌 등)

① 자기 또는 타인의 형사사건의 수사 또는 재판과 관련하여 고소·고발 등 수사단서의 제공, 진술, 증언 또는 자료제출에 대한 보복의 목적으로 「형법」 제250조제1항의 죄를 범한 사람은 사형, 무기 또는 10년 이상의 징역에 처한다. 고소·고발 등 수사단서의 제공, 진술, 증언 또는 자료제출을 하지 못하게 하거나 고소·고발을 취소하게 하거나 거짓으로 진술·증언·자료제출을 하게 할 목적인 경우에도 또한 같다.

② 제1항과 같은 목적으로 「형법」 제257조제1항·제260조제1항·제276조제1항 또는 제283조제1항의 죄를 범한 사람은 1년 이상의 유기징역에 처한다.

③ 제2항의 죄 중 「형법」 제257조제1항·제260조제1항 또는 제276조제1항의 죄를 범하여 사람을 사망에 이르게 한 경우에는 무기 또는 3년 이상의 징역에 처한다.

④ 자기 또는 타인의 형사사건의 수사 또는 재판과 관련하여 필요한 사실을 알고 있는 사람 또는 그 친족에게 정당한 사유 없이 면담을 강요하거나 위력을 행사한 사람은 3년 이하의 징역 또는 300만 원 이하의 벌금에 처한다.

2 특정범죄신고자 등에 대한 보호제도

마약, 강력, 보복 범죄 등 특정범죄의 신고자에 대하여는, 「특정범죄신고자등보호법」에 의하여, 경찰, 검찰, 법원 등 국가가 보좌인의 지정, 신변안전조치, 구조금의 지급 등 일정 범위에서 보호조치를 취할 수 있는 제도를 2000년부터 시행하고 있다. 이 제도의 목적은 범죄 신고자에 대한 보복범죄가 만연하고 있는 경향에 대처하고, 범죄 신고자를 보호함으로써 보다 실효적인 범죄예방 및 처벌을 할 수 있도록 하기 위함이다. 범죄 신고자에게는 신고자 자신의 범죄행위에 대한 처벌을 감경 또는 면제받을 수 있는 특권이 주어진다. 동 보호법의 목적 및 특정범죄의 범위는 다음과 같다.

제1조(목적)

이 법은 특정범죄에 관한 형사절차에서 국민이 안심하고 자발적으로 협조할 수 있도록 그 범죄신고자 등을 실질적으로 보호함으로써 범죄로부터 사회를 방위하는 데에 이바지함을 목적으로 한다.

제2조(정의)

이 법에서 사용하는 용어의 뜻은 다음과 같다.

1. "특정범죄"란 다음 각 목의 어느 하나에 해당하는 범죄를 말한다.

가. 「특정강력범죄의 처벌에 관한 특례법」 제2조의 범조

나. 「마약류 불법거래 방지에 관한 특례법」 제2조제2항의 범죄

다. 「폭력행위 등 처벌에 관한 법률」 제4조 및 「특정범죄 가중처벌 등에 관한 법률」 제5조의8의 단체 구성원의 그 단체의 활동과 관련된 범죄

라. 「국제형사재판소 관할 범죄의 처벌 등에 관한 법률」 제8조부터 제16조까지의 죄

마. 「특정범죄 가중처벌 등에 관한 법률」 제5조의9의 죄

제16조(범죄신고자등에 대한 형의 감면)

범죄신고등을 함으로써 그와 관련된 자신의 범죄가 발견된 경우 그 범죄신고

자등에 대하여 형을 감경하거나 면제할 수 있다.

(특정범죄신고자 등 보호법)

♣「특정범죄 가중처벌 등에 관한 법률」 제5조의9의 죄는 '보복범죄의 가중처벌 등'에 대한 규정이다.

제4장 민법 : 민법총칙, 물권법(완전물권 = 소유권, 제한물권), 채권법(계약법, 부당이득법, 불법행위법)

1. 부동산 물권법

1 권리의 주체와 객체

사법적 권리私法的 權利의 주체에는 자연인과 법인이 있다. 권리의 객체로는 물건과 채무자의 일정한 행위가 있다. 사법적 권리 즉 사권을 그 효력·작용에 따라 분류하면 지배권과 청구권으로 나눌 수 있다. 대표적인 지배권인 물권은 권리의 객체를 직접 지배할 수 있는 권리이고, 대표적인 청구권인 채권은 특정인에 대하여 일정한 행위를 요구할 수 있는 권리다. 물권의 객체는 물건이고, 채권의 객체는 채무자의 일정한 행위이다. 별다른 표시가 없으면 이하 인용되는 법조문은 모두 민법이다.

제98조(물건의 정의)

본법에서 물건이라 함은 유체물 및 전기 기타 관리할 수 있는 자연력을 말한다.

제99조(부동산, 동산)

① 토지 및 그 정착물은 부동산이다.

② 부동산 이외의 물건은 동산이다.

2 공시公示의 원칙, 공신公信의 원칙

물권의 존재 및 변동사항은 외부에서 알 수 있도록 반드시 등기, 점유,

인도, 명인방법 등 공시방법을 갖추어야 한다는 원칙을 '공시의 원칙'이라고 한다. 또한 공시의 원칙과는 별개로서, 공시방법을 믿고 거래한 경우 그 공시방법이 진정한 권리관계와 불일치하더라도 공시된 대로의 권리관계를 인정해 주어 선의의 제3자를 보호하고 거래 안전을 도모하는 제도를 '공신의 원칙'이라고 한다. 공신의 원칙이 인정되면 진정한 권리자의 희생 위에 선의의 제3자와 거래안전을 보호하게 된다. 이 경우 진정한 권리자는 불법행위법 내지 부당이득법에 의하여 구제되나 결국에는 물권을 잃고 채권만을 취득할 수 있을 뿐이다. 우리 민법과 판례는 공시의 원칙은 관철하고 있으나, 공신의 원칙은 이를 인정하지 않는다.

제186조(부동산물권변동의 효력)

부동산에 관한 법률행위로 인한 물권의 득실변경은 등기하여야 그 효력이 생긴다.

3 부동산 거래

주택 등 부동산을 매수하려고 할 경우에는 먼저, ① 토지와 건물에 대한 등기부 등본을 확인하여야 한다. 등기부 등본은 등기번호란, 표제부, 갑구, 을구로 나뉘어져 있다. 등기번호란에는 토지나 건물대지의 지번을, 표제부에는 토지나 건물의 표시와 그 변경에 대한 사항을, 갑구에는 소유권에 관련 사항을, 을구에는 소유권 이외의 권리에 관련된 사항이 기재되어 있다. ② 또한 부동산이 존재하는 지역을 직접 답사하여 부동산의 현황을 확인하여야 한다. ③ 다음으로 등기부상의 소유자와 매도인 혹은 그 대리인과의 일치를 인감증명, 주민등록증과의 대조 등의 방법으로 확인하여야 한다. 특히 매도인이 대리인이라면 본인인 소유자의 의사를 직접 확인하여야 한다. 인감, 위임장 등을 위조하여 적법한 대리권 없이 부동산을 진정한 소유자의 의사에 반하여 처분하는 일이 많이 발생하기 때문이다. ④ 임차인 등 등기부상에 나타나지 않는 권리관계를 현장답사 등을 통하여 잘 확인하여야 한다.

보통 공인중개사와 법무사를 통하여 매매나 임대차를 하게 되는데, 공인중개사의 고의, 과실로 의뢰인이 손해를 입었을 경우에는 공인중개사는 의뢰인에게 그 손해를 배상하여야 한다.

매수인이 이미 계약금을 매도인에게 지급한 경우, 계약을 해제하려면 매수인은 계약금을 포기하여야 하고 매도인은 그 배액을 돌려주어야 해제할 수 있다.

제565조(해약금)

① 매매의 당사자일방이 계약당시에 금전 기타 물건을 계약금, 보증금등의 명목으로 상대방에게 교부한 때에는 당사자 간에 다른 약정이 없는 한 당사자의 일방이 이행에 착수할 때까지 교부자는 이를 포기하고 수령자는 그 배액을 상환하여 매매계약을 해제할 수 있다.

4 공인중개사의 업무 및 부동산 실제 거래가격 신고

부동산의 매매 거래에 있어서는 실제 거래가격을 거래계약의 체결일부터 60일 이내에 매매 대상 부동산 소재지의 관할 시장 · 군수 또는 구청장에게 매도인 · 매수인 공동으로 신고하여야 한다. 신고 후 신고필증을 교부받은 때에는 매수인은 「부동산등기 특별조치법」 제3조 제1항에 따른 검인을 받은 것으로 본다. 이와 같은 내용을 포함하면서, 2006년부터 시행되고 있는 「공인중개사의 업무 및 부동산 거래신고에 관한 법률」을 위반할 경우 매도인, 매수인, 중개업자는 과태료 및 업무정지의 제재를 받게 된다.

제27조 (부동산거래의 신고)

① 거래당사자(매수인 및 매도인을 말한다. 이하 이 조에서 같다)는 다음 각 호의 어느 하나에 해당하는 부동산 또는 부동산을 취득할 수 있는 권리에 관한 매매계약을 체결한 때에는 부동산 등의 실제 거래가격 등 대통령령이 정하는 사항을 거래계약의 체결일부터 60일 이내에 매매대상 부동산(권리에 관한

매매계약의 경우에는 그 권리의 대상인 부동산) 소재지의 관할 시장 · 군수 또는 구청장에게 공동으로 신고하여야 한다. 다만, 거래당사자 중 일방이 신고를 거부하는 경우에는 국토교통부령으로 정하는 바에 따라 상대방이 단독으로 신고할 수 있다.〈개정 2006.12.28, 2008.6.13, 2013.3.23〉

1. 토지 또는 건축물
2. 「도시 및 주거환경정비법」 제48조의 규정에 따른 관리처분계획의 인가로 인하여 취득한 입주자로 선정된 지위
3. 「주택법」 제16조의 규정에 따른 사업계획승인을 얻어 건설공급하는 주택의 입주자로 선정된 지위

② 중개업자가 제26조제1항의 규정에 의하여 거래계약서를 작성 · 교부한 때에는 제1항의 규정에 불구하고 당해 중개업자가 제1항의 규정에 의한 신고를 하여야 한다.

③ 제1항 또는 제2항의 규정에 의하여 신고를 받은 시장 · 군수 또는 구청장은 그 신고내용을 확인한 후 신고필증을 신고인에게 즉시 교부하여야 한다.

④ 중개업자 또는 거래당사자가 제3항에 따른 신고필증을 교부받은 때(제1항 단서에 따라 매도인이 신고필증을 교부받은 때를 포함한다)에는 매수인은 「부동산등기 특별조치법」 제3조제1항에 따른 검인을 받은 것으로 본다.〈개정 2008.6.13〉

제28조(부동산거래 신고가격의 검증 등)

① 국토교통부장관은 공정하고 투명한 부동산거래질서를 확립하기 위하여 제27조의 규정에 의하여 신고를 받은 부동산거래내용 및 「부동산 가격공시 및 감정평가에 관한 법률」에 의하여 공시된 토지 및 주택의 가액 그 밖의 부동산가격정보를 활용하여 부동산거래가격 검증체계를 구축 · 운영하여야 한다.〈개정 2008.2.29, 2013.3.23〉

제30조(손해배상책임의 보장)

① 중개업자는 중개행위를 함에 있어서 고의 또는 과실로 인하여 거래당사자에게 재산상의 손해를 발생하게 한 때에는 그 손해를 배상할 책임이 있다.

② 중개업자는 자기의 중개사무소를 다른 사람의 중개행위의 장소로 제공함

으로써 거래당사자에게 재산상의 손해를 발생하게 한 때에는 그 손해를 배상할 책임이 있다.

제32조(중개수수료 등)

① 중개업자는 중개업무에 관하여 중개의뢰인으로부터 소정의 수수료를 받는다. 다만, 중개업자의 고의 또는 과실로 인하여 중개의뢰인간의 거래행위가 무효 · 취소 또는 해제된 경우에는 그러하지 아니하다.

(공인중개사의 업무 및 부동산 거래신고에 관한 법률)

♣ 임대차에 있어서의 동시이행항변권 CASE 문제

갑이 임대인이고, 을이 임차인이라면 임대차계약 종료(기간만료, 계약해지) 후 임대인의 임차보증금 반환의무와 임차인의 임차목적물 명도의무는 동시이행 관계에 놓이게 된다.

아래의 조건과 같은 경우에 임차인의 명도의무 외의 책임을 논하라.

A. 임대차계약 종료(기간만료, 계약해지)

B. 임차인의 계속 점유

C. 계약 목적에 따른 사용 수익 없음-실질이득 없음

1. 임대차보증금이 소진되고 없는 경우

손해배상 책임－긍정－임차인은 명도 거절할 동시이행항변권이 없다－그러므로 불법점유

부당이득 책임－부정－실질이득 없으므로

2. 임대차보증금이 남아 있는 경우

손해배상 책임－부정－불법점유가 아니므로

부당이득 책임－부정－실질이득 없으므로－이 결론은 임차인의 사정으로 사용 수익 못하였거나, 임차인이 자신의 시설물을 반출하지 않았어도 동일하다.(대법원 98다8554, 98다15545 판결)

이상과 같은 결론은 동시이행항변권으로 인한 논리적 결과인데, 이 결과가 공평의 이념에 부합하는지는 숙고를 요한다.

2. 주택임대차보호법, 상가건물임대차보호법

1 주택임대차보호법

가) 전세권 등기를 하지 않은 채권적 전세 등 주택의 임차인은 「주택임대차보호법」에 의거하여 일정범위에서 강하게 보호되고 있다.

전세 · 월세 등 임대차계약서 상에 읍 · 면 · 동사무소 혹은 법원에서 확정일자를 받고, 주민등록 전입신고를 마치고, 주택에 입주한, 임차인은 주택에서 퇴거하지 않을 수 있는 대항력과 보증금에 대한 우선변제권, 소액보증금 중 일정액에 대한 최우선변제권을 가진다.

제3조(대항력 등)

① 임대차는 그 등기가 없는 경우에도 임차인이 주택의 인도와 주민등록을 마친 때에는 그 다음 날부터 제삼자에 대하여 효력이 생긴다. 이 경우 전입신고를 한 때에 주민등록이 된 것으로 본다.

제3조의2(보증금의 회수)

② 제3조제1항 또는 제2항의 대항요건과 임대차계약증서(제3조제2항의 경우에는 법인과 임대인 사이의 임대차계약증서를 말한다)상의 확정일자를 갖춘 임차인은 「민사집행법」에 따른 경매 또는 「국세징수법」에 따른 공매를 할 때에 임차주택(대지를 포함한다)의 환가대금에서 후순위권리자나 그 밖의 채권자보다 우선하여 보증금을 변제받을 권리가 있다.

제8조(보증금 중 일정액의 보호)

① 임차인은 보증금 중 일정액을 다른 담보물권자보다 우선하여 변제받을 권리가 있다. 이 경우 임차인은 주택에 대한 경매신청의 등기 전에 제3조제1

항의 요건을 갖추어야 한다.

② 제1항의 경우에는 제3조의2제4항부터 제6항까지의 규정을 준용한다.

③ 제1항에 따라 우선변제를 받을 임차인 및 보증금 중 일정액의 범위와 기준은 제8조의2에 따른 주택임대차위원회의 심의를 거쳐 대통령령으로 정한다. 다만, 보증금 중 일정액의 범위와 기준은 주택가액(대지의 가액을 포함한다)의 2분의 1을 넘지 못한다.

제3조 (보증금 중 일정액의 범위 등)(주택임대차보호법 시행령)

① 법 제8조에 따라 우선변제를 받을 보증금 중 일정액의 범위는 다음 각 호의 구분에 의한 금액 이하로 한다.〈개정 2010.7.21〉

1. 서울특별시: 2천500만원
2. 「수도권정비계획법」에 따른 과밀억제권역(서울특별시는 제외한다): 2천200만원
3. 광역시(「수도권정비계획법」에 따른 과밀억제권역에 포함된 지역과 군지역은 제외한다), 안산시, 용인시, 김포시 및 광주시: 1천900만원
4. 그 밖의 지역: 1천400만원

제4조(우선변제를 받을 임차인의 범위)

법 제8조에 따라 우선변제를 받을 임차인은 보증금이 다음 각 호의 구분에 의한 금액 이하인 임차인으로 한다.〈개정 2010.7.21〉

1. 서울특별시: 7천500만원
2. 「수도권정비계획법」에 따른 과밀억제권역(서울특별시는 제외한다): 5천500만원
3. 광역시(「수도권정비계획법」에 따른 과밀억제권역에 포함된 지역과 군지역은 제외한다), 안산시, 용인시, 김포시 및 광주시: 5천500만원
4. 그 밖의 지역: 4천만원

나) 주택의 임대차 기간 및 그 갱신에 대하여도 특별한 보호규정이 존재한다. 기간을 정하지 아니하거나 2년 미만으로 정한 임대차는 그 기간을 2년으로 간주하고, 임대인이 임대차기간이 끝나기 6개월 전부터

1개월 전까지의 기간에 임차인에게 갱신거절의 통지를 하지 않은 경우에는 그 기간이 끝난 때에 전 임대차와 동일한 조건으로 다시 임대차한 것으로 본다.

제4조(임대차기간 등)

① 기간을 정하지 아니하거나 2년 미만으로 정한 임대차는 그 기간을 2년으로 본다. 다만, 임차인은 2년 미만으로 정한 기간이 유효함을 주장할 수 있다.

② 임대차기간이 끝난 경우에도 임차인이 보증금을 반환받을 때까지는 임대차관계가 존속되는 것으로 본다.

제6조(계약의 갱신)

① 임대인이 임대차기간이 끝나기 6개월 전부터 1개월 전까지의 기간에 임차인에게 갱신거절의 통지를 하지 아니하거나 계약조건을 변경하지 아니하면 갱신하지 아니한다는 뜻의 통지를 하지 아니한 경우에는 그 기간이 끝난 때에 전 임대차와 동일한 조건으로 다시 임대차한 것으로 본다. 임차인이 임대차기간이 끝나기 1개월 전까지 통지하지 아니한 경우에도 또한 같다.

② 제1항의 경우 임대차의 존속기간은 2년으로 본다.〈개정 2009.5.8〉

③ 2기의 차임액에 달하도록 연체하거나 그 밖에 임차인으로서의 의무를 현저히 위반한 임차인에 대하여는 제1항을 적용하지 아니한다.

2 상가건물임대차보호법

상가건물의 임차인 역시 주택 임차인과 마찬가지로 법에 의하여 강하게 보호된다. 상가건물의 임차인이 보호를 받기 위한 조건은 보증금이 일정금액 이하이어야 하며, 관할 세무서에서 임대차계약서 상에 확정일자를 받아야 하고, 건물인도 및 사업자등록을 신청하여야 한다. 이러한 조건을 갖춘 경우에는 상가 임차인은 주택 임차인과 마찬가지로 대항력과 우선변제권, 최우선변제권을 가지게 된다.

제2조(적용범위)

① 이 법은 상가건물(제3조제1항에 따른 사업자등록의 대상이 되는 건물을 말한다)의 임대차(임대차 목적물의 주된 부분을 영업용으로 사용하는 경우를 포함한다)에 대하여 적용한다. 다만, 대통령령으로 정하는 보증금액을 초과하는 임대차에 대하여는 그러하지 아니하다.

② 제1항 단서에 따른 보증금액을 정할 때에는 해당 지역의 경제 여건 및 임대차 목적물의 규모 등을 고려하여 지역별로 구분하여 규정하되, 보증금 외에 차임이 있는 경우에는 그 차임액에 「은행법」에 따른 은행의 대출금리 등을 고려하여 대통령령으로 정하는 비율을 곱하여 환산한 금액을 포함하여야 한다.

제3조(대항력 등)

① 임대차는 그 등기가 없는 경우에도 임차인이 건물의 인도와 「부가가치세법」 제5조, 「소득세법」 제168조 또는 「법인세법」 제111조에 따른 사업자등록을 신청하면 그 다음 날부터 제3자에 대하여 효력이 생긴다.

제5조(보증금의 회수)

② 제3조제1항의 대항요건을 갖추고 관할 세무서장으로부터 임대차계약서상의 확정일자를 받은 임차인은 「민사집행법」에 따른 경매 또는 「국세징수법」에 따른 공매 시 임차건물(임대인 소유의 대지를 포함한다)의 환가대금에서 후순위권리자나 그 밖의 채권자보다 우선하여 보증금을 변제받을 권리가 있다.

제14조(보증금 중 일정액의 보호)

① 임차인은 보증금 중 일정액을 다른 담보물권자보다 우선하여 변제받을 권리가 있다. 이 경우 임차인은 건물에 대한 경매신청의 등기 전에 제3조제1항의 요건을 갖추어야 한다.

② 제1항의 경우에 제5조제4항부터 제6항까지의 규정을 준용한다.

③ 제1항에 따라 우선변제를 받을 임차인 및 보증금 중 일정액의 범위와 기준은 임대건물가액(임대인 소유의 대지가액을 포함한다)의 3분의 1 범위에서 해당

지역의 경제 여건, 보증금 및 차임 등을 고려하여 대통령령으로 정한다.

제2조(적용범위)(상가건물 임대차보호법 시행령)

① 「상가건물 임대차보호법」(이하 "법"이라 한다) 제2조제1항 단서에서 "대통령령으로 정하는 보증금액"이라 함은 다음 각호의 구분에 의한 금액을 말한다. 〈개정 2008.8.21, 2010.7.21〉

1. 서울특별시 : 3억원
2. 「수도권정비계획법」에 따른 과밀억제권역(서울특별시는 제외한다): 2억5천만원
3. 광역시(「수도권정비계획법」에 따른 과밀억제권역에 포함된 지역과 군지역은 제외한다), 안산시, 용인시, 김포시 및 광주시: 1억8천만원
4. 그 밖의 지역 : 1억5천만원

제6조(우선변제를 받을 임차인의 범위)

법 제14조의 규정에 의하여 우선변제를 받을 임차인은 보증금과 차임이 있는 경우 법 제2조제2항의 규정에 의하여 환산한 금액의 합계가 다음 각호의 구분에 의한 금액 이하인 임차인으로 한다. 〈개정 2008.8.21, 2010.7.21〉

1. 서울특별시 : 5천만원
2. 「수도권정비계획법」에 따른 과밀억제권역(서울특별시는 제외한다): 4천500만원
3. 광역시(「수도권정비계획법」에 따른 과밀억제권역에 포함된 지역과 군지역은 제외한다), 안산시, 용인시, 김포시 및 광주시: 3천만원
4. 그 밖의 지역 : 2천500만원

제7조(우선변제를 받을 보증금의 범위 등)

① 법 제14조의 규정에 의하여 우선변제를 받을 보증금중 일정액의 범위는 다음 각호의 구분에 의한 금액 이하로 한다. 〈개정 2008.8.21, 2010.7.21〉

1. 서울특별시 : 1천500만원
2. 「수도권정비계획법」에 따른 과밀억제권역(서울특별시는 제외한다): 1천350만원

3. 광역시(「수도권정비계획법」에 따른 과밀억제권역에 포함된 지역과 군지역은 제외한다), 안산시, 용인시, 김포시 및 광주시: 900만원

4. 그 밖의 지역 : 750만원

3. 민사소송법과 민사집행법 : 민사 절차법

민사재판 절차는 민사 본안 소송에 앞선 절차로서 강제집행의 실효성을 확보하기 위하여 행하는 가압류, 가처분 등의 보전처분에 대한 소송절차가 있고, 다음으로 본안의 소송절차가 있으며, 본안에 대한 확정판결 등 집행권원으로 행하는 집행절차가 뒤따르게 된다. 민사 본안 소송의 절차는 민사소송법이, 보전처분 및 강제집행의 절차는 민사집행법이 각 규정하고 있다.

1 보전처분

보전처분 중, 가압류는 보전하고자 하는 권리 즉 피보전권리가 금전채권인 경우에 그 채권의 강제집행을 보전하기 위하여 할 수 있고, 가처분은 금전채권 이외의 권리의 강제집행을 보전하기 위하여 할 수 있다.

가압류는 채무자 소유의 부동산, 동산, 채권 등 채무자의 일반재산에 대하여 집행할 수 있다. 가처분은 분쟁 대상 물건인 특정 동산 · 부동산에 대하여 처분금지가처분, 점유이전금지가처분 등을 할 수 있고, 또한 다툼이 있는 특정 권리 · 법률관계에 대하여 임시의 지위를 정하기 위하여도 할 수 있다.

채권자가 가압류 · 가처분 명령을 집행하면 가압류 · 가처분 목적물에 대한 채무자의 일체의 처분을 금지하는 효력이 발생한다. 그러나 채무자가 처분금지를 어기고 행한 처분행위의 효력은 가압류 · 가처분 채권자에 대한 관계에서만 무효이다. 이를 상대적 효력설이라고 하고 통설 · 판

례(대법원 88 다카15734)의 입장이다.

보전처분의 집행은 피보전권리의 본안 승소 확정판결 등 집행권원에 기하여 본집행으로 이행된다. 가압류된 목적물에 대한 본집행은 채권자의 신청에 의하여 다시 (본)압류 명령을 발한 후 현금화 및 변제(배당)의 절차를 밟는다.

가압류 채권자가 아니면서 단순히 차용증을 소지한 채권자는, 채무자의 재산에 대한 경매 개시 후 그 재산에 대하여 가압류를 하여야만 배당요구를 할 수 있다. 이 경우 가압류 채권자의 채권은 확정된 것이 아니므로 법원이 그 부분을 공탁하면 나중에 가압류 채권자가 집행권원을 제출하고 배당금을 찾아간다.

2 강제집행

강제집행 절차는 채권자를 위하여 국가권력이 강제적으로 사법상의 청구권을 실현하는 법절차이다.

채권자의 금전채권을 만족시키기 위한 강제집행은 채무자의 부동산, 동산, 채권 등 일반 재산에 대한, ① 압류 ② 현금화(환가) ③ 변제(배당)의 순서로 집행된다.

다른 한편, 채권자의 금전채권이 아닌 특정 채권의 만족을 위한 강제집행으로는, ① 인도청구의 집행으로서 집행관이 채무자로부터 빼앗아 행하는 동산 · 부동산의 강제 인도 ② 작위채권의 집행으로는 대체집행, 간접강제, 확정판결로 갈음하는 의사표시 ③ 부작위채권의 집행으로서 위반상태의 제거와 장래에 대한 적당한 처분 등이 있다.

강제집행의 방법으로서는 직접강제, 대체집행, 간접강제, 의사표시를 할 채무의 집행이 있다.

직접강제는 채권자의 금전채권 혹은 동산 · 부동산 등 유체 물건을 인도

받을 채권에 기하여 집행기관이 행하는 강제집행의 방법이다. 압류된 부동산·동산에 대한 현금화(환가)의 방법으로, 부동산에 대하여는 호가경매, 기일입찰, 기간입찰 등이 있고, 동산에 대하여는 입찰, 호가경매 등이 있으나, 부동산의 경우 대부분의 집행법원이 기일입찰의 방법을 택하고 있다. 압류한 금전채권을 현금화하는 방법으로는 압류채권자는 추심명령이나 전부명령을 신청할 수 있다.

대체집행은 제3자가 대신 행할 수 있는, 채무자의 작위 채구 또는 채무자의 부작위 채무 위반으로 생긴 물적 상태의 제거에 대하여, 제3자로 하여금 그 채무를 실현시키고 채무자에게는 비용을 부담시키는 강제집행의 방법이다. 예를 들면 무너진 담장의 수리 혹은 경계를 침범한 위험한 나무나 건축물의 철거, 단순한 노동을 제공할 채무 등에 대하여 대체집행을 한다.

간접강제는 제3자가 대신 행할 수 없는, 채무자의 작위 채무 또는 부작위 채무에 대하여, 채무자가 상당한 기간 이내에 이행을 하지 아니하는 때에는 늦어진 기간에 따라 일정한 배상을 하도록 명하거나 즉시 손해배상을 하도록 명함으로써 채무자에게 자발적으로 채무의 이행을 촉구하는 강제집행의 방법이다. 예를 들면 연예인의 공연이나 교수의 강의, 경쟁적인 영업을 하지 않을 채무 등이 이에 해당할 수 있다.

의사표시의무의 집행은 채무자가 권리관계의 성립을 인낙한 때에는 그 조서로, 의사의 진술을 명한 판결이 확정된 때에는 그 판결로 권리관계의 성립을 인낙하거나 의사를 진술한 것으로 본다. 매수인이 매도인을 상대로 한 부동산 소유권이전등기청구 소송에서, 매도인의 의사표시와는 무관하게 강제로 소유권을 이전받기 위한 경우 등에 필요한 강제집행의 방법이다. 매수인이 승소하면, 매도인은 매수인 앞으로 소유권 양도 및 이전 등기 신청의 의사표시를 한 것으로 간주된다. 의사표시를 할 채무는 부대체적 작위채무로서 원래는 간접강제에 의하여야 하지만 그렇지 아니하고 특별한 규정을 두고 있다.

제389조(강제이행)(민법)

① 채무자가 임의로 채무를 이행하지 아니한 때에는 채권자는 그 강제이행을 법원에 청구할 수 있다. 그러나 채무의 성질이 강제이행을 하지 못할 것인 때에는 그러하지 아니하다.

② 전항의 채무가 법률행위를 목적으로 한 때에는 채무자의 의사표시에 가름할 재판을 청구할 수 있고 채무자의 일신에 전속하지 아니한 작위를 목적으로 한 때에는 채무자의 비용으로 제삼자에게 이를 하게 할 것을 법원에 청구할 수 있다.

③ 그 채무가 부작위를 목적으로 한 경우에 채무자가 이에 위반한 때에는 채무자의 비용으로써 그 위반한 것을 제각하고 장래에 대한 적당한 처분을 법원에 청구할 수 있다.

④ 전3항의 규정은 손해배상의 청구에 영향을 미치지 아니한다.

제260조(대체집행)(민사집행법)

① 민법 제389조제2항 후단과 제3항의 경우에는 제1심 법원은 채권자의 신청에 따라 민법의 규정에 의한 결정을 하여야 한다.

② 채권자는 제1항의 행위에 필요한 비용을 미리 지급할 것을 채무자에게 명하는 결정을 신청할 수 있다. 다만, 뒷날 그 초과비용을 청구할 권리는 영향을 받지 아니한다.

③ 제1항과 제2항의 신청에 관한 재판에 대하여는 즉시항고를 할 수 있다.

제261조(간접강제)

① 채무의 성질이 간접강제를 할 수 있는 경우에 제1심 법원은 채권자의 신청에 따라 간접강제를 명하는 결정을 한다. 그 결정에는 채무의 이행의무 및 상당한 이행기간을 밝히고, 채무자가 그 기간 이내에 이행을 하지 아니하는 때에는 늦어진 기간에 따라 일정한 배상을 하도록 명하거나 즉시 손해배상을 하도록 명할 수 있다.

② 제1항의 신청에 관한 재판에 대하여는 즉시항고를 할 수 있다.

제262조(채무자의 심문)

제260조 및 제261조의 결정은 변론 없이 할 수 있다. 다만, 결정하기 전에 채무자를 심문하여야 한다.

제263조(의사표시의무의 집행)

① 채무자가 권리관계의 성립을 인낙한 때에는 그 조서로, 의사의 진술을 명한 판결이 확정된 때에는 그 판결로 권리관계의 성립을 인낙하거나 의사를 진술한 것으로 본다.

② 반대의무가 이행된 뒤에 권리관계의 성립을 인낙하거나 의사를 진술할 것인 경우에는 제30조와 제32조의 규정에 따라 집행문을 내어 준 떠에 그 효력이 생긴다.

제103조(강제경매의 매각방법)

① 부동산의 매각은 집행법원이 정한 매각방법에 따른다.

② 부동산의 매각은 매각기일에 하는 호가경매, 매각기일에 입찰 및 개찰하게 하는 기일입찰 또는 입찰기간 이내에 입찰하게 하여 매각기일에 개찰하는 기간입찰의 세가지 방법으로 한다.

③ 부동산의 매각절차에 관하여 필요한 사항은 대법원규칙으로 정한다.

제199조(압류물의 매각)

집행관은 압류를 실시한 뒤 입찰 또는 호가경매의 방법으로 압류물을 매각하여야 한다.

제229조(금전채권의 현금화방법)

① 압류한 금전채권에 대하여 압류채권자는 추심명령이나 전부명령을 신청할 수 있다.

② 추심명령이 있는 때에는 압류채권자는 대위절차 없이 압류채권을 추심할 수 있다.

③ 전부명령이 있는 때에는 압류된 채권은 지급에 갈음하여 압류채권자에게 이전된다.

④ 추심명령에 대하여는 제227조제2항 및 제3항의 규정을, 전브명령에 대하여는 제227조제2항의 규정을 각각 준용한다.

⑤ 전부명령이 제3채무자에게 송달될 때까지 그 금전채권에 관하여 다른 채권자가 압류 · 가압류 또는 배당요구를 한 경우에는 전부명령은 효력을 가지지 아니한다.

제231조(전부명령의 효과)

전부명령이 확정된 경우에는 전부명령이 제3채무자에게 송달된 때에 채무자가 채무를 변제한 것으로 본다. 다만, 이전된 채권이 존재하지 아니한 때에는 그러하지 아니하다.

제232조(추심명령의 효과)

① 추심명령은 그 채권전액에 미친다. 다만, 법원은 채무자의 신청에 따라 압류채권자를 심문하여 압류액수를 그 채권자의 요구액수로 제한하고 채무자에게 그 초과된 액수의 처분과 영수를 허가할 수 있다.

② 제1항 단서의 제한부분에 대하여 다른 채권자는 배당요구를 할 수 없다.

③ 제1항의 허가는 제3채무자와 채권자에게 통지하여야 한다.

♣ 본래급부우선청구의 원칙

채무자가 채무를 변제기에 이행하지 않은 경우에 채권자는 가능한 한 먼저 본래급부를 청구하여야 함이 원칙인데, 이를 가리켜 '본래급부우선청구의 원칙'이라고 한다. 우리 민법은 이 원칙을 직접적으로 표현하지 않으나, 이행지체시 전보배상을 청구할 수 있는 경우를 제한함으로써 간접적으로 규정한다.[1)]

제395조(이행지체와 전보배상)

채무자가 채무의 이행을 지체한 경우에 채권자가 상당한 기간을 정하여 이행을 최고하여도 그 기간 내에 이행하지 아니하거나 지체후의 이행이 채권자에게 이익이 없는 때에는 채권자는 수령을 거절하고 이행에 가름한 손해배상을 청구할 수 있다.

---

1) 이은영, 채권총론, 박영사, 2006., 208면.

3 소액사건, 지급명령

가) 소액사건

소송물 가액이 2,000만 원 이하인 금전 청구 사건은 소액사건으로서 통상의 민사소송 절차에 비하여 간편한 절차에 의하여 진행할 수 있다. 법원은 이행권고 결정을 할 수 있고, 상대방이 이의하지 않으면 이 결정은 확정판결과 같은 효과가 있다. 변호사가 아니라도 소액사건의 소송대리인이 될 수 있다.

제5조의3(결정에 의한 이행권고)(소액사건심판법)

① 법원은 소가 제기된 경우에 결정으로 소장부본이나 제소조서등본을 첨부하여 피고에게 청구취지대로 이행할 것을 권고할 수 있다.

제5조의4(이행권고결정에 대한 이의신청)

① 피고는 이행권고결정서의 등본을 송달받은 날부터 2주일 내에 서면으로 이의신청을 할 수 있다. 다만, 그 등본이 송달되기 전에도 이의신청을 할 수 있다.

제5조의7(이행권고결정의 효력)

① 이행권고결정은 다음 각호 가운데 어느 하나에 해당하면 확정판결과 같은 효력을 가진다.

1. 피고가 제5조의4제1항의 기간내에 이의신청을 하지 아니한 때

제8조(소송대리에 관한 특칙)

① 당사자의 배우자 · 직계혈족 또는 형제자매는 법원의 허가 없이 소송대리인이 될 수 있다. 〈개정 2005.3.31〉

② 제1항의 소송대리인은 당사자와의 신분관계 및 수권관계를 서면으로 증명하여야 한다. 그러나 수권관계에 대하여는 당사자가 판사의 면전에서 구술로 제1항의 소송대리인을 선임하고 법원사무관등이 조서에 이를 기재한 때에는 그러하지 아니하다. 〈개정 2001.1.29〉

나) 지급명령 신청

채권자는 금전, 그 밖에 대체물이나 유가증권의 일정한 수량의 지급을 목적으로 하는 청구로서 법원에 지급명령을 신청할 수 있다. 지급명령은 채무자를 심문하지 아니하고 하는 독촉절차로서 민사소송법에 규정되어 있다. 지급명령의 신청은 보통 채무자가 채권자의 청구에 대하여 다투지 않을 것으로 예상될 경우 신속한 분쟁해결을 위하여 많이 이용되고 있다.

제462조(적용의 요건)(민사소송법)

금전, 그 밖에 대체물(대체물)이나 유가증권의 일정한 수량의 지급을 목적으로 하는 청구에 대하여 법원은 채권자의 신청에 따라 지급명령을 할 수 있다. 다만, 대한민국에서 공시송달 외의 방법으로 송달할 수 있는 경우에 한한다.

제467조(일방적 심문)

지급명령은 채무자를 심문하지 아니하고 한다.

제470조(이의신청의 효력)

① 채무자가 지급명령을 송달받은 날부터 2주 이내에 이의신청을 한 때에는 지급명령은 그 범위 안에서 효력을 잃는다.

제472조(소송으로의 이행)

② 채무자가 지급명령에 대하여 적법한 이의신청을 한 경우에는 지급명령을 신청한 때에 이의신청된 청구목적의 값에 관하여 소가 제기된 것으로 본다.

제474조(지급명령의 효력)

지급명령에 대하여 이의신청이 없거나, 이의신청을 취하하거나, 각하결정이 확정된 때에는 지급명령은 확정판결과 같은 효력이 있다.

4 화해권고결정, 민사조정

가) 화해권고결정

법원은 소송에 계속 중인 사건에 대하여 직권으로 당사자의 이익, 그 밖의 모든 사정을 참작하여 청구의 취지에 어긋나지 아니하는 범위 안에서 사건의 공평한 해결을 위한 화해권고결정을 할 수 있다.

제225조(결정에 의한 화해권고)(민사소송법)

① 법원 · 수명법관 또는 수탁판사는 소송에 계속 중인 사건에 대하여 직권으로 당사자의 이익, 그 밖의 모든 사정을 참작하여 청구의 취지에 어긋나지 아니하는 범위 안에서 사건의 공평한 해결을 위한 화해권고결정을 할 수 있다.

제226조(결정에 대한 이의신청)

① 당사자는 제225조의 결정에 대하여 그 조서 또는 결정서의 정본을 송달받은 날부터 2주 이내에 이의를 신청할 수 있다. 다만, 그 정본이 송달되기 전에도 이의를 신청할 수 있다.

제231조(화해권고결정의 효력)

화해권고결정은 다음 각호 가운데 어느 하나에 해당하면 재판상 화해와 같은 효력을 가진다.

1. 제226조제1항의 기간 이내에 이의신청이 없는 때

제232조(이의신청에 의한 소송복귀 등)

① 이의신청이 적법한 때에는 소송은 화해권고결정 이전의 상태로 돌아간다. 이 경우 그 이전에 행한 소송행위는 그대로 효력을 가진다.

나) 민사조정

민사조정은 민사에 관한 분쟁을 간이한 절차에 따라 당사자 사이의 상호 양해를 통하여 조리를 바탕으로 실정에 맞게 해결함을 목적으로 하는 제도이다. 민사 분쟁에 대하여 당사자는 조정을 신청할 수 있다. 이 신청에는 통상 소송의 인지대의 1/5 정도의 수수료만 소요되므로 매우 경제적이다. 통상 소송의 진행 중에 당사자의 신청이나 법원의 직권으로 조정절차에 회부될 수도 있다.

또한 재판상 이혼을 하려면 가사소송법에 규정된 '조정전치주의'에 따라 반드시 조정 절차를 거쳐야 한다.

제2조(조정사건)(민사조정법)

민사에 관한 분쟁의 당사자는 법원에 조정을 신청할 수 있다.

제6조(조정 회부)

수소법원은 필요하다고 인정하면 항소심 판결 선고 전까지 소송이 계속 중인 사건을 결정으로 조정에 회부할 수 있다.

제28조(조정의 성립)

조정은 당사자 사이에 합의된 사항을 조서에 기재함으로써 성립한다.

제29조(조정의 효력)

조정은 재판상의 화해와 동일한 효력이 있다.

제30조(조정을 갈음하는 결정)

조정담당판사는 합의가 성립되지 아니한 사건 또는 당사자 사이에 성립된 합의의 내용이 적당하지 아니하다고 인정한 사건에 관하여 상당한 이유가 없으면 직권으로 당사자의 이익이나 그 밖의 모든 사정을 고려하여 신청인의 신청 취지에 반하지 아니하는 한도에서 사건의 공평한 해결을 위한 결정을 하여야 한다.

제34조(이의신청)

① 제30조 또는 제32조의 결정에 대하여 당사자는 그 조서의 정본이 송달된 날부터 2주일 이내에 이의를 신청할 수 있다. 다만, 조서의 정본이 송달되기 전에도 이의를 신청할 수 있다.

제50조(조정 전치주의)(가사소송법)

① 나류 및 다류 가사소송사건과 마류 가사비송사건에 대하여 가정법원에 소를 제기하거나 심판을 청구하려는 사람은 먼저 조정을 신청하여야 한다.

② 제1항의 사건에 관하여 조정을 신청하지 아니하고 소를 제기하거나 심판을 청구한 경우에는 가정법원은 그 사건을 조정에 회부하여야 한다. 다만,

공시송달의 방법이 아니면 당사자의 어느 한쪽 또는 양쪽을 소환할 수 없거나 그 사건을 조정에 회부하더라도 조정이 성립될 수 없다고 인정하는 경우에는 그러하지 아니하다.

제2조(가정법원의 관장 사항)

① 다음 각 호의 사항(이하 "가사사건"이라 한다)에 대한 심리와 재판은 가정법원의 전속관할로 한다. 〈개정 2013.4.5〉

1. 가사소송사건

나. 나류 사건

1) 사실상 혼인관계 존부 확인 2) 혼인의 취소 3) 이혼의 취소 4) 재판상 이혼 5) 아버지의 결정 6) 친생부인 7) 인지의 취소 8) 인지에 대한 이의 9) 인지청구 10) 입양의 취소 11) 파양의 취소 12) 재판상 파양 13) 친양자 입양의 취소 14) 친양자의 파양

다. 다류 사건

1) 약혼 해제 또는 사실혼관계 부당 파기로 인한 손해배상청구(제3자에 대한 청구를 포함한다) 및 원상회복의 청구 2) 혼인의 무효 · 취소, 이혼의 무효 · 취소 또는 이혼을 원인으로 하는 손해배상청구(제3자에 대한 청구를 포함한다) 및 원상회복의 청구 3) 입양의 무효 · 취소, 파양의 무효 · 취소 또는 파양을 원인으로 하는 손해배상청구(제3자에 대한 청구를 포함한다) 및 원상회복의 청구 4) 「민법」 제839조의3에 따른 재산분할청구권 보전을 위한 사해행위취소 및 원상회복의 청구

4. 제조물 책임법

「제조물 책임법」이 2002년부터 시행되고 있다. 이 법은, 자동차 급발진 사고로 인한 피해, 담배로 인한 피해 등 제조물의 결함으로 인하여 발생한 손해에 대한 제조업자 등의 손해배상책임을 규정함으로써 피해자의 보호를 도모하고 국민생활의 안전향상과 국민경제의 건전한 발전에 기여함을

목적으로 한다. 제조물 책임은 민법의 일반 불법행위 책임에 비하여, 제조업자에게 고의나 과실이 없더라도 책임을 부담시키는 무과실 책임을 규정하여 보다 강하게 피해자를 보호하고 있다. 제조물의 결함에는 제조상의 결함, 설계상의 결함, 표시상의 결함 등을 포함한다.

참고로, 은행, 증권, 보험, 의료분쟁, 식품·의약품 등과 관련한 소비자의 피해 등에 대한 민원 처리는 금융감독원, 보건복지부, 식품의약품안전청 등에 의뢰하여도 되지만, 보다 빠르고 효율적인 분쟁 처리를 위해서는 한국소비자원에 피해 구제를 신청하는 것이 좋다. 한국 소비자원의 온라인 주소는 www.kca.go.kr이다.

제750조(불법행위의 내용)(민법)

고의 또는 과실로 인한 위법행위로 타인에게 손해를 가한 자는 그 손해를 배상할 책임이 있다.

제3조(제조물책임)(제조물책임법 2000. 1. 12. 제정)

① 제조업자는 제조물의 결함으로 인하여 생명·신체 또는 재산에 손해(당해 제조물에 대해서만 발생한 손해를 제외한다)를 입은 자에게 그 손해를 배상하여야 한다.

② 제조물의 제조업자를 알 수 없는 경우 제조물을 영리목적으로 판매·대여 등의 방법에 의하여 공급한 자는 제조물의 제조업자 또는 제조물을 자신에게 공급한 자를 알거나 알 수 있었음에도 불구하고 상당한 기간 내에 그 제조업자 또는 공급한 자를 피해자 또는 그 법정대리인에게 고지하지 아니한 때에는 제1항의 규정에 의한 손해를 배상하여야 한다.

제2조(정의)

이 법에서 사용하는 용어의 정의는 다음과 같다.

1. "제조물"이라 함은 다른 동산이나 부동산의 일부를 구성하는 경우를 포함한 제조 또는 가공된 동산을 말한다.
2. "결함"이라 함은 당해 제조물에 다음 각목의 1에 해당하는 제조·설계 또

는 표시상의 결함이나 기타 통상적으로 기대할 수 있는 안전성이 결여되어 있는 것을 말한다.

가. "제조상의 결함"이라 함은 제조업자의 제조물에 대한 제조 · 가공 상의 주의의무의 이행여부에 불구하고 제조물이 원래 의도한 설계와 다르게 제조 · 가공됨으로써 안전하지 못하게 된 경우를 말한다.

나. "설계상의 결함"이라 함은 제조업자가 합리적인 대체설계를 채용하였더라면 피해나 위험을 줄이거나 피할 수 있었음에도 대체설계를 채용하지 아니하여 당해 제조물이 안전하지 못하게 된 경우를 말한다.

다. "표시상의 결함"이라 함은 제조업자가 합리적인 설명 · 지시 · 경고 기타의 표시를 하였더라면 당해 제조물에 의하여 발생될 수 있는 피해나 위험을 줄이거나 피할 수 있었음에도 이를 하지 아니한 경우를 말한다.

3. "제조업자"라 함은 다음 각목의 자를 말한다.

가. 제조물의 제조 · 가공 또는 수입을 업으로 하는 자

나. 제조물에 성명 · 상호 · 상표 기타 식별가능한 기호 등을 사용하여 자신을 가목의 자로 표시한 자 또는 가목의 자로 오인시킬 수 있는 표시를 한 자

제4조(면책사유)

① 제3조의 규정에 의하여 손해배상책임을 지는 자가 다음 각호의 1에 해당하는 사실을 입증한 경우에는 이 법에 의한 손해배상책임을 면한다.

1. 제조업자가 당해 제조물을 공급하지 아니한 사실
2. 제조업자가 당해 제조물을 공급한 때의 과학 · 기술수준으로는 결함의 존재를 발견할 수 없었다는 사실
3. 제조물의 결함이 제조업자가 당해 제조물을 공급할 당시의 법령이 정하는 기준을 준수함으로써 발생한 사실
4. 원재료 또는 부품의 경우에는 당해 원재료 또는 부품을 사용한 제조물 제조업자의 설계 또는 제작에 관한 지시로 인하여 결함이 발생하였다는 사실

② 제3조의 규정에 의하여 손해배상책임을 지는 자가 제조물을 공급한 후에 당해 제조물에 결함이 존재한다는 사실을 알거나 알 수 있었음에도 그 결함에 의한 손해의 발생을 방지하기 위한 적절한 조치를 하지 아니한 때에

는 제1항제2호 내지 제4호의 규정에 의한 면책을 주장할 수 없다.

제5조(연대책임)

동일한 손해에 대하여 배상할 책임이 있는 자가 2인 이상인 경우에는 연대하여 그 손해를 배상할 책임이 있다.

제6조(면책특약의 제한)

이 법에 의한 손해배상책임을 배제하거나 제한하는 특약은 무효로 한다. 다만, 자신의 영업에 이용하기 위하여 제조물을 공급받은 자가 자신의 영업용 재산에 대하여 발생한 손해에 관하여 그와 같은 특약을 체결한 경우에는 그러하지 아니하다.

제7조(소멸시효 등)

① 이 법에 의한 손해배상의 청구권은 피해자 또는 그 법정대리인이 손해 및 제3조의 규정에 의하여 손해배상책임을 지는 자를 안 날부터 3년간 이를 행사하지 아니하면 시효로 인하여 소멸한다.

② 이 법에 의한 손해배상의 청구권은 제조업자가 손해를 발생시킨 제조물을 공급한 날부터 10년 이내에 이를 행사하여야 한다. 다만, 신체에 누적되어 사람의 건강을 해하는 물질에 의하여 발생한 손해 또는 일정한 잠복기간이 경과한 후에 증상이 나타나는 손해에 대하여는 그 손해가 발생한 날부터 기산한다.

부칙 〈제6109호,2000.1.12〉

① (시행일) 이 법은 2002년 7월 1일부터 시행한다.

② (적용례) 이 법은 이 법 시행 후 제조업자가 최초로 공급한 제조물부터 적용한다.

5. 이자의 제한 및 불공정한 채권 추심에 대한 처벌

「이자제한법」에 의하여 금전소비대차의 이자율은 연 30%를 넘지 못한다. 30%를 넘는 약정 이자는 무효로 한다. 등록한 대부업자는 「대부업법」에 의거하여 연 39%의 이자율을 넘지 못한다. 2009년부터 시행되고 있는 「채권의 공정한 추심에 관한 법률」은 채권 추심자가 권리를 남용하거나 불법적인 방법으로 채권추심을 하는 것을 방지하여 공정한 채권추심 풍토를 조성하고 채권자의 정당한 권리행사를 보장하면서 채무자의 인간다운 삶과 평온한 생활을 보호함을 목적으로 한다. 이 법에 의하여 채권자의 채무자에 대한 폭행, 협박, 체포, 감금 등 불공정한 채권의 추심 행위는 엄하게 형사 처벌된다.

제2조(이자의 최고한도)(이자제한법)

① 금전대차에 관한 계약상의 최고이자율은 연 30퍼센트를 초과하지 아니하는 범위 안에서 대통령령으로 정한다. 〈개정 2011.7.25〉

② 제1항에 따른 최고이자율은 약정한 때의 이자율을 말한다.

③ 계약상의 이자로서 제1항에서 정한 최고이자율을 초과하는 부분은 무효로 한다.

④ 채무자가 최고이자율을 초과하는 이자를 임의로 지급한 경우에는 초과 지급된 이자 상당금액은 원본에 충당되고, 원본이 소멸한 때는 그 반환을 청구할 수 있다.

⑤ 대차원금이 10만원 미만인 대차 이자에 관하여는 제1항을 적용하지 아니한다.

(이자제한법 제2조제1항의 최고이자율에 관한 규정 2007. 6. 28. 제정)

「이자제한법」 제2조제1항에 따른 금전대차에 관한 계약상의 최고이자율은 연 30퍼센트로 한다.

제8조(대부업자의 이자율의 제한)(대부업등의등록및금융이용자보호에관한법률)

① 대부업자가 개인이나 대통령령으로 정하는 소규모 법인에 대부를 하는 경우 그 이자율은 연 100분의 50의 범위에서 대통령령으로 정하는 율을 초과할 수 없다. 〈개정 2010.1.25〉

제5조(이자율의 제한)(대부업등의등록및금융이용자보호에관한법률 시행령)

① 법 제8조제1항에서 "대통령령으로 정하는 소규모 법인"이란 「중소기업기본법」 제2조제2항에 따른 소기업에 해당하는 법인을 말한다.

② 법 제8조제1항에서 "대통령령으로 정하는 율"이란 연 100분의 39를 말하며, 월 이자율 및 일 이자율은 연 100분의 39를 단리로 환산한다.〈개정 2010.7.21, 2011.6.27〉

제1조(목적)(채권의 공정한 추심에 관한 법률)

이 법은 채권추심자가 권리를 남용하거나 불법적인 방법으로 채권추심을 하는 것을 방지하여 공정한 채권추심 풍토를 조성하고 채권자의 정당한 권리행사를 보장하면서 채무자의 인간다운 삶과 평온한 생활을 보호함을 목적으로 한다.

제15조(벌칙)

① 제9조제1호를 위반하여 채무자 또는 관계인을 폭행 · 협박 · 체포 또는 감금하거나 그에게 위계나 위력을 사용하여 채권추심행위를 한 자는 5년 이하의 징역 또는 5천만원 이하의 벌금에 처한다.

② 다음 각 호의 어느 하나에 해당하는 자는 3년 이하의 징역 또는 3천만원 이하의 벌금에 처한다.

1. 제9조제2호부터 제6호까지를 위반한 자
2. 제10조제1항을 위반하여 채무자 또는 관계인의 신용정보나 개인정보를 누설하거나 채권추심의 목적 외로 이용한 자
3. 제11조제1호를 위반하여 채권을 추심하는 의사를 표시한 자

③ 제11조제2호를 위반하여 말 · 글 · 음향 · 영상 · 물건, 그 밖의 표지를 사용한 자는 1년 이하의 징역 또는 1천만원 이하의 벌금에 처한다.

부칙 〈제9418호,2009.2.6〉

제1조(시행일) 이 법은 공포 후 6개월이 경과한 날부터 시행한다.

♣ 병합소송 : 소의 병합

병합소송의 종류는 아래 두 가지로 분류할 수 있다.

① 병합청구소송=청구의 병합=소의 객관적 병합

② 다수당사자소송(공동소송, 소송참가, 당사자변경)=당사자의 병합=소의 주관적 병합

1 청구의 병합

① 단순병합 : 매매대금+대여금

② 선택적 병합 : 손해배상-불법행위 혹은 계약불이행, 이혼-부정행위 혹은 다른 사유. 신 이론은 선택적 병합을 부인한다. 청구는 1개고 공격방법 내지 법률적관점이 경합하기 때문이다. 청구 양립 가능하므로 청구취지는 1개, 청구원인의 공격방법이 여러 개다.

③ 예비적 병합 : 주위적으로 직접 등기말소청구, 예비적으로 채권자대위권에 기한 등기말소. 청구 양립 불가하므로 청구취지에도 표기하고, 청구원인에도 표기한다.

2 당사자의 병합

① 통상공동소송 : 공동소송인 사이에 합일확정이 필수적이 아님. 여러 피해자가 공동원고로서 가해자인 피고를 대상으로 한 손배소송, 채권자가 원고이고 주채무자와 보증인을 공동피고로 하는 소송 등

② 필수적공동소송 : 합일확정소송이다. 공유물분할청구(다른 모든 공유자를 공동피고로), 경계확정청구(공유자 모두 공동원고, 공동피고로), 제3자 제기 친자관계부존재확인청구(부모 및 자를 공동피고로)

③ 소의 주관적 예비적 혹은 선택적 병합 : 민소법 70조. 수동형－피고측이 공동소송인이다－갑을 주위적 피고로, 을을 예비적 피고로 하는 것이

전형적 형태였고 허용 여부가 논란의 대상이었다. 소의 주관적 예비적 병합 부정설이 판례의 입장이었다. 능동형–원고 측이 공동소송인이다–주위적으로 채권양수인, 예비적으로 양도인이 원고. 예비형–법률상 양립불가–당사자에 순서를 붙임. 선택형–법률상 양립불가–무작위로 이유 있는 당사자에 대한 청구를 선택. 원시형–처음부터 병합. 후발형–소송 당사자의 추가적 병합.

3 정리

① 객관적예비적병합

원고 ---------- 피고 1. 주위적–직접 등기말소

2. 예비적–소외인 대위하여 등기말소

② 객관적선택적병합

원고 ---------- 피고 1억 원을 손해 배상하라

청구원인 : 불법행위 or 채무불이행

③ 주관적예비적병합 or 주관적선택적병합

원고 ------------------ 피고

○ 채권양수인 ○ 개인

○ 양도인 ○ 법인

♣ 민사소송 중 서증 인부방법 : 인정 · 침묵 · 부지 · 부인

1 서증의 증거능력과 증거력

증거능력 : 민사 소송에서는 제출된 모든 문서는 증거능력 있음

증거력 : 형식적 증거력–문서의 진정성립

실질적 증거력–요증사실의 증명에 기여하는 효과–법관의 자

유심증

2 형식적 증거력 : 성립의 인부 : 갑호증은 피고가, 을호증은 원고가 인부한다.

① 성립인정–자백

② 침묵–자백간주

③ 부인–이유부 부인 허용, 단순부인은 안됨

④ 부지–모른다는 취지의 진술

부인과 부지의 경우 증명책임은 문서제출자에게로 돌아간다. 자기명의 문서에 대하여는 부지할 경우 자백으로 간주될 수 있으므로, 부인하거나 인정하여야 한다. 부인은 그 이유로서 서명 혹은 인영의 위조·변조 주장이 전형적이다. 공문서와 사문서가 결합된 병존 문서의 경우(내용증명우편, 인증서 등)는 통상 '공성부분 성립인정, 사성부분 부지'로 인부한다.

♣ 법적 책임의 의의

1 형법에서의 위법성과 책임

위법성은 행위와 법질서의 관계로서 행위자 개인적 특수성은 위법판단 기준이 아니다. 반면에, 책임주의는 '책임 없으면 형벌 없다'는 원칙으로서, 개인적 비난 여부이다. 의사意思책임이며 의사형성의 비난가능성이다. 통설은 책임은 비난가능성이며, 그 기초로서 불법의 존재를 필요로 한다. 형사책임은 법적 책임이고 형법규범은 도덕규범과 일치하는 경우가 많다.

그러나 도덕적 · 윤리적 책임과 구별되어야만 한다.[2)]

2 민사책임, 형사책임, 헌법책임

윤리 도덕적 책임이 아닌 법적 책임은 당연히 개인의 자유의지와 책임능력을 전제로 한다. 그러나 삶의 도처到處에서 우리는 개인의 자유의지의 존재에 대한 증거보다는 부존재에 대한 증거를 더 많이 발견한다. 태어남, 죽음, 성격 · 욕구의 경향성, 재능의 존부, 육체의 심박과 호흡 및 소화작용의 조정 등에서 말이다. 법적 책임을 3가지로 대별하여 간략히 정리해 보면 다음과 같다.

	형사책임	민사책임	헌법책임
목적	국가형벌권–행위자 처벌	私人 사이의 손해의 공평한 보상	기본권–행복추구권 보장(사회계약=납세 · 국방 · 근로–주거 · 교육 · 의료)
책임주의	책임주의 관철–형사책임의 주관화 현상	위험책임의 원리, 무과실책임 인정–민사책임의 객관화 현상	
고의 · 과실	고의만 처벌, 과실은 예외적 · 가볍게 벌	고의 · 과실 동일	

도의道義 : 사람이 마땅히 지키고 행하여야 할 도덕적 의리.
morality, morals, moral principles, (principles of) moral justice

♣ 민법상 위법성 및 위법성 조각사유

1 위법성

① 채무불이행 요건으로서 위법성

2) 이재상, 위 같은 책, 289면.

명문규정 없지만 계약위반의 경우 그 자체로 위법하며 따로 위법성은 불필요하다.(판례 동지) 즉 구성요건해당성의 위법성 추정기능이다.

② 불법행위 요건으로서 위법성

민법 750조에 규정되어 있고, 어떤 행위가 법체계 전체의 관점에서 허용되지 않아 부정적 판단을 받음을 의미한다. 절대권(물권, 인격권) 침해는 일응 위법하지만, 상대권(채권) 침해는 제3자가 채권 실현을 방해할 적극적 의도(고의)가 있을 경우에만 위법성이 인정된다.

2 위법성 조각사유

① 정당방위 : 761조1항

② 긴급피난 : 761조2항

③ 자력구제 : 209조(점유침탈에 대한 자력구제) 외, 불법행위법 영역에서도 초법규적 위법성 조각사유로 자력구제를 인정한다. 형법 23조는 청구권보전을 위한 자구행위를 위법성 조각사유로 규정하고 있다.

④ 피해자의 승낙 : 형법24조 참조

⑤ 정당행위 : 정당한 권리(쟁의행위, 징계권), 정당한 업무행위(의사 치료), 운동경기 중의 상해(ufc, k1), 긴급사무관리 735조

⑥ 동시이행의 항변권 : 536조-위법성을 일시적 조각

♣ 미뇨네트mignonette호 사건, 카르네아데스의 판자 : 긴급피난

1 긴급피난의 본질

긴급피난의 본질에 대하여는 형법학에서도 견해의 대립이 있다. 단일설

로는, 긴급피난은 위법행위도 적법행위도 아닌 법으로부터 자유로운 영역에 해당한다는 방임행위설과, 기대가능성이 없기 때문이라는 책임조각설, 이익교량설에 의거한 위법성조각설인 통설이 있다.

이분설로는 사물에 대한 긴급피난은 위법성조각사유고, 사람의 생명 신체에 대한 긴급피난은 책임조각사유라는 것과, 우월적 이익의 원칙이 적용되는 경우는 위법성조각사유고, 법익동가치인 경우는 책임조각사유(면책적 긴급피난)라는 설이 있다.

통상적으로는 법익동가치인 경우로서 기대가능성이 없는 때는 초법규적 책임조각사유에 해당하므로 긴급피난이 아니라고 한다. 왜냐하면 형법은 상당한 이유(=이익형량)를 요구하고 있기 때문이다.

사람의 생명을 침해한 때 균형성의 원리를 인정할 수 있느냐는 문제이다. 생명은 교량이 불가능하므로 위법성을 조각하지 않는다. 다수인의 생명을 구하려고 소수인을 살해한 경우 혹은 표류 중 선원이 다른 선원을 살해한 경우도 정당화가 불가능하다. 그러나 기대가능성 유무에 따라 책임에 영향은 미칠 수 있다.[3)]

2 면책적 긴급피난의 사례

법익동가치인 경우로서 기대가능성이 없는 때는 초법규적 책임조각사유이다. 즉 정의로운 행위였는지 여부의 적극적 평가를 떠나서, 최소한 정의에 반하는 옳지 않은 행위는 아니라고 평가된다.

① 카르네아데스의 판자(기원전 2세기 그리스 정의론)

카르네아데스의 널판지(카르네아데스의 판자)는 고대 그리스의 철학자 카르네아데스가 제시한 문제이다. 형법에서 긴급피난의 본질을 논할 때 자주 인용된다. 기원전 2세기 그리스에서 배가 난파되어 승무원 전원이 바다

---

3) 이재상, 위 같은 책, 237면 참조.

에 빠졌다. 혼자만이 매달릴 수 있는 널판지 한 조각을 붙잡고 간신히 살아난 사람이 있었는데, 거기에 다른 한 사람이 나타나 그 판자에 매달리려 했다. 매달려 있던 사람은 두 사람이 매달릴 경우 널판지가 가라앉아 둘 다 죽게 된다고 판단하고 그 사람을 밀어내 빠져 죽게 만들었다. 이후 그는 구조되어 재판을 받게 되었는데, 무죄를 선고받았다.[4)]

② 미뇨네트mignonette호 사건(영화 life of pi)

미뇨네트호는 1884년 5월 호주를 향해서 항해하던 중 동년 7월 5일 희망봉에서 16000리 떨어진 지점에서 난파하여 선장 더들리 외 3인의 선원이 보트에 옮겨 탔다. 해상에 표류한 지 13일이 지나자 식량이 완전히 바닥났다. 수일 후 피고인은 브룩스에게 한 소년을 희생시키자고 제안하였으나 거절당했다. 2일후 즉 식량이 완전히 동난 지 8일 후 피고인들 중의 한 사람이 사경을 헤메고 있는 소년을 죽이고 4일간 그의 살점을 먹다 구조되었다. 피고인들은 사형의 선고를 받았으나, 특사로써 감형되어 금고 6개월에 처해졌다.[5)]

작가 모건 로버트슨은 1898년 "타이탄호의 침몰 혹은 부질없음"이란 소설을 발표했다. 인류 최고의 기술로 만들어진 거대한 배 타이탄호가 빙산에 충돌해 침몰한다는 내용이었다. 그로부터 14년 뒤인 1912년 실제 똑같은 일이 벌어진다. 당시 최고의 기술로 만들어졌다는 타이타닉호가 북대서양에서 빙산을 만나 침몰한 것이다. 1837년 천재 상상력 소설가 애드거 앨런 포는 "아서 고든 빔의 이야기"라는 소설을 썼다. 끔찍한 사건으로 도배한 소설이다. 주인공을 포함한 네 명의 선원이 조난을 당한다. 굶주림을 참지 못한 선원들은 제비뽑기로 한 사람을 정해 살해하고 그 인육을 먹기로 결정한다. 소설 속에서 희생된 선원의 이름은 리처드 파커이다. 그 후 47년이 지난 1884년 똑같은 일이 영국에서 벌어진다. 법원은 희대의 살인

---

4) http://ko.wikipedia.org, '카르네아데스의 판자' 참조.

5) http://kin.naver.com, 2003. 9. 11. goclgocl 답변 참조.

사건을 저지른 남자 세 명에게 징역형을 선고한다. 토머스 더들리, 에드윈 스티븐, 에드먼드 브룩스가 그들이다. 이들은 굶주림 때문에 동료를 살해하고 이를 먹어 치웠다. 그런데 희생된 사람의 이름이 놀랍게도 리처드 파커였다. 소설 속 주인공 이름과 똑같았다. 이를 어떻게 설명할 수 있을까? 상상 속의 것은 반드시 이루어지는 것일까?[6)]

6) http://www.happycampus.com/doc/5514393/?agent_type=naver, 참조.

제5장 헌법 : 기본권, 통치구조(국가조직), 헌법재판

1. 기본권의 보장

인간의 기본적 인권은 천부인권天賦人權으로서 국가는 반드시 이를 보장하고 보호할 의무가 있다. 기본권의 내용으로서는 인간으로서의 존엄과 가치, 자유권, 평등권 등의 제 권리가 있다. 이러한 기본권에 대한 제도적인 보장으로서 죄형법정주의, 적법절차원리, 이중처벌 금지, 소급입법의 금지, 연좌제 금지, 자백의 보강법칙, 체포·구속·압수·수색의 사전 영장주의, 과잉금지의 원칙 등이 헌법에 엄격하게 규정되어 있다. 또한, 모든 개인이 가지는 불가침의 기본적 인권을 보호하고 그 수준을 향상시킴으로써 인간으로서의 존엄과 가치를 실현하고 민주적 기본질서의 확립에 이바지함을 목적으로「국가인권위원회법」이 2001년부터 시행되고 있다. 헌법 37조의 '자유와 권리의 본질적인 내용'은 자연법이 원천하는 인간의 본성 내지 양심과 관련된 내용을 말한다.

모든 국민은 헌법 32, 38, 39조에 의거하여 납세와 국방 및 근로의 의무를 진다. 이에 대하여 국가는 헌법 31, 34, 35조에 의거하여, 국민에게 인간다운 생활을 가능하게 하는 교육과 주거, 의료 서비스를 적절하게 제공하여야 할 가장 기본적인 의무를 진다. 일응 국민이 그 힘을 위임한 국가운영자와 국민간의 쌍무적 위임계약으로서 국가·사회는 존재한다. 사실상 국민에게 편안한 주거와 의료, 교육 환경을 제공하지 못하는 국가는 그 존립의 의미가 사라진다고 할 것이다. 이것은 국가의 채무불이행 상태와 같이 볼 수도 있다.

쾌적하고 효율적인 주거 · 교육 · 의료 등 이러한 최소한의 인간적 생활의 조건을 바탕으로 비로소 각 개인은 사회생활 속에서 진정한 자아를 실현할 의지를 발휘할 수 있다. 제1장에서도 언급했지만 역시 과감한 교육의 혁신을 통하여 우리는 사회적 악순환의 고리를 단절하고 최대한의 사회공동선으로 나아갈 수 있는 동력을 얻을 수 있을 것이다. 이하 인용되는 법조문은 특별한 표기가 없으면 모두 헌법이다.

1 천부인권의 제도적 보장 관련 규정

제10조

모든 국민은 인간으로서의 존엄과 가치를 가지며, 행복을 추구할 권리를 가진다. 국가는 개인이 가지는 불가침의 기본적 인권을 확인하고 이를 보장할 의무를 진다.

제11조

① 모든 국민은 법 앞에 평등하다. 누구든지 성별 · 종교 또는 사회적 신분에 의하여 정치적 · 경제적 · 사회적 · 문화적 생활의 모든 영역에 있어서 차별을 받지 아니한다.

제12조

① 모든 국민은 신체의 자유를 가진다. 누구든지 법률에 의하지 아니하고는 체포 · 구속 · 압수 · 수색 또는 심문을 받지 아니하며, 법률과 적법한 절차에 의하지 아니하고는 처벌 · 보안처분 또는 강제노역을 받지 아니한다.

② 모든 국민은 고문을 받지 아니하며, 형사상 자기에게 불리한 진술을 강요당하지 아니한다.

③ 체포 · 구속 · 압수 또는 수색을 할 때에는 적법한 절차에 따라 검사의 신청에 의하여 법관이 발부한 영장을 제시하여야 한다. 다만, 현행범인인 경우

와 장기 3년 이상의 형에 해당하는 죄를 범하고 도피 또는 증거인멸의 염려가 있을 때에는 사후에 영장을 청구할 수 있다.

⑦ 피고인의 자백이 고문 · 폭행 · 협박 · 구속의 부당한 장기화 또는 기망 기타의 방법에 의하여 자의로 진술된 것이 아니라고 인정될 때 또는 정식재판에 있어서 피고인의 자백이 그에게 불리한 유일한 증거일 때에는 이를 유죄의 증거로 삼거나 이를 이유로 처벌할 수 없다.

제13조

① 모든 국민은 행위시의 법률에 의하여 범죄를 구성하지 아니하는 행위로 소추되지 아니하며, 동일한 범죄에 대하여 거듭 처벌받지 아니한다.

② 모든 국민은 소급입법에 의하여 참정권의 제한을 받거나 재산권을 박탈당하지 아니한다.

③ 모든 국민은 자기의 행위가 아닌 친족의 행위로 인하여 불이익한 처우를 받지 아니한다.

제37조

① 국민의 자유와 권리는 헌법에 열거되지 아니한 이유로 경시되지 아니한다.

② 국민의 모든 자유와 권리는 국가안전보장 · 질서유지 또는 공공복리를 위하여 필요한 경우에 한하여 법률로써 제한할 수 있으며, 제한하는 경우에도 자유와 권리의 본질적인 내용을 침해할 수 없다.

2 국가와 국민의 쌍무적 의무 관련 규정

제38조 모든 국민은 법률이 정하는 바에 의하여 납세의 의무를 진다.

제39조

① 모든 국민은 법률이 정하는 바에 의하여 국방의 의무를 진다.

② 누구든지 병역의무의 이행으로 인하여 불이익한 처우를 받지 아니한다.

제32조

② 모든 국민은 근로의 의무를 진다. 국가는 근로의 의무의 내용과 조건을 민

주주의원칙에 따라 법률로 정한다.

제31조

① 모든 국민은 능력에 따라 균등하게 교육을 받을 권리를 가진다.

제34조

① 모든 국민은 인간다운 생활을 할 권리를 가진다.

② 국가는 사회보장 · 사회복지의 증진에 노력할 의무를 진다.

제35조

① 모든 국민은 건강하고 쾌적한 환경에서 생활할 권리를 가지며, 국가와 국민은 환경보전을 위하여 노력하여야 한다.

② 환경권의 내용과 행사에 관하여는 법률로 정한다.

③ 국가는 주택개발정책등을 통하여 모든 국민이 쾌적한 주거생활을 할 수 있도록 노력하여야 한다.

3 국가인권위원회 관련 규정

제1조(목적)(국가인권위원회법)

이 법은 국가인권위원회를 설립하여 모든 개인이 가지는 불가침의 기본적 인권을 보호하고 그 수준을 향상시킴으로써 인간으로서의 존엄과 가치를 실현하고 민주적 기본질서의 확립에 이바지함을 목적으로 한다.

제2조(정의)

이 법에서 사용하는 용어의 뜻은 다음과 같다.

1. "인권"이란 「대한민국헌법」 및 법률에서 보장하거나 대한민국이 가입 · 비준한 국제인권조약 및 국제관습법에서 인정하는 인간으로서의 존엄과 가치 및 자유와 권리를 말한다.

제30조(위원회의 조사대상)

① 다음 각 호의 어느 하나에 해당하는 경우에 인권침해나 차별행위를 당한 사람(이하 "피해자"라 한다) 또는 그 사실을 알고 있는 사람이나 단체는 위

원회에 그 내용을 진정할 수 있다.

1. 국가기관, 지방자치단체, 「초·중등교육법」 제2조, 「고등교육법」 제2조와 그 밖의 다른 법률에 따라 설치된 각급 학교, 「공직자윤리법」 제3조의2제1항에 따른 공직유관단체 또는 구금·보호시설의 업무 수행(국회의 입법 및 법원·헌법재판소의 재판은 제외한다)과 관련하여 「대한민국헌법」 제10조부터 제22조까지의 규정에서 보장된 인권을 침해당하거나 차별행위를 당한 경우
2. 법인, 단체 또는 사인으로부터 차별행위를 당한 경우

③ 위원회는 제1항의 진정이 없는 경우에도 인권침해나 차별행위가 있다고 믿을 만한 상당한 근거가 있고 그 내용이 중대하다고 인정할 때에는 직권으로 조사할 수 있다.

4 노동법

우리 헌법은 모든 국민의 근로의 권리와 의무에 대하여 규정하고 있다. 근로의 의무에 대한 규정은 소위 헌법 상 프로그램적 규정으로서 법적인 현실적 강제노동의 의무를 말하는 것이 아니라, 노동능력과 취업의 기회가 있음에도 자발적으로 실업을 택한 자는 국가에 대하여 사회보장을 요구할 수 없다는 소극적 의미이다.

헌법 규정에 따른 노동법계는 근로자와 사용자의 관계를 규율하는 법영역으로서, 일반 사법상의 사적 자치, 계약자유의 원칙 및 자본주의적 폐해에 대한 반성과 수정으로서 발달하여 왔다. 즉 근로관계에 있어서 근로자의 실질적인 자유와 평등을 보장해 주기 위한 정책적 입법의 결과라고 할 것이다.

노동관계법으로서는 「근로기준법」, 「노동조합 및 노동관계조정법」, 「노동위원회법」, 「산업안전보건법」, 「산업재해보상보험법」, 「고용보험법」 등이 있다. 또한 근로자에 대하여 임금의 최저수준을 보장하여 근로자의 생활안정과 노동력의 질적 향상을 꾀함으로써 국민경제의 건전한 발전

에 이바지하는 것을 목적으로 「최저임금법」이 제정 시행되고 있다.

제32조(근로기준법)

① 모든 국민은 근로의 권리를 가진다. 국가는 사회적 · 경제적 방법으로 근로자의 고용의 증진과 적정임금의 보장에 노력하여야 하며, 법률이 정하는 바에 의하여 최저임금제를 시행하여야 한다.

② 모든 국민은 근로의 의무를 진다. 국가는 근로의 의무의 내용과 조건을 민주주의원칙에 따라 법률로 정한다.

③ 근로조건의 기준은 인간의 존엄성을 보장하도록 법률로 정한다.

④ 여자의 근로는 특별한 보호를 받으며, 고용 · 임금 및 근로조건에 있어서 부당한 차별을 받지 아니한다.

⑤ 연소자의 근로는 특별한 보호를 받는다.

⑥ 국가유공자 · 상이군경 및 전몰군경의 유가족은 법률이 정하는 바에 의하여 우선적으로 근로의 기회를 부여받는다.

제33조

① 근로자는 근로조건의 향상을 위하여 자주적인 단결권 · 단체교섭권 및 단체행동권을 가진다.

② 공무원인 근로자는 법률이 정하는 자에 한하여 단결권 · 단체교섭권 및 단체행동권을 가진다.

③ 법률이 정하는 주요방위산업체에 종사하는 근로자의 단체행동권은 법률이 정하는 바에 의하여 이를 제한하거나 인정하지 아니할 수 있다.

제38조(임금채권의 우선변제)

① 임금, 재해보상금, 그 밖에 근로 관계로 인한 채권은 사용자의 총재산에 대하여 질권(질권) · 저당권 또는 「동산 · 채권 등의 담보에 관한 법률」에 따른 담보권에 따라 담보된 채권 외에는 조세 · 공과금 및 다른 채권에 우선하여 변제되어야 한다. 다만, 질권 · 저당권 또는 「동산 · 채권 등의 담보에 관한 법률」에 따른 담보권에 우선하는 조세 · 공과금에 대하여는 그러하지 아니하다. 〈개정 2010.6.10〉

② 제1항에도 불구하고 다음 각 호의 어느 하나에 해당하는 채권은 사용자의 총재산에 대하여 질권 · 저당권 또는 「동산 · 채권 등의 담보에 관한 법률」에 따른 담보권에 따라 담보된 채권, 조세 · 공과금 및 다른 채권에 우선하여 변제되어야 한다. 〈개정 2010.6.10〉

1. 최종 3개월분의 임금

2. 재해보상금

제1조(목적)(최저임금법)

이 법은 근로자에 대하여 임금의 최저수준을 보장하여 근로자의 생활안정과 노동력의 질적 향상을 꾀함으로써 국민경제의 건전한 발전에 이바지하는 것을 목적으로 한다.

2. 통치구조(국가조직)

1) 헌법 제1조는 다음과 같이 천명한다. ① 대한민국은 민주공화국이다. ② 대한민국의 주권은 국민에게 있고, 모든 권력은 국민으로부터 나온다.

즉 국가의 통치 권력은 국민으로부터 원천한다. 국민들이 모두 직접 참여하는 직접민주주의를 항상 실현하기가 기술적으로 불가능하므로, 국민들이 국가의 경영자에게 한시적으로 권력을 위임하여 국가를 경영하도록 위탁한 것이다. 국민들은 납세, 국방, 근로의 의무를 지고, 국가는 주거, 의료, 교육 등을 근간으로 하는 국민의 기본권을 보장할 의무가 있다. 일종의 쌍무적인 국가운영 계약에 의거하여 국가조직이 존재한다. 이 계약은 각종 공직자의 선거제도를 통한 대의적 민주주의로서 구현된다. 모든 국민은 적법한 자격 요건 하에 선거권과 피선거권이 있고, 누구나 자유롭게 공직에 나아갈 수 있다.

제7조 ① 공무원은 국민전체에 대한 봉사자이며, 국민에 대하여 책임을 진다.

제24조 모든 국민은 법률이 정하는 바에 의하여 선거권을 가진다.

제25조 모든 국민은 법률이 정하는 바에 의하여 공무담임권을 가진다.

2) 국가 경영을 위임받은 공무원은 국민 위에 군림하는 자가 전혀 아니다. 공무원은 국민전체에 대한 봉사자이다. 국가 경영의 최우선 목표는 국민의 기본권의 보장에 두어져야 한다. 국가안전의 보장 내지 사회질서의 유지에 필요불가결한 최소한의 노력 외, 모든 국가 에너지는 국민의 기본적 인권을 보장하고 인간의 존엄과 가치를 실현하며 인간다운 생활을 구현하기 위하여 사용되어야만 한다. 그러므로 종래 국가체제, 정치체제 및 국가기관의 구성에 대하여 사용되어 오고 있는 용어로써, 군림하고 다스린다는 뉘앙스를 풍기는 '통치구조'라는 단어 보다 '국가조직'이라는 말이 더 적합한 것으로 생각된다. 나라가 바로 서고 공동선이 국가에서 실질적으로 구현되기 위해서는, 교육 분야에서 본성에 부합하는 인격을 갖춘 엘리트들이 활약하여야 함이 필수적으로 시급하게 요청되는 것과 마찬가지로, 정치 · 공무 분야에서도 이제는 부디 자신의 영달을 추구하고 개인적인 욕망을 실현하기 위한 동기로 행동하는 자들은 모두 스스로 부끄러움을 알고 물러나고, 진정으로 인간다운 삶의 구현에 대하여 고민하는 사람들이 국가 경영을 위탁받아야 할 것이다. 이를 위해서는 국민 개개인의 의식이 보다 고양되어야 함은 물론일 것이다.

3) 국가조직을 개괄하면, 입법권이 귀속하는 국회, 행정권이 귀속하는 정부, 사법권이 귀속하는 법원, 그리고 국가를 대표하며 정부의 수반인 대통령, 헌법 질서를 보호하는 헌법재판소가 존재한다.

제40조

입법권은 국회에 속한다.

제66조

① 대통령은 국가의 원수이며, 외국에 대하여 국가를 대표한다.

② 대통령은 국가의 독립 · 영토의 보전 · 국가의 계속성과 헌법을 수호할 책무를 진다.
③ 대통령은 조국의 평화적 통일을 위한 성실한 의무를 진다.
④ 행정권은 대통령을 수반으로 하는 정부에 속한다.

제101조
① 사법권은 법관으로 구성된 법원에 속한다.

3. 헌법재판 제도

1 헌법재판소와 헌법재판의 종류

국민의 기본권을 국가 공권력으로부터 실질적으로 보호하고, 헌법의 가치를 보장 · 구현하기 위하여, 즉 간단히 말하면 정의를 수호하기 위한 중요한 제도적 장치의 하나로서 헌법재판 제도 및 헌법재판소가 존재한다. 헌법재판소가 하는 일은 다음 다섯 가지로 분류할 수 있다. 법원의 제청에 의한 법률의 위헌여부 심판, 탄핵의 심판, 정당의 해산 심판, 권한쟁의에 관한 심판, 헌법소원 심판 등이다. 이중에서 일반 국민들과 가장 친숙한 심판은 위헌법률심판과 헌법소원심판이라고 할 수 있다.

제111조
① 헌법재판소는 다음 사항을 관장한다.
1. 법원의 제청에 의한 법률의 위헌여부 심판
2. 탄핵의 심판
3. 정당의 해산 심판
4. 국가기관 상호간, 국가기관과 지방자치단체간 및 지방자치단체 상호간의 권한쟁의에 관한 심판
5. 법률이 정하는 헌법소원에 관한 심판
② 헌법재판소는 법관의 자격을 가진 9인의 재판관으로 구성하며, 재판관은

대통령이 임명한다.

③ 제2항의 재판관중 3인은 국회에서 선출하는 자를, 3인은 대법원장이 지명하는 자를 임명한다.

④ 헌법재판소의 장은 국회의 동의를 얻어 재판관중에서 대통령이 임명한다.

제112조

① 헌법재판소 재판관의 임기는 6년으로 하며, 법률이 정하는 바에 의하여 연임할 수 있다.

② 헌법재판소 재판관은 정당에 가입하거나 정치에 관여할 수 없다.

③ 헌법재판소 재판관은 탄핵 또는 금고 이상의 형의 선고에 의하지 아니하고는 파면되지 아니한다.

제113조

① 헌법재판소에서 법률의 위헌결정, 탄핵의 결정, 정당해산의 결정 또는 헌법소원에 관한 인용결정을 할 때에는 재판관 6인 이상의 찬성이 있어야 한다.

② 헌법재판소는 법률에 저촉되지 아니하는 범위안에서 심판에 관한 절차, 내부규율과 사무처리에 관한 규칙을 제정할 수 있다.

③ 헌법재판소의 조직과 운영 기타 필요한 사항은 법률로 정한다.

2 헌법소원 심판 청구

헌법소원 심판의 청구는 다음 두 가지의 경우에 할 수 있다. ① 공권력의 행사 또는 불행사로 인하여 헌법상 보장된 기본권을 침해받은 경우, ② 법률의 위헌 여부 심판의 제청신청이 기각된 때에는 그 신청을 한 당사자는 헌법재판소에 헌법소원심판을 청구할 수 있다. 단 법원의 재판은 제외되고 행정처분에 대하여는 행정심판이나 행정소송을 거친 후에 헌법소원 심판을 청구할 수 있다. 검사의 불기소 처분에 대하여도 소정의 법절차를 모두 거친 후에 헌법소원을 제기할 수 있다. 헌법소원 심판 절차에는 변호사 강제주의가 적용되므로, 헌법소원 심판을 청구하려는 자가 변호사를 대리인으로 선임할 자력이 없는 경우에는 헌법재판소에 국선대리인을 선임하여 줄 것을 신청할 수 있다.

第68조(청구 사유)(헌법재판소법)

① 공권력의 행사 또는 불행사로 인하여 헌법상 보장된 기본권을 침해받은 자는 법원의 재판을 제외하고는 헌법재판소에 헌법소원심판을 청구할 수 있다. 다만, 다른 법률에 구제절차가 있는 경우에는 그 절차를 모두 거친 후에 청구할 수 있다.

② 제41조제1항에 따른 법률의 위헌 여부 심판의 제청신청이 기각된 때에는 그 신청을 한 당사자는 헌법재판소에 헌법소원심판을 청구할 수 있다. 이 경우 그 당사자는 당해 사건의 소송절차에서 동일한 사유를 이유로 다시 위헌 여부 심판의 제청을 신청할 수 없다.

제25조(대표자 · 대리인)

① 각종 심판절차에서 정부가 당사자(참가인을 포함한다. 이하 같다)인 경우에는 법무부장관이 이를 대표한다.

② 각종 심판절차에서 당사자인 국가기관 또는 지방자치단체는 변호사 또는 변호사의 자격이 있는 소속 직원을 대리인으로 선임하여 심판을 수행하게 할 수 있다.

③ 각종 심판절차에서 당사자인 사인은 변호사를 대리인으로 선임하지 아니하면 심판청구를 하거나 심판 수행을 하지 못한다. 다만, 그가 변호사의 자격이 있는 경우에는 그러하지 아니하다.

제70조(국선대리인)

① 헌법소원심판을 청구하려는 자가 변호사를 대리인으로 선임할 자력이 없는 경우에는 헌법재판소에 국선대리인을 선임하여 줄 것을 신청할 수 있다.

② 제1항에도 불구하고 헌법재판소가 공익상 필요하다고 인정할 때에는 국선대리인을 선임할 수 있다.

3 위헌법률심판 제청(신청)

법률이 헌법에 위반되는지 여부가 재판의 전제가 된 경우에는, 재판 중인 당사자는 법원에 대하여 위헌법률심판 제청을 신청할 수 있고, 법원은 당사자의 신청과 별도로 직권으로 헌법재판소에 위헌 여부 심판을 제청할 수 있다. 위헌으로 결정된 법률 또는 법률의 조항은 그 결정이 있는 날부터 효력을 상실한다. 다만, 형벌에 관한 법률 또는 법률의 조항은 소급하여 그 효력을 상실한다.

제41조(위헌 여부 심판의 제청)(헌법재판소법)

① 법률이 헌법에 위반되는지 여부가 재판의 전제가 된 경우에는 당해 사건을 담당하는 법원(군사법원을 포함한다. 이하 같다)은 직권 또는 당사자의 신청에 의한 결정으로 헌법재판소에 위헌 여부 심판을 제청한다.

제42조(재판의 정지 등)

① 법원이 법률의 위헌 여부 심판을 헌법재판소에 제청한 때에는 당해 소송사건의 재판은 헌법재판소의 위헌 여부의 결정이 있을 때까지 정지된다.

제45조(위헌결정)

헌법재판소는 제청된 법률 또는 법률 조항의 위헌 여부만을 결정한다. 다만, 법률 조항의 위헌결정으로 인하여 해당 법률 전부를 시행할 수 없다고 인정될 때에는 그 전부에 대하여 위헌결정을 할 수 있다.

제47조(위헌결정의 효력)

① 법률의 위헌결정은 법원과 그 밖의 국가기관 및 지방자치단체를 기속한다.

② 위헌으로 결정된 법률 또는 법률의 조항은 그 결정이 있는 날부터 효력을 상실한다. 다만, 형벌에 관한 법률 또는 법률의 조항은 소급하여 그 효력을 상실한다.

③ 제2항 단서의 경우에 위헌으로 결정된 법률 또는 법률의 조항에 근거한 유죄의 확정판결에 대하여는 재심을 청구할 수 있다.

♣ 위헌법률심판 제청 신청

위헌법률심판제청신청[7]

사 건 : 2007 구합 3789

원고 : 이 문 호

피 고 : 국민연금공단 이사장

위 사건에 관하여 원고는 아래와 같이 위헌법률심판제청을 신청합니다.

신 청 취 지

국민연금법 제77조 제1항, 동법 제95조 제3항은 헌법 전문, 헌법 제10조, 헌법 제11조 제1항, 헌법 제15조, 헌법 제23조 제1항, 헌법 제37조 제2항 등에 위반한다.

신 청 이 유

1. 반환일시금과 체납처분에 관한 국민연금법 관련규정의 개요

가. 국민연금법 제12조 제1항 제5호와 제6조 단서에 의하면 공무원연금법 등의 적용을 받게 되는 자는 국민연금의 가입자 자격을 상실하도록 규정하면서도 다시 국민연금법 제77조 제1항에서는 위와 같이 공무원연금법 등 타 연금법의 적용 대상자들에 대하여 그 동안 납부한 연금보험료를

7) 이 신청서는 필자가 2008. 1. 2. 대구지방법원 행정합의부에 제출한 소송서류임.

반납 받을 수 없도록 규정함으로써 매우 모순 된 결과가 도출되도록 하고 있습니다.

나. 또 국민연금법 제95조 제3항은 연금보험료나 그 밖의 이 법에 따른 징수금을 내지 아니하면 보건복지부장관의 승인을 받아 국세 체납처분의 예에 따라 징수할 수 있다. 라고 규정하여 국가가 국민을 연금보험료를 납부하지 않을 경우 마치 세금을 포탈한 형사범처럼 취급하며 강제로 그 재산에 대하여 처분할 수 있도록 하고 있습니다. 그러나 위와 같은 규정은 국민연금법이 제1조에서, 이 법은 국민의 노령, 장애 또는 사망에 대하여 연금급여를 실시함으로써 국민의 생활 안정과 복지 증진에 이바지하는 것을 목적으로 한다. 라는 법의 제정 목적과 취지에도 철저하게 반하는 것이라고 할 것입니다.

2. 재판의 전제성

따라서 위 1.의 가. 항에서 자세히 밝힌 바와 같이 위 국민연금법의 위헌성 여부는 현재 대구지방법원 2007 구합 3789호로 계류 중인 연금반환청구소송에서의 재판의 전제가 된다고 판단됩니다.

3. 국민연금법 제77조 제1항, 동법 제95조 제3항의 위헌성에 관하여

가. 국민연금법 제77조 제1항은 헌법 제11조 평등권, 제15조 직업선택의 자유, 제23조 재산권 보장, 제37조 공공복리로 제한하더라도 권리의 본질적인 내용을 침해할 수 없다.는 조항들에 위반하므로 위헌이라고 할 것입니다. 국민연금법은 소득재분배라는 공익을 위하여 개인의 재산권을 침해할 수 있고 이는 과잉금지가 아니라는 논리이나 아래와 같은 이유로 위 논

리는 부당하며 결국 위헌인 것입니다.

법은 평균 인간의 건전한 상식에 부합하여야 하며 이러한 상식의 법칙은 실제로도 최상위의 법원칙에 속하여 기능하고 있다고 생각합니다. 법과 제도가 인간에 봉사하여야 하지 인간이 법과 제도에 봉사하여서는 안 될 것이고 이는 주객이 전도된 기이한 현상일 것이며 사회적으로 큰 고통을 생산할 것입니다.

현대국가의 개념과 경험칙에 의거하면 국가라 이름 하는 것은 어떻게 보면 국민적 합의에 의한 관념적 형태에 불과한 것일 뿐 실체로서 그 무엇이 존재하여 그 실제적 구성원인 국민의 고통과 국민 대다수의 합의를 외면하고서까지 유지 존재되어야 하는 것은 아닐 것입니다. 그러므로 헌법 제1조에서도 '국가의 주권은 국민에게 있고 모든 권력은 국민에게서 나온다'라고 명백히 하고 있고 헌법 전문에서 자율을 바탕으로 한 자유민주적 기본질서를 국가의 이념으로 하고 있으며 국민의 천부인권적인 기본권(교육, 의료, 인간다운 생활을 할 권리, 재산권보장 등)의 절대적 보장 및 그에 따르는 의무를 먼저 규정하고 그 국민 기본권의 보장 시스템으로서 즉 보조하는 제도적 장치로서 입법 행정 사법 등 통치구조에 대하여 다음으로 규정하고 있는 것일 것입니다. 일전에 고려대학교의 어느 교수님의 '국민의 대다수가 현재 우리 국가의 통치기구를 믿지 않고 있다'라는 뉴스 제목을 보았습니다. 그 뉴스에서는 국민의 71.4%가 정부가 소수특권층의 이익을 위하여 움직인다고 답하였고 정부가 세금을 낭비한다는 답이 60.0%, 경제정책의 혜택을 별로 내지 전혀 못 받는다는 답이 86.3%에 달한다고 하고 있습니다. 또한 일전의 뉴스 보도는 국민의 77% 이상이 국민연금 제도에 대하여 복지감은 커녕 심한 피로감과 혐오를 느끼며 고통을 받고 있다고 하였습니다. 사실이 그러하다면 국민의 대다수는 국민의 기본권을 보장할 의무가 있는 통치구조로서의 국가 및 그 정책과 도덕성을 거의 믿지 않는다는 말이 되며 이는 국가가 국민 개개인의 기본권을 보장해 주리라고 더 이상 믿지 않는다는 것으로 해석되는 것이며 이는 당연한 반작용으로서 기본권 보장에 따르는 국민의 의무의 이행도 더 이상 할 생각이 없다는 것이며 이는 참으로 심대한 국가 사회의 붕괴를 초래하고 사회적 통합을 요원하게 할 것입니다.

이번에 치러진 대선으로 새로운 대통령이 선출되었습니다. 지지율은 계산상으로는 전체의 30%정도이지만 압도적인 표차로 당선되어 바야흐로 소위 모든 국가 권력의 대이동이 시작될 것입니다. 국민의 30%의 의사의 합치로도 통치 권력의 전체를 바꿀 수 있는 것이 민주주의 힘인 것을 우리는 잘 보았습니다. 민주주의는 국민이 주가 되며 너무나도 당연히 국민의 대다수가 원하는 정책과 제도가 시행되어야 하고 통치구조는(사실 통치구조라는 것은 시대적 변화에 부합치 못하는 용어라고 할 것이며 국가행정서비스기구라고 하여야 할 것입니다) 이를 시행하는 서비스 체계가 되어야 할 것입니다. 이러한 것이 선행이 되어야 비로소 국민은 안심하고 믿고 국가로부터 받는 서비스에 대한 의무로써 각종의 안전보장 질서유지 공공복리를 위한 기본권의 제한을 저항감 없이 받아들일 것이라고 생각합니다.

현재 국민의 약 80%에 달하는 수가 국민연금을 조세로 인식하며 '제발 나의 노후보장은 국가가 신경 써주지 않아도 좋으니 연금을 더 이상 안 낼 수 있도록 해 달라'며 깊은 신음과 아우성을 발하고 있는 것입니다. 헌법에 보장된 국민의 저항권이 발동될 수도 있는 작금의 이런 상황을 어찌하여 국민의 서비스 시스템에 불과한 정부와 국회는 이를 외면하고 오로지 형식논리적인 명분과 명목을 내세우며 국민의 원한어린 신음의 소리를 외면하고 있는지 원고는 이해하기가 어려운 것입니다. 정부 공단 이 내세우는 논리는 '국민연금 제도가 소득의 재분배 기능이 있고 노후 생활안정을 보장한다는 복지 정책이므로 국민은 이에 대하여 전체 대의를 위하여 기본권의 희생을 감수하라는 것이며 헌법위반이 아니다' 라고 하고 있습니다. 그렇다면 도대체 누구를 위한 소득의 재분배이며 누구를 위한 노후의 보장이라는 것인지 진실로 되묻고 싶은 심정입니다. 바로 지금 여기서 살아 숨 쉬고 아파하는 국민의 80%가 포함된 바로 그 국민을 위한 소득의 재분배요 노후보장이 아닙니까? 도대체 화려한 포장지는 있으나 그 알맹이는 어디로 간 것입니까?

국민연금에 소득재분배의 기능은 전혀 없거나 미미한 수준이라고 생각합니다. 월 360만 원 이상의 소득 수준의 가입자는 똑같은 액수의 연금 보험료를 내고 소득구조 명세가 투명하지 않은 관계로 인하여 고소득자의 부가 저소득층으로 이전되는 효과 보다는 오히려 미래세대의 경제적 수고의 대가를 현재의 세대가 미리 가불하여 당겨씀으로써 현재의 가시적인 경제성장과 노령문제의 해결을 위하여 미래세대의 경제성장을 희생시키는 세대 간의 부의 기형적 이전을 가져오는 좋지 않은 효과만 있는 것입니다.

진짜 명실상부한 소득재분배의 효과를 거두려면, 먼저 국민의 소득 명세가 투명하여 져서 어느 누구도 이의를 달 수 없을 정도의 공평한 연금보험료 납부가 이루어져야 하고, 국민의 정부 정책에 대한 전반적인 신뢰가 제고되어 70-80%에 이르는 불신감이 역으로 같은 비율로의 신뢰감으로 바뀌어야 함이 최소한의 선행 조건일 것입니다.

모든 제도가 그렇듯이 겉보기에 좋다고 도입만 하는 것이 능사가 아니라 그 제도가 잘 시행되기 위한 선행의 필요조건들을 전문성과 인간애를 가지고 매우 신중하게 조사하고 이에 대하여 국민의 뜻을 물어야 할 것입니다.

정부는 저출산-고령화의 사회문제를 국민연금과 같은 고식적이고도 대증요법적인 방법으로 해결하려고 하지 말고 고령인의 취업기회를 넓히고 보장한다든지 하는 보다 근원적인 방법으로의 해결을 모색하여야 할 것이라고 생각합니다.

현대는 고도로 자본주의가 발달하여 각종의 사적인 연금 보험 보장 제도가 허다하게 있고 우리 국민은 어느 민족보다도 자율이 보장된다면 이러한 각종의 제도를 잘 이용 운용하여 자신의 미래 보장은 자신이 잘 할 만큼의 지혜는 충분히 있다고 생각합니다. 국가가 자기 자신인 국민을 어리석게 취급하며 마치 '시혜적인 복지제도를 어린 백성을 위하여 시행해 주는데 왜 그 취지를 잘 모르고 그렇게 아우성이냐 좀 조용히 해라'라는 태도라면 국민은 진정 이를 납득할 수 없을 것입니다.

소득 구조가 투명하며 정부에 대한 신뢰감이 매우 높고 우리보다 훨씬 먼저 공적연금의 복지 정책을 추진한 서구의 여러 국가에서도 현재 저출산-고령화-저성장으로 인한 연금재정의 불안정성의 문제로 골머리를 앓고 있고 공적연금 제도의 개혁을 위한 정부의 여러 방법들이 국민의 심각한 저항에 부딪치고 있는 상황입니다. 사실 복지정책의 프로 국가에서도 국민연금 등의 공적연금 제도는 이제 실패의 길을 가고 있고 민간으로의 이양으로 옮겨 가고 있는 것입니다.

차라리 노인 고령화 문제를 해결하고 노후복지, 사회소외계층 복지를 시행하려면 노인복지세금, 사회보장세금 등의 명목으로 정정당당하게 입법하여 고소득자의 돈을 많이 거두어 세금으로 반대급부가 아닌 그야말로 복지 시혜적인 차원에서 무소득 노인생활보조비, 극빈자 기본생활보조비를 실질적이 될 만큼 더 지급하는 것이 국민들의 감정에 더 부합한다고 생각되며 현행 국민연금 보다 저항감, 불쾌감이 없을 것이라고 생각합니다. 지금 국민들은 생계를 위한 밥을 먹기 위하여, 자녀들로 하여금 비정상적인 공교육으로 인한 기형적인 사교육에 대처하기 위하여, 젊은이들은 암울한 미래를 바라보며 취업을 하기 위하여 심대한 고통을 당하고 있는 것이 현실이며 그곳에는 어디에도 국가가 보장한다는 허울 좋은 소득재분배나 노년의 장밋빛 인생을 꿈꿀 정신적 여유 공간이 없는 것입니다. 그러므로 국가는 헌법에서 정한 천부인권적인 국민의 기본권으로서 현재 시급하게 당면한 '밥은 먹고 살 최소한의 생존의 인간다운 생활을 할 권리', '교육의 권리', '의료의 권리', '근로의 권리' 등의 기본권 보장을 우선하여야 한다고 사료합니다.

위에서 말한 바와 같이 소득재분배는 형식논리적인 명목일 뿐이고 소득구조 투명화와 보험료 징수의 정당성 균등성, 대 정부 신뢰감 제고 등의 선행조건이 충족되지 않는 한 소득재분배의 효과는 없는 것이며, 그렇다면 따라서 헌법 제37조 2항에서 정한 '국민의 모든 자유와 권리는 국가안전보장 · 질서유지 또는 공공복리를 위하여 필요한 경우에 한하여 법률로써 제한할 수 있으며, 제한하는 경우에도 자유와 권리의 본질적인 내용을 침해할 수 없다.'고 되어있는바 국민연금법은 기본권의 본질적인 내용을 침해하므로 위헌이라고 할 것입니다.

국민연금법 제77조 제1항의 기본권의 본질적 내용의 침해란, 헌법 제11조 평등권을 침해합니다. 왜냐하면 다른 사람들의 경우에는 일시금으로 반환을 해 주도록 규정하면서도 유독 원고와 같은 경우에는 반환을 하지 않고 연령이 63세에 달할 때가지를 기다려 반환을 해 주므로 이는 평등권을 침해하는 것입니다. 또 헌법 제15조 직업선택의 자유를 침해합니다. 왜냐하면 만약 공무원이 되려고 하는 사람이 그 동안 낸 국민연금을 그 이유로 반환 받을 수 없다면 공무원 이라는 직업을 택하기가 매우 두려울 것이며 이는 곧 자유로이 직업을 선택할 수 있는 자유권에 반하는 것이라고 사료합니다. 또 이로써 당연히 헌법 제23조 재산권 보장의 조항에 반합니다. 또 헌법 제37조는 공공복리로 위 기본권들을 제한하더라도 권리의 본질적인 내용을 침해할 수 없다.고 규정하는 바 이 조항에도 위반하므로 위헌이라고 할 것입니다. 국민연금법의 공공복리라는 기본권의 제한 명분과 위와 같이 침해되는 기본권들의 본질적 내용이라는 두 부분을 비교 교량 하더라도 위 자세한 기재와 같이 명목만 있는 공익이 위 기본권들의 본질적 내용을 침해할 만큼 더 크다고 할 수는 없는 것으로서 위헌인 것입니다.

나. 국민연금법 제95조 제3항의 기본권의 본질적 내용의 침해란, 헌법상 국민의 사유 재산권을 보장받을 권리가 침해되고, 또 연금보험료 징수의 자의성 임의성 불균등성으로 인하여 헌법의 평등권이 침해되는 것이며, 보험료 미납시 국가로부터 조세와 같이 강제 징수되고 재산에 대하여 압류 등의 조치를 당하므로 이를 당하는 국민은 마치 자신이 조세포탈의 범죄를 저지른 것과 같은 감정을 가져 국민으로서의 자존감을 해하고 타 사회 구성원으로부터 재산 압류에 따르는 질시를 받음으로써 헌법의 인간다운 생활을 할 권리가 침해되고, 국민이 자율적으로 자유롭게 가입과 납부를 하여야 함에도 이를 강제하므로 헌법이 정한 자유 민주적 기본질서와 시장경제의 원리에 위반되는 것으로서 국민연금법 위 조항의 공공복리라는 기본권의 제한 명분과 위와 같이 침해되는 기본권들의 본질적 내용이라는 두 부분을 비교 교량 하더라도 명목만 있는 공익이 위 기본권들의 본질적 내용을 침해할 만큼 더 크다고 할 수는 없는 것으로서 위헌인 것입니다.

4. 결어

앞에서 살펴본 바와 같이 국민연금법 제77조 제1항, 동법 제95조 제3항은 헌법 전문, 헌법 제10조, 헌법 제11조 제1항, 헌법 제15조, 헌법 제23조 제1항, 헌법 제37조 제2항 등에 위반하여 위헌이라고 판단되므로, 신청인은 귀원에 위헌법률심판을 제청해주실 것을 신청하기에 이르렀습니다.

2008. 1. 2.

위원고 이 문 호

대구지방법원 귀중

부 록

잠정적 결론 : 무엇이 정의 · 자유 · 사랑인가

<table>
<tr><td rowspan="4">물질 · 정신
동일 실체</td><td colspan="4">표상(추상관념 = 생각)</td><td rowspan="4">하나임</td></tr>
<tr><td></td><td>근본 표상</td><td>일차 표상</td><td>이차 표상</td></tr>
<tr><td>정신파동</td><td>개인적 나</td><td>선 · 악</td><td>개인 정체성</td></tr>
<tr><td>물질파동</td><td>사회적 세계</td><td>정의 · 부정의</td><td>문화 · 법 규범</td></tr>
</table>

두 가지 종류의 유전단위를 의지하여 '나-세계'가 현상적現象的으로 나타납니다. 첫째로, 생물학적 유전자 복제를 통하여 육체와 두뇌, 오감(색성향미촉)이 결정되어 나타나므로 내 몸과 세계가 출현합니다. 둘째는, 교육과 모방에 의한 문화전승文化傳承(밈meme)을 통하여 개인의 몸에 생각과 감정, 기억이 심어집니다.

그러므로 개인은 태어남과 고유한 특이성을 자유의지로 결정할 수 없습니다. 개인은 태어난 이후 자유의지로 생각과 감정, 언동을 일으키거나 조정할 수 없고(이 사실은 나의 삶의 경험을 숙고해 보면 자명합니다), 심장 맥동과 호흡, 소화 등 중요한 생명 기능 전부는 자율신경에 맡겨져 있으므로 역시 개인은 이 부분을 자유의지로 조작할 수 없습니다. 왜냐하면 자궁 안에서 개체가 발생할 때 계통발생이 반복하여 나타나는 현상과 심박 · 호흡 등 무의식적 생명현상은 전부 40억년에 걸친 생명의 진화과정에서 인류의 집단무의식 안으로 융해되어 들어가 있기 때문입니다.

또한 개인은 개인적 삶의 종료 즉 육체 기능의 정지 기한을 자유의지로 조정하는 것도 불가능합니다.

이와 같이 개인으로서의 삶의 시작과 끝 그리고 그 중간의 현상을 통제 혹은 조작할 수 없는 것이 명백하므로 자유의지에 의한 선택이라는 느낌은, 감정 이입된 실감나는 영화를 보는 것과 같이 실재가 아님이 자명해집니다. 이 사실은 양자물리학과 벤저민 리벳의 실험이나, 4000년 데이터가 집적된 동북아시아의 통계학統計學인 역학易學 내지 사주추명학四柱推命學의 관찰 성과를 굳이 들추지 않아도 그러합니다.

그러므로 '개인에게 자유의지가 있느냐 아니면 모든 일은 사전에 결정된 것인가'라는 오래된 인류의 형이상학적 물음은 그 전제가 잘못되었음이 나타납니다. 즉 개인적 나와 사회적 세계는, 의식에 떠오른 하나의 영상이므로 실체實體 혹은 실재實在가 아닙니다. 그러므로 실체가 아닌 그림자에게 자유의지가 있느냐 혹은 결정론이냐 라며 논쟁하는 것은 마치 있지도 않는 토끼의 뿔이 빨간색인가 파란색인가를 가지고 논쟁하는 것과 같이 거짓된 질문이라고 하겠습니다.

정의를 세우려면 반드시 부정의가 발생하고, 자유를 추구하면 반드시 속박이 발생하며, 사랑을 하려고 하면 반드시 증오가 싹터옵니다. 이러한 이원성二元性 및 연기법칙緣起法則은, 칸트의 오성의 12범주에서 보듯이 필연적인 사고의 틀이므로, 그 무엇이건 생각과 추론으로 파악해 내려고 하는 한에서는 절대 피할 수 없는 법칙입니다. 그러므로 정의 · 자유 · 사랑 · 진리 등 하나인 실체는 개인이 명상, 생각, 추리 등을 수단으로 노력하여 이해하거나 파악하기는 불가능합니다. 자유의지가 없는 그림자에 불과한 개인이 자신의 본성인 실체를, 생각 즉 또 다른 하나의 그림자를 수단으로 하여 파악할 수는 없습니다.

막다른 골목에 접어듭니다. 개인적 나는 당연히 다음과 같은 질문을 떠올립니다. "만약 그렇다면 나는 정의와 진리를 포기하고 아무것도 안하고 가만히 있거나 혹은 극악무도하게 맘대로 인생을 살아도 되는 것인가? 그렇게 되면 사회가 얼마나 무질서해 질 것인가?"라는 것입니다. 그렇지만, 바로 이런 질문 자체에서 개인이 실체로서 존재한다는 근본표상이 나타나게 됩니다. 이 의문 자체인 그 개인은 전혀 자신의 자유의지로 단 5분간도 가만히 있을 수 없으며, 지금부터 극악무도하게 언동하기로 마음을 먹는다고 하여도, 진정으로 자유롭게(?) 극악무도해 질 수도 없습니다. 개인은 자신의 선택으로 극악도 극선도 행할 수 없습니다.

그러므로 개인 및 사회적 차원에서 무엇이 진정 올바름인가, 자유인가, 사랑인가의 물음은, 옳은 것인가 그른 것인가, 자유냐 속박이냐, 사랑이냐 증오냐의 이원성 안에서의 선택의 문제가 아님은 명백합니다. 그런 선택과 명석하고 날카로운 분별의 기능을 가진 사고의 틀은, 진정한 정의 · 자유 · 사랑을 체화하는 수단으로는 언제나 부적합하다고 할 것입니다.

결국 정의 · 자유 · 사랑은, 내가 나 자신을 개인으로만 여기고 삶을 영위할 것인가, 아니면 개인적 나를 포함하고 동시에 그 개인을 넘어가는 하나임으로서 삶을 바라볼 것인가라고 하는 관점의 변혁 문제로 귀착한다고 하겠습니다.

만약 전체 하나인 관점이라면, 일체는 처음부터 한 몸으로서 동일하므로 정의 · 자유 · 사랑은 저절로 이루어질 것이며, 또한 이미 저절로 이루어져 있었던 것입니다. 왜냐하면 심장은 발가락에 혈액을 공급하면서, 발가락을 썩지 않게 하는 것이 옳다거나, 그래야 자유롭다거나, 발가락을 사랑한다거나 해서 박동하는 것이 아닐 것이기 때문입니다. 그냥 당연히 그렇게 존재합니다.

백장야호百丈野狐의 일화에서, '不落因果가 아니라 不昧因果'라고 한 것이나, '내가 함이 아니요 아버지가 한 것'이라고 한 일, 노자에서 '寵辱若驚 貴大患若身 及吾無身 吾有何患'이라고 한 것, 금강경에서 '凡所有相 皆是虛妄 若見諸相非相 卽見如來', '應無所住 而生其心' 등의 지혜는 지금 이와 같은 일을 뒷받침한다고 하겠습니다.

개인個人으로 하는 일은 그 일이 선행善行이든 악행惡行이든 모두 악惡하고, 개인인 동시에 전체로서 저절로 하는 일은 그 일이 악행이든 선행이든 모두 선善이라고 여겨집니다.

| 저자 약력 |

이 문 호

서울대학교 법과대학
한국외대 법과대학원
사법연수원 21기
육군 법무관
검사(서울, 경주, 대구)
변호사(경주, 대구)
경북대학교 로스쿨 교수
경북대학교 행정학부 교수

공부와 질의응답을 위한 인터넷 카페 주소
http://cafe.daum.net/beyonddeath

법, 정의, 죽음이란 무엇인가 값17,000원

2014년 9월 10일 초판 발행
2016년 3월 10일 개정판 발행
2016년 8월 30일 개정판 2쇄

저 자 이 문 호
발행인 리 재 영
발행처 新論社
등록번호 제10-308호(1989.3.4)

판매처 새문사
등록번호 제1-273호(1977.9.19)

주소 : 서울시 마포구 대흥로6길 6-12
전화 : (02)715-7232(代), 717-7235, Fax : (02)715-7235
E-mail : sinlon@saemoon.co.kr
website : www.saemoonbook.com
ISBN : 978-89-7411-471-8 93360